講演集
女性の暮らしをみつめて

堀口　正　編

大阪公立大学出版会

目　次

第一回

東アジアの高齢化とケアの国際移動

安里和晃

はじめに

安里と申します。よろしくお願いいたします。

私に与えられたテーマは「東アジアの高齢化とケアをめぐる国際移動」ということで報告させていただきます。中国のケアをめぐる国内の移動も他の地域に漏れず盛んです。北京、上海、成都、深圳《しんせん》、重慶、それから吉林などの高齢者ケアの実態を見ると地域によってそのあり方は多様でした。ケアのアプローチも沿岸部と内陸部、それから大都市と農村部ではかなり異なっています。日本などの制度を参考に介護保険を施行している都市もあれば、宗教組織、民間企業や国営企業も含め実験的な試みも行われています。東アジアの国々、また、それぞれの社会によってケアのあり方に特徴があります。というのも、それぞれに異なった歴史・宗教・文化背景を持ち、異なった福祉政策を取っているからです。いずれの地域においても、高齢化が早くから進んでいる日本の経験から受ける示唆も大きいようです。

労働力移動とケア

植民地支配の時期においては経済政策の観点からいろいろな移民労働者が海外から入ってきます。たとえば、シンガポールであれば、中国大陸、インドや中近東、あるいは近隣諸国から労働者が導入されました。独立後、国家建設の基礎を成すことになります。独立を果たすと、国家体制を安定させるためにも一時的に人の移動は制限され、国民完結型の出入国管理が取られ、労働市場がつくられていきます。東アジアの国々は、国土がそれほど広くないこともあり、経済成長を遂げると途端に労働力不足に陥ってしまいます。そして、経済成長によってライフスタイルが大きく変わっていきます。能力主義が傑出している社会では女性の高学歴化と労働市場への進出もあって、出生率が急激に下がっていきます。社会が高齢化すると、今度は介護やケアのための労働力が必要になってきます。国家が成立する際も人の移動が盛んでしたが、高齢化も老いる人々をケアするために労働力が導入されるようになります。高齢化を支える社会とは、国民だけでは支えることができないという宿命があるのかもしれません。

国によって、外国人の割合はかなり違います。もともとの人口は疎密であるにもかかわらず急激な経済成長を遂げた湾岸諸国、たとえば、UAE（アラブ首長国連邦）、カタール、クウェートのような国々においては、労働力のほとんどを外国人が担っています。その割合は人口の約七〇％から九〇％に至るまで外国人によって占められています。カタールなどでは、国民を見つけるほうが難しいと感じたことがあります。カタール料理を提供するレストランでさえ、フィリピン人労働者によって占められていたのを覚えています。その国を訪れても国民に会うことはできないという不思議な経験をすることになります。

アジアの都市国家であるシンガポールやブルネイにおける外国人人口は三〇から五〇％です。やはり経済成長期に多くの移民を導入してきたことが背景にあります。日本やタイなど、一定の人口を抱える国々は、経済成長期においても農村部からの人口によって労働力を確保することができたため、ある意味、国民完結型の労働市場を長期間にわたって維持することができていました。外国人人口の割合は三％程度であり、湾岸諸国や東アジアの都市国家と比べてもその割合はかなり低いことがわかります。日本政府は日本が「移民国家ではない」としていますが、わずか三％であるとはいえ、「多文化」であることは間違いありません。日本と似たような国としてタイや韓国を挙げることができます。こうした国々も高齢化に備えて外国人労働者を導入し始めています。

社会が変化するとそれに合わせてさまざまな調整が必要になります。人口の高齢化によってあらわれる社会の課題には大きく二つあります。一つは、人口ピラミッドが逆さになることからわかるとおり、経済的に支えられる人々の割合が増大するわけですから、生活水準を維持するのは容易ではないことです。もう一つは、高齢者のケアを誰が担うのかという担い手問題です。特に、後期高齢者と呼ばれる七十五歳になると、介護を必要とする人々が急速に増えます。これは麻痺を抱える人や癌などの罹患の割合も増えるからです。

人口構成の変化自体は、たとえば欧州のようにゆっくりであれば、準備する時間も十分取ることができるかもしれません。ただ、アジア諸国の急激な経済成長によってライフスタイルも家庭生活のあり方も急激に変化しました。したがって、社会変化に合わせて社会システムを再構築できるのかが課題となります。

たとえば、介護を必要とする人々に誰がケアをするのかと考えた場合、以前は「嫁」の役割でした。ところが、生涯未婚率も上昇しており、「嫁」を想定するのも現実的ではありませんし、こうした考え方は介護保険制度の導入もあって、大きく変化しました。介護保険制度のもとで施設介護や訪問介護といった介護サービスの提供を受けながら、「嫁」に限らず配偶者や子どもたちで分担するのが一般的になってきました。介護保険制度のない国々では、家族からケアの提供を受けることが一般的かもしれません。近所の人々が毎日見守りをしている所もあるかもしれません。あるいは所得の高い国では外国人の家事労働者（家政婦）を雇用しているかもしれません。介護といったケアが誰の責任で提供されているのか。ケアにはいろんな形式があるので、いったいどのような組み合わせでケアが成立しているのかを「福祉レジーム」という概念に沿って見てみるとわかりやすいかと思います（図1－1）。これは国家・市場・コミュニティ・家族といった福祉を提供する主体をいくつか取り上げたものです。

たとえば、「政府」とは、つまり、政府の責任のもとに提供されるケアのことです。日本の介護保険はこれに相当するでしょう。アメ

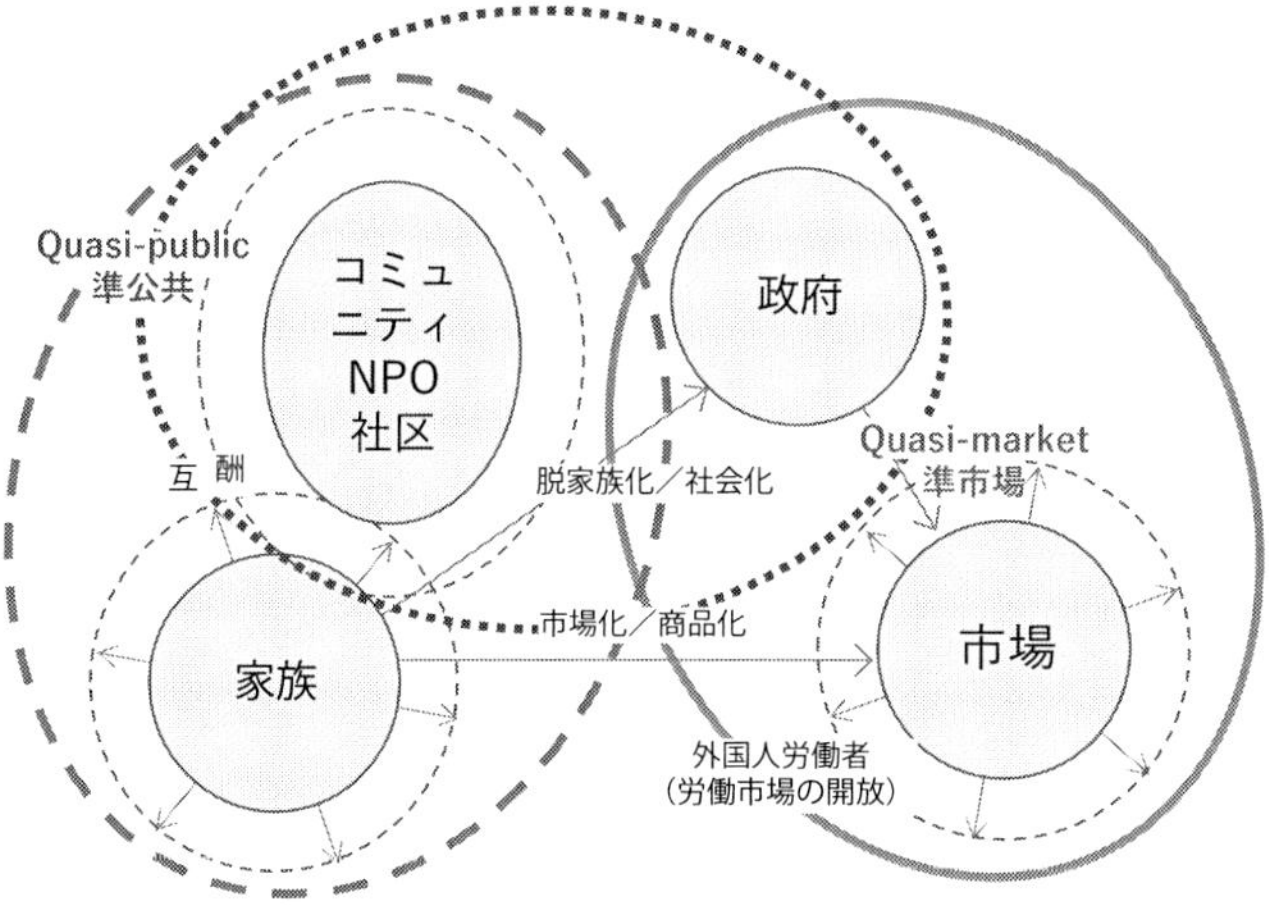

図 1-1　福祉レジームのイメージ
出所：安里作成

リカには医療保険制度がありませんが、医療保険は国家の役割ではない、という考え方が基礎にあると言ってよいでしょう。介護にしてもお金を出してそれぞれで市場から調達すればよい、という考え方が根付いているようです。よく東アジア諸国で言われているのは、家族でケアをすべきという家族規範の強さです。家族はケアを構成する最も基本的な単位としての教えも存在しています。「孝」という教えです。これは儒教の教えによるものですが、東アジア諸国に広く伝わったものとされています。「良妻賢母」という言葉がありますが、家族によるケア、特に性役割分業に基づく女性のケア役割を強調する概念として一時歴史的に浸透したと言えます。ケアの形式にはいろんなものがあります。総体としてのケアは、それぞれのケアの組み合わせから構成されていると言っていいでしょう。それぞれの家庭や社会で、いったいどのような組み合わせのケアが望ましいのか、そういったことが考えられると思います。それは地域それぞれの文脈に合わせて、政府、家族、コミュニティ、マーケット（市場）のそれぞれの役割が決定されていくのだと思います。

福祉レジーム

次は台湾の話です。まずは写真から見てみましょう。この写真はどこで撮られたと思いますか。日曜日になると、スカーフを被っているイスラム教徒の女性が数多く集まっているのを見ることができます。この写真は台北駅で撮られたものです（**写真1‐1**）。車椅子に座っている高齢者は台湾の方々です。ケアを提供する多くのイスラム教徒の家事労働者も日曜日はお休みの日なのですが、ケア自体には休みがありません。ですから、法的には家事労働者の休日に高齢者をくつろぎの場に連れてきているのです。外国人が台北駅にたむろしているのがいいことなのかという議論もありましたが、今は、台湾の多文化を象徴する空間となっています。

日本の高齢者介護の大きな転機は、ちょうど二〇〇〇年に始まった「介護保険制度」です。この制度の導入により、特定の人、この場合、多くは「嫁」に介護を負わせず、社会の責任として社会で介護を分担するという仕組みです。社会の責任とすることを「社会化」と言うことがあります。「社会の責任で」というとき、社会保険方式にするのか、それとも補助金で実施するのかという問題があるのですが、ドイツがそうしているとおり、社会保険方式を導入することにしました。こうして景気に左右されないで安定的に介護を提供する制度にすることとしたのです。さらに、スウェーデンやドイツ、オーストリアなど多くの国々では、家族が介護に従事する際、家族介護に対する手当てを支給しています。つまり、従来の家族介護が無償労働だったのに対し、介護を有償化したのです。手当てはそれほど大きなものではありませんが、有償化することによって、ケアする家族を認知し可視化したのです。日本の場合、興味深いのですが、家族介護手当を支給しないことにしました。これにはいくつかの理由が考えられます。おそらく当時の議論で最も重要だったのが、家族介護を有償化すると「嫁」役割を固定化してしまうという懸念があったことです。もう一つ重要な点はケアの質の確保でした。家族介護は家族の一員であれば介護ができるという「自然に備わったスキル」が前提とされています。しかし、介護がそのようなものでないことは明らかですが、介護保険制度を導入する際には、質の担保のためにも多くの国で導入されている家族介護に対

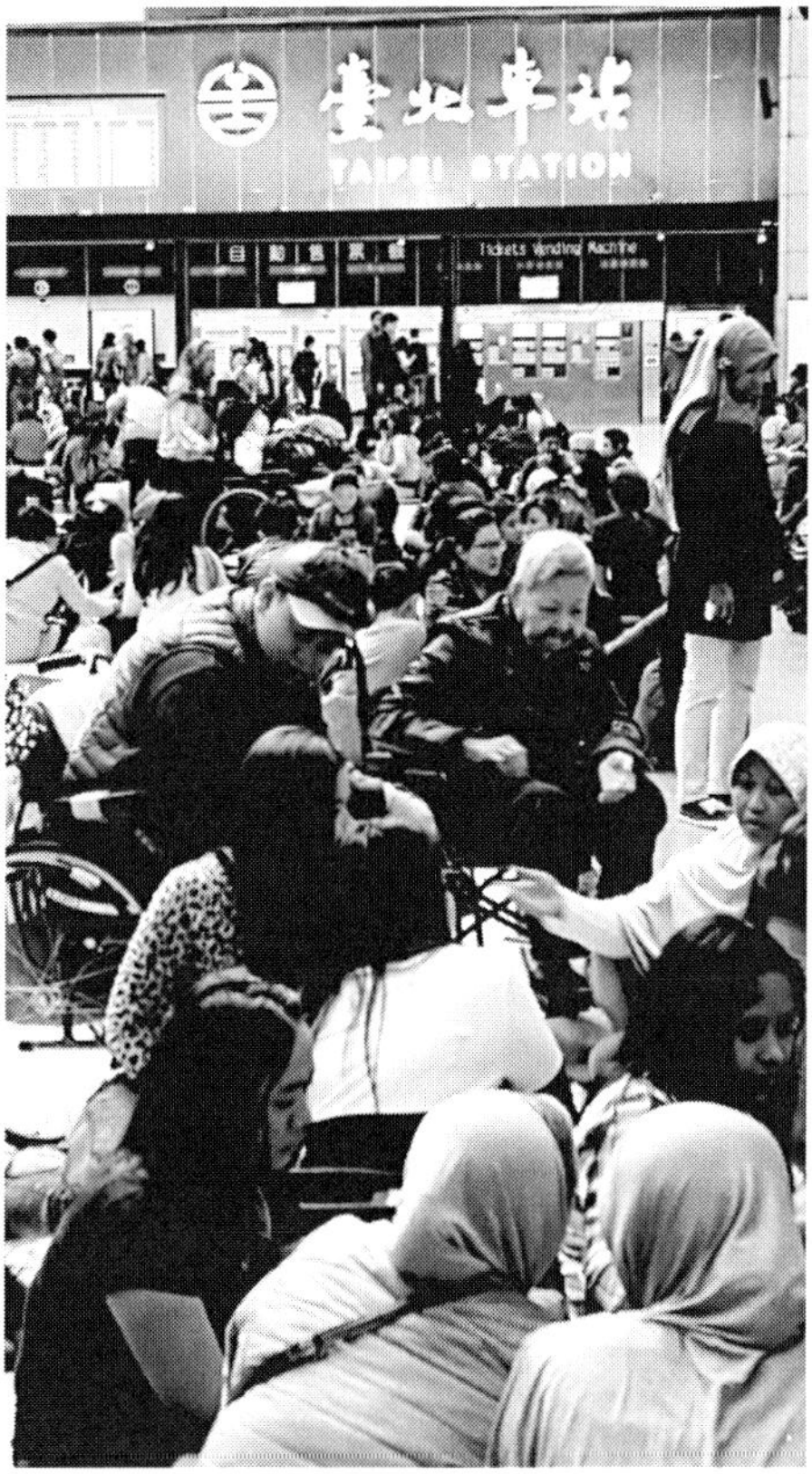

写真 1-1
出所:安里撮影

する手当てを導入しないという大きな決断をしたのです。介護保険制度のもとに、社会の責任で保険料を徴収し、公的な責任で介護というケアを提供するわけですから、質が問われるのは自然なことです。介護保険制度において中核を担ったのは介護福祉士という国家資格でした。この資格は介護保険制度以前からあったのですが、これが介護を提供する専門的な資格となります。この資格を取得するためには、いろんな要件がありますが、大雑把には千八百五十時間の座学と国家試験に合格する必要があります。実務を中心とする人には三年の実務経験がなければ国家試験を受験することもできません。これは国際的に見てもかなり時間を要する資格です。台湾の介護職員の資格は百時間、タイのそれが二百時間余りですから、いかに介護を専門化したかということがわかります。ただ、介護関係の資格は資格がなくてもその業務に従事することのできる名称独占の資格であり、資格がなければ業務に携わることができない業務独占ではありません。したがって、介護福祉士の資格がなくても介護業務に従事することはできるのですが、日本の介護は介護福祉士を中心とした資格の構成となっているのです。

介護の専門化は介護を受ける者にとって大きな意味を持ちます。たとえば、「寝たきり」という言葉があります。従来の介護では、老いに伴い高齢者が寝たきりになることは自然な流れだと思われていました。特に家族介護においては、老親に無理をさせずゆっくり十分に休んでもらうことこそが親孝行の当たり前の姿でした。しかし、休んでもらうことこそが、老親にとっては老いを加速させる選択なのです。これが「寝かせきり」の発見でした。そうではなく残存機能を生かすことで、より長く健康に生きる状態をつくり出すことが「介護」なのです。言い換えるとすべて介護者がやってあげることは、正しいようで誤っているということです。残存機能を生かすような立ち振る舞い方というのが介護概念の中には組み込まれているのです。もう一つ例を出すと、尊厳の維持でしょう。老いてくると排泄のための介助が必要になります。おむつも交換してもらわなければなりません。介護職員はどのように立ち振る舞えば介護を受ける人の尊厳が保たれるのか、といった方法論も持っていなければなりません。こうした介護技術の上に、老いたそれぞれの人の一日の計画である個別支援計画を作成して、最大のＱＯＬ（生活の質）をつくり出していくのが介護なわけです。こうした点に介護職の専門性があるわけで、看護との違いもここにあると言ってよいでしょう。介護は病気を治療する専門家なのではなく、生活の質を最大限に向上させることを目的とした専門家なのです。

日本の介護保険制度の導入にあたっては、その社会化プロセスにおいて、「質」を担保しなければ、たとえば何らかの障害や麻痺など疾患を抱えている高齢者のケアに対する社会的責任が取れないという発想があるわけです。こうした脱家族化（社会化）とケアの専門化は、自然なスキルで「家族でやるべき」、特に「嫁がやるべき」という従来の考え方と比べると大きな転換だったのです。たとえば、介護福祉士というのは、つまり、日本の介護保険の歴史というのは、家族の役割を縮小し、これを社会化と言ったり、あるいは脱家族化（ディ・ファミリアリゼーション、de-familialization）という形で言ったりします。介護サービスを提供するのは、社会福祉法人もあるけれども、株式会社もあります。ですから、完全に市場に頼っているのではなく、準市場によるサービスの提供と言ってもいいでしょう。つまり、サービスは市場から提供されている部分もありますが、費用は介護保険制度によってコントロールされつつ拠出されていると言ってよいのです。だからこそ安定したサービスが提供されているのです。

日本の人口構成を見ると、要介護者は増加する一方で、労働力人口は減少をし続けています。それを見越して初めて外国人介護従事者が日本に導入されたのは二〇〇八年のことでした。しかし、厚生労働省は、看護師や介護職員の不足はないとして、一貫して導入に反対してきました。ところが、貿易の自由化が政府の主導で進められる中で、しぶしぶ受け入れを認めたのです。同省が受け入れに反対をしてきたのは、日本看護協会や日本介護福祉士会といった職能団体の声を受けてのことでした。しかし、人口構成の変化にあらがうことはできず、その後、福祉分野の留学制度や技能実習制度にも受け入れ枠組みの整備がなされ、介護に従事する外国人の数は急増しました。コロナ禍においては、外国人の受け入れが停止されましたので、介護に従事する外国人の数は増えなさそうですが、実際には大きく増加していきました。これは、コロナ禍で失業した労働者たちが、特定技能という新制度における試験に合格して在留資格を変更したからでした。つまり、他の職業から介護職に転職する人が増えたためでした。

ケアに従事する外国人労働者

ところが、ようやく、最近ちょっと風向きが変わってきました。日本における外国人介護従事者の概要を見てください（図1－2）。

ここでは、二〇二三年時点で以下の受け入れ制度があります。二〇〇八年の経済連携協定（ＥＰＡ）に基づく介護福祉士候補者・看護師候補者の受け入れ、二〇一七年技能実習介護、二〇一七年在留資格介護の創設に伴う介護留学制度の確立、二〇一九年特定技能介護、そして先ほどの家事支援外国人という六つの制度が混在しています。すでに述べたとおり、所管の厚生労働省は外国人労働者の受け入れに強く反対していましたが、これは言語や文化の違いがケアの質を低下させると考えられていたからです。さて、外国人の受け入れがケアの質を低下させたのかを見てみましょう。第一に、経済連携協定に基づく受け入れのうち、介護福祉士国家試験の合格率を見てみましょう。この受け入れ枠組みの目的は国家試験に合格することとされています。図1－3

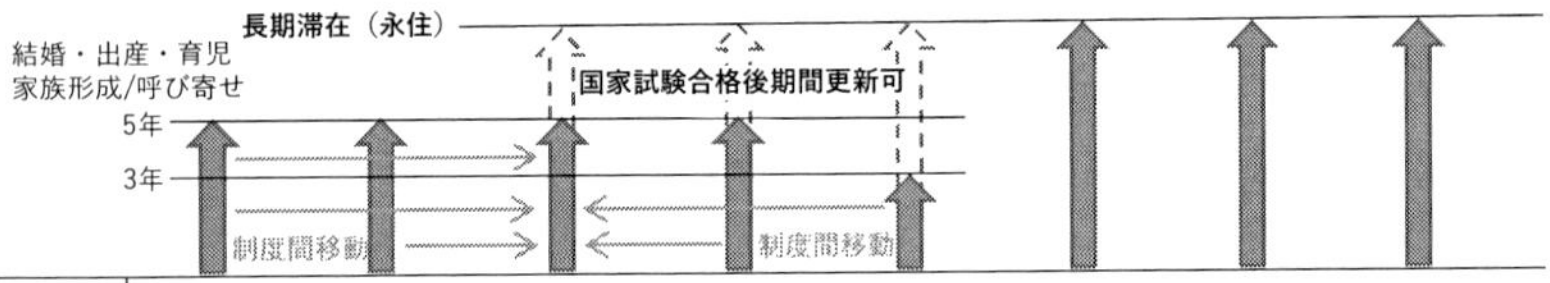

	家事支援	技能実習	特定技能	介護（留学）	EPA	技能・人文知識・国際業務	特定活動46号	身分系在留資格
開始年	2017	2017	2019	2017	2008	NA	2019	NA
送出機関	民間	民間	民間	民間	政府機関	民間	民間	民間
日本側斡旋	半官半民	民間	民間	民間	政府機関	民間	民間	民間
所管	内閣府、自治体	厚労省など	法務省	文科省、法務省	厚労省	法務省	法務省	なし
学歴要件	高卒	高卒	高卒	高卒	看護師、大卒	大卒	大卒、N1	なし
協定国数	1	14	16	なし	3	なし	なし	なし
主要送出国	比	越、尼、中、比	比、越、尼	比、越	比、越、尼	中、越、比	中	比、伯
人数	1,000	20,000	6,000	15,000	3,500	3,000	不明	25,000
労働者負担斡旋料	少ない	高額	中程度	高額	なし	少ない？	少ない	高額
目的	女性活躍促進	技能移転	労働力確保	人材育成	国家試験合格	外国人管理	留学生雇用促進	家族統合
介護福祉士資格保有者	特定技能で資格取得可能	特定技能で資格取得可能	現段階では少ない	増加傾向	資格取得率高い	不明	不明（在留に必要なし）	困難
摘要	近年行政指導多し	高額斡旋料、高失踪	他職種からの移動多	送出国労働法令不適用	斡旋料ゼロ、公的負担高	近年より介護業務適用	移住労働者管理	無認知の日本人の子の母親

図1-2　外国人ケア人材の制度概要（2022）

出典：内閣府、厚生労働省、法務省、介護福祉士養成施設協会HP、および安里による聞き取り調査

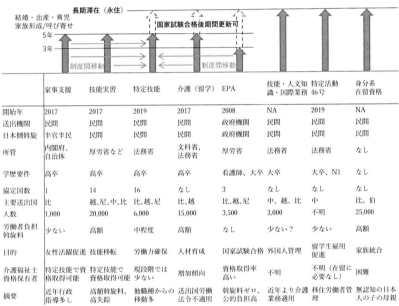

は国籍別に表したものです。最初に受け入れを始めたインドネシア、フィリピンの合格率は三〇％から四〇％程度で推移をしています。日本人の合格率が六〇％から七〇％ですから、推測の範囲内と言っていいでしょう。特筆すべきなのは、ベトナム人の介護福祉士の受験者は、一〇〇％近く合格しているという点です。ベトナムでは一年間にわたる日本語教育があらかじめ行われ、インドネシアやフィリピンよりも学習環境はいいからとはいえ、一〇〇％近くの合格率は多くの予想を裏切るほどの良い結果となりました。つまり、介護福祉士という日本独自の制度に関する国家試験の合格率は、日本人のそれより、ベトナム人のそれが高いのです。こうした結果は人材育成の違いに起因すると考えられます。これはいい意味で期待を裏切るものでした。

続いて、外国人介護職員が入居者や同僚などにどのような影響をもたらしたかについての調査結果を見てみましょう。日本人職員への影響（図１－４）を見てみると、良い影響をもたらしたというのが、九割に上ります。良い影響というのは、国家試験に向け頑張る姿に刺激を受けた、支援を通じて日本人職員もまとまるようになった、コミュニケーションが丁寧になったなどという結果があります。他方、悪い影響が

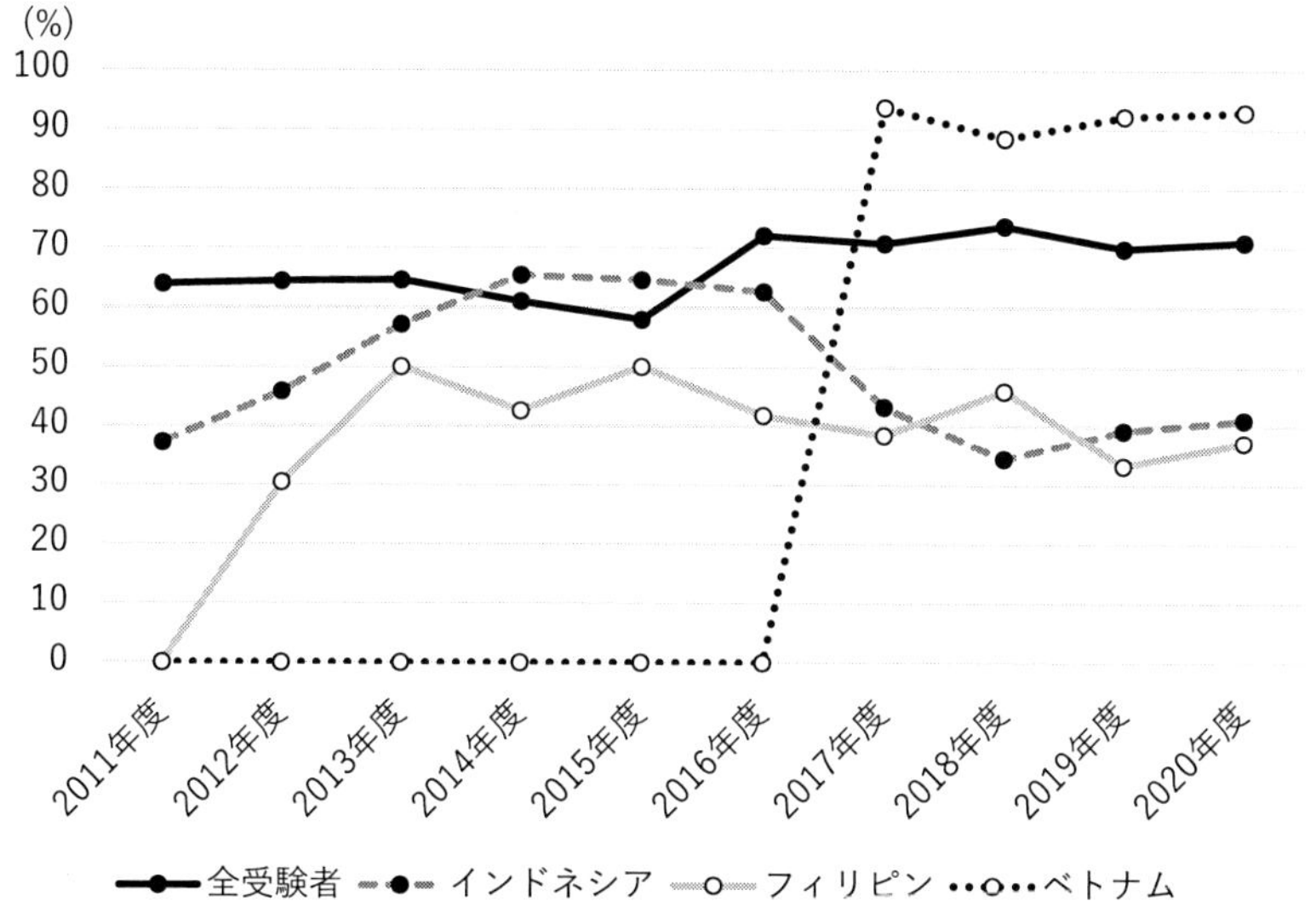

図 1-3　介護福祉士国家試験合格率

出所：厚生労働省HPより安里作成

及ぼされたというのは、ほぼ一％しかありません。一言でまとめると、多様性を通じた好影響が見られると言えるでしょう。つまり、言語と文化の差異が質の差異をもたらすと簡単には言えないのです。ただし、この結果は経済連携協定を通じた受け入れ制度のみに限られています。技能実習や介護留学、さらには特定技能においては異なった人材育成制度があるため、高いケアの質が提供されているかは別途検討が必要です。制度設計は現実をつくり出すのです。

二〇一七年には家事支援外国人（家事労働者・家政婦）が導入されました。もともと日本では住み込みの外国人家事労働者の雇用は外交官などのみにしか許されていません。日本人が外国人家事労働者を雇用するために外国人を呼び寄せることは認められてきませんでした。安倍政権下において、女性の社会進出を促進するという目的において、外国人家事労働者の導入を検討し始めました。ただ、のちに見るとおり、住み込みの家事労働者は人権侵害が相次いでいるとして、家事代行業者による請負契約を通じて、通いの家事労働者がクライアントの家事を担うという方式で導入されることになりました。まずは、国家戦略特区において東京や神奈川などで限定的に始められることになり、うまくいけば全国展開される予定でした。懸念されていた人権侵害を防ぐため

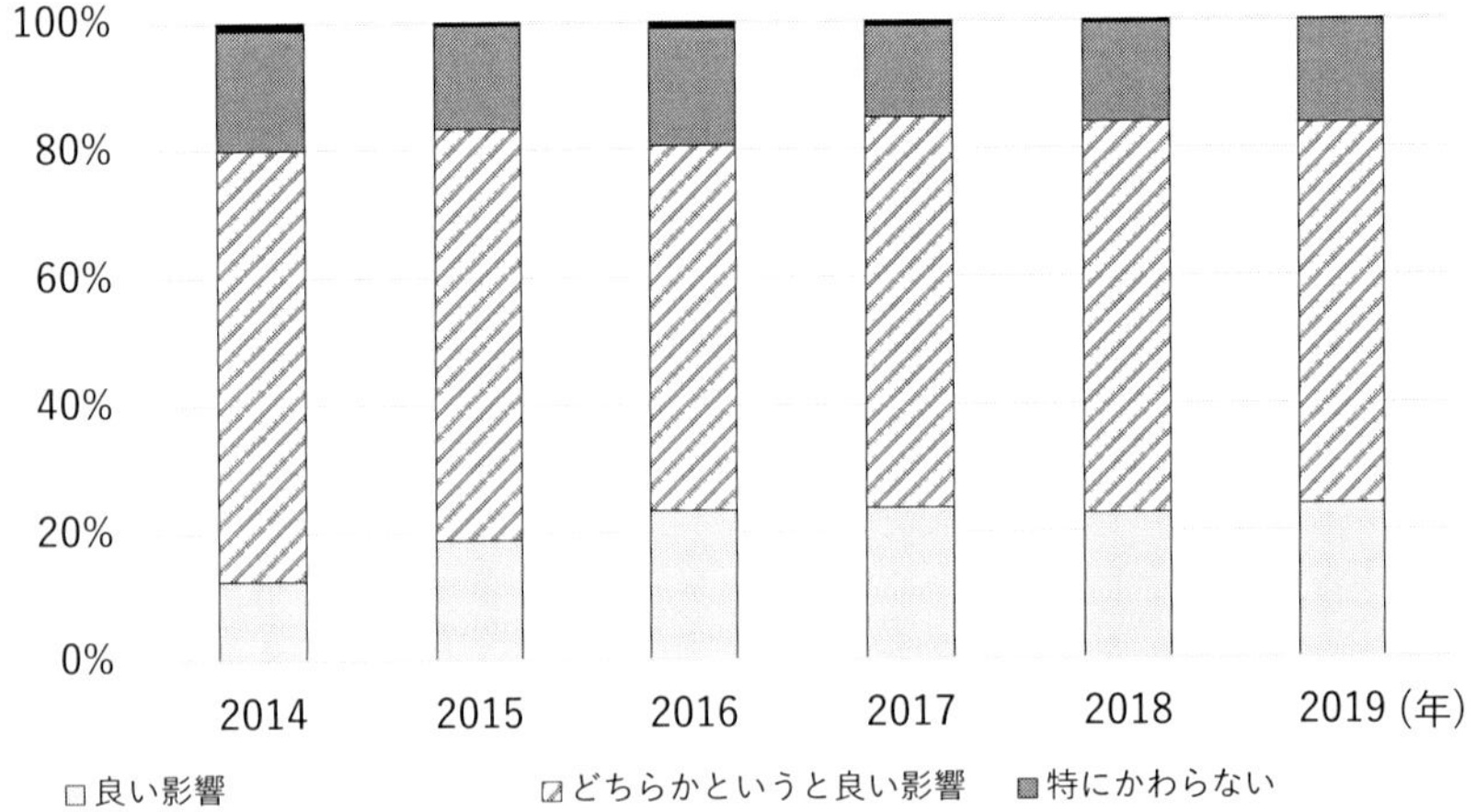

図 1-4　利用者への影響について

出所：国際厚生事業団（各年）より安里作成

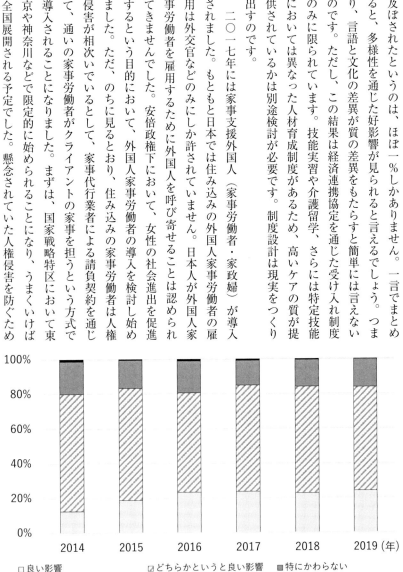

に請負形式となりましたが、家事代行業者による不祥事が相次ぎ、二〇二一、二二年に相次いで家事代行業者に対する行政指導がなされています。なお、家事支援の業務に介護は含まれていません。これは介護保険制度の枠外で運用するという方針が反映されているためです。他方、介護保険制度においては度重なる見直しにおいて家事の部分が保険制度から切り離されてきました。この切り離しを、家事支援外国人が受け入れるというある種の相互補完性がこの制度の狙いとして透けて見えます。

新型コロナ感染症が流行した頃の外国人介護職員の推移には特徴的な点があります。入国も出国も容易ではなかった二〇二〇年から二〇二二年の三年間で、不思議なことに外国人介護従事者の数は大幅に増加しました（図１－５）。これは他の業種とは大きく異なるトレンドでした。コロナの際、病院といった医療機関や介護施設において、より多くの人材が求められたと言っていいでしょう。とはいえ、介護の業務に従事したことのない外国人を、コロナ禍のような時期に雇用するのでしょうか。外国人を雇用すると介護の質が下がるという強い意見が過去にありましたので、それほど単純なことではないと思いましたが、実際にはグラフのとおり、毎年一万人の増加という結果となりました。

コロナ禍においては、医療福祉人材の給料がほとんど減少しませ

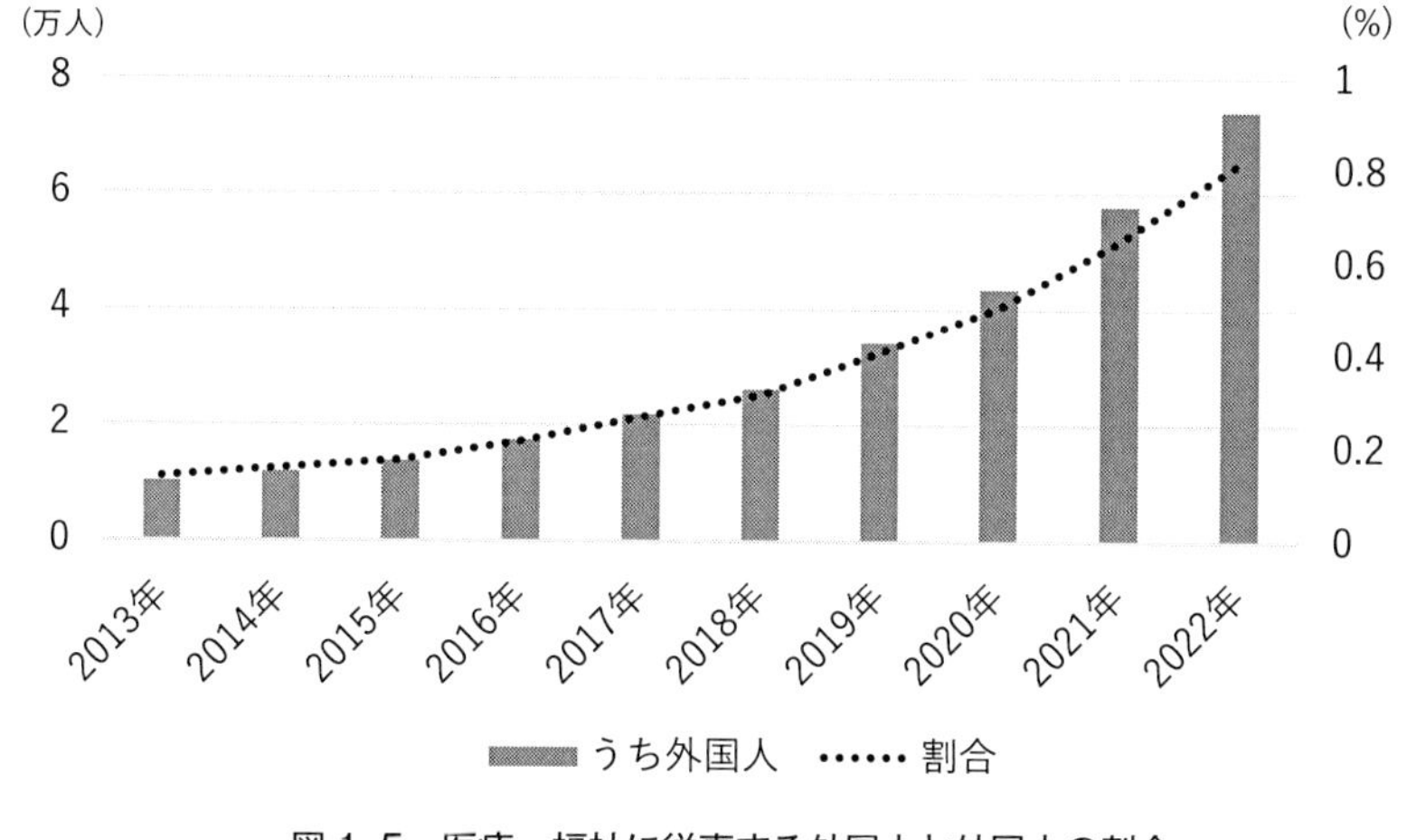

図 1-5　医療・福祉に従事する外国人と外国人の割合

出所：厚生労働省「外国人雇用状況」の届出状況のまとめ（各年）より安里作成

んでした。わずかにデイサービスなどの通所介護を利用する高齢者が減少しましたが、施設介護にせよ訪問介護にせよ、高齢者は増加する一方でしたので、仕事は減らなかったのです。たとえば、ホテル、飲食業、ビルメンテナンス（清掃）、食品加工など多くの産業において軒並み収入が減少しました。医療福祉は災害時に強いというイメージができたのです。つまり、人気の職種になっているわけです。

介護の職種に従事するためには、二〇〇八年の経済連携協定にさかのぼりますが、「技能実習」、「留学生」もできましたし、「特定技能」という新たな在留資格も設置され、全く介護の経験がなくても、試験に合格すればビザを取得することが可能になりました。これ以外にも類似した在留資格がありますので、医療福祉に従事する複雑な制度が出来上がったのです。しかし、介護福祉士国家試験に合格して永住資格まで得るのは簡単なことではありません。というのも、日本の高齢者介護というのは介護社会保険制度というしっかりとした社会保険制度という基盤の上に作られています。これは国家が責任を持って介護する制度ですから、敷居が高いのです。介護福祉士は専門学校に通うと、千八百五十時間の勉強が必要な資格となります。

このように介護福祉士の要件は後述のとおり、他国と比べても非常に高いわけです。そのため、技能実習制度や特定技能制度の枠組みでは、この試験に合格するのは困難でしょう。唯一、経済連携協定に基づく介護福祉士候補者の受け入れでは、公費で試験勉強ができますし、国家試験を受けるさまざまな配慮があります。非常に手厚い人材育成制度で、インドネシア、フィリピン、ベトナムの受験者のうち、ベトナム人受験者の介護福祉士国家試験の合格率は九〇％以上を記録しています。

他の制度、たとえば、技能実習で来日する人は斡旋料や渡航費用などを支払う必要があります。フィリピン人の場合は十万円程度ですが、ベトナム人は六十万円程度の斡旋料を支払います。日本語学留学で来日する人たちは年間七十万円とか八十万円の授業料や諸経費がかかるため、なかなか大変です。というのも、留学生の本分は勉強にありますので、自由に働くことが許されていません。資格外活動許可を出入国在留管理庁（以下、入管）から取得すれば、週に二十八時間を上限としてアルバイトなどに従事することが可能です。時給が千円とすると、週に二万八千円、月に約十一万円は稼げるわけです。先ほどの授業料や住居費、光熱費、食費、携帯電話の通話料などを考慮すると、赤字になってしまいます。ところが、収入を増やそうと思って二十八時間以上働くと入管法違反となりますので、仕送りなどがなければ経済的に自立できないのです。

そこで、介護であれば介護施設が「奨学金」と称して授業料を代わりに納付し、二十八時間のアルバイトをさせるという方式が出来上がりました。「奨学金」という名の借金を返済するために、より高い時給の建設や製造業のアルバイトをしようとすると、アルバイトの変更を許さないとか、まだ学校に在籍中であるにもかかわらず「奨学金の返済をしろ」という事例が出てきたりしました。また、「奨学金」を返済しないうちは、遠くの専門学校などに進学をさせないように、日本語学校が妨害するといった事例も散見されました。反抗する留学生に対しては、無理矢理退学させて帰国させる事例もありました。横浜では二十八時間のアルバイトに加え、ボランティアと称して週二十八時間以上四十時間まで無給で働かせ、「奨学金」の返済に充てさせるという事例もありました。ある女子学生は日本語学校と介護施設の方針に反対したため、日本語学校に軟禁状態に置かれたこともありましたが、最終的には労働基準監督署に申告し正当な報酬を受けました。しかし、心理的なダメージは大きく、日本での介護福祉士の目標を諦め、マレーシアに出稼ぎに行くことに決めました。マレーシアでの出稼ぎ労働者に対する人権問題も取り沙汰されますが、彼女によるとマレーシアでの就労は快適で楽しく暮らしているとのことです。こうしてみると、国家試験の合格率が日本人を超える九〇％近くを記録するなど、経済連携協定に基づいて介護福祉士候補者受け入れに実績のある制度と、借金問題がよく取り沙汰される技能実習や留学という制度が、介護をめぐって混同しているのが日本の実情のようです。外国人介護人材という点に着目すると、玉石混交の制度を通じて年に一万人が増えているわけで、介護の質が担保されているのかが気になります。

香港などの家事労働者と自由主義的家族主義

さて、日本に次いで香港、シンガポール、台湾に話を移しましょう。これらの社会の介護に関する考え方は、日本と大きく異なっていました。基本的には、介護は家族内で解決すべき問題として政府は直接介入しないという立場を貫いてきました。介護保険制度が導入される二〇〇〇年以前の日本の状況と類似していますが、介護の一義的な責任は家族が負うという考え方で、「家族主義」とよく指摘されています。とはいえ、少子化により実際には家族だけで介護を担うのは困難ですので、政府は家事労働者を外国から導入して家庭内ケアの充実化を積極的に認めてきました。シンガポールや香港では一九七〇年代、台湾では一九九〇年代のことです。日本では一九五〇年代に家政婦をほとんど見かけなくなりました。これら社会においては、外国人労働者を導入することで「家政婦」を温存させてきたのです。

家事労働者導入のもともとのきっかけは、七〇年代から九〇年代にかけ、急激な経済成長で男性労働力が枯渇し、女性の労働力が求められたためです。結婚や育児のために仕事を辞める女性が多いと、せっかくの経済成長に冷や水をかけるようなものですから、それを防止するために外国人家事労働者の導入をしたのです。これは育児を「下請け」させるために、労働市場の規制緩和をしたのです。こうした大胆な規制緩和でもって、育児や介護の家族主義を維持するという意味において、自由主義的家族主義と呼んでいいでしょう。政府は家族主義を維持するため「家族は美しい。家族でケアされることほど高齢者は幸せなことはない」というようなプロパガンダでもって家族主義を推し進めました。これら社会がたとえばスウェーデンや日本のように福祉政策を推し進めるのではなく、家事労働者を導入したのは共通した背景があります。

面積が小さく、限られた人口と天然資源で国際競争力をつけようと思うと、法人税をできる限り低く抑えて外資を誘致するという輸出工業化に舵を切ることになります。そのためには、必要な女性労働力を積極的に労働市場にとどめておく必要がありました。特に、これらの社会では女性の教育水準が高いのが特徴で、代替が利きにくい貴重な労働力だったのです。これは日本が男性の都市労働者を基幹労働力として、農村の男性や女性労働力を補助労働力として活用していたのとは大きく異なる事情があったのです。

家族化を進める手段として家事労働者を導入するという政策ですが、これは現在に至るまで重要な社会政策として位置づけられています。外国人家事労働者の推移を見てみると、今日に至るまで増加を続けているという顕著な特徴があります（図１－６）。香港、シンガポール、台湾という人口規模の小さな社会ですが、これらを合わせると百万人以上の外国人家事労働者が就労しています。家事労働者はフィリピン、インドネシア、ミャンマー、ベトナムなどで占められていますが、いろんな労働供給国がありますので、家事労働者に関しては「労働力の天井」があたかもないかのように無尽蔵に存在しているわけです。労働供給力が多いということは、価格を抑えるという側面もあります。性役割分業を前提とすると、家事労働者として雇用されるのは女性です。したがって、女性の給料の範囲内で家事労働者を雇用する必要がありますから、価格（家事労働者の給料）を抑える必要があるのです。

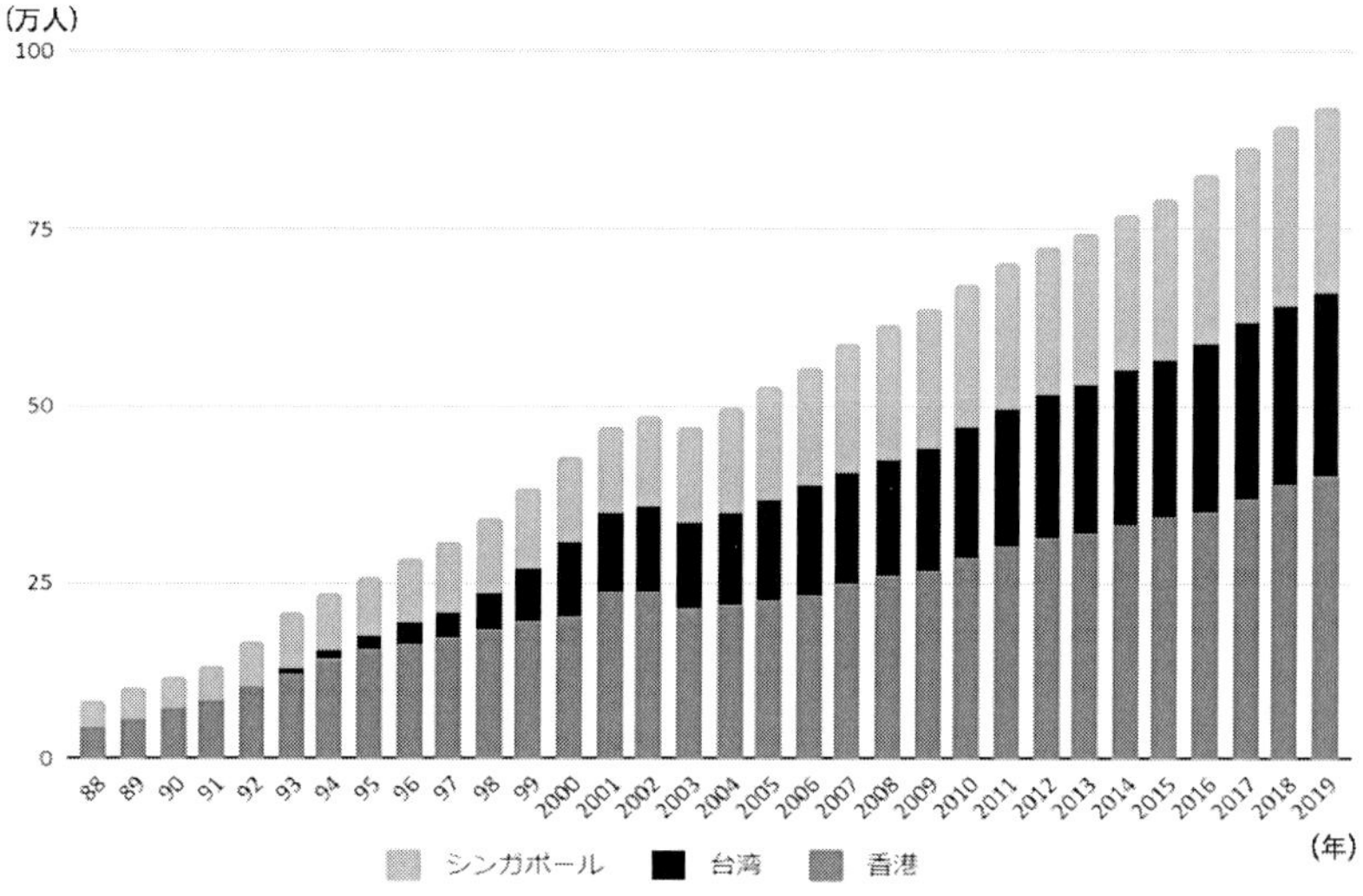

図 1-6　外国人家事労働者の推移（香港、台湾、シンガポール）

出所：香港: Hong Kong Annual Digest of Statistics, 台湾: Ministry of Labor (中華民國勞動部), シンガポール: Ministry of Manpower (2015–2019), Wang, C.H., et al., 2018 (2010–2015)より安里作成

香港の隣に深圳という大都市があります。二〇〇〇年代は、安価な保母（パオムー）が多くの家で働いていましたが、現在の中国本土は労働者不足で賃金が高騰し、保母を雇える家はほとんどなくなりました。香港やシンガポールはこうした状況とは無縁なのです。

家事や育児は常に必要とされる労働です。景気によって家事労働のニーズが小さくなることはありません。こうした特性にも支えられ、外国人家事労働者数は増大を続けてきたわけですが、二〇〇三年、新型肺炎（ＳＡＲＳ）により減少しました。ただこれは一時的なもので、流行が収まると家事労働者数は一気に増大しました。コロナ禍においても家事労働の需要は減ることはありません。むしろステイホームで需要は増大したとも言えます。労働者の往来も止まってしまったため、家事労働者の雇用が困難となったことが問題化しました。

台湾の場合も、外国人といえば、製造業、建設業、農林水産業、そして社会福祉（介護）の分野で受け入れを行っていますが、労働力人口の減少に伴い、外国人労働者への依存度が高まっています。台湾の場合も、台湾人の雇用を優先するという大前提があるのですが、労働市場でミスマッチが生じており、特に肉体労働分野での人材不足が解消されていません。台湾では選挙のたびに外国人労働者の受け入れをめぐり議論されることがあります。民進党は外国人労働者の減少を打ち出すことがあります。蔡英文現総統も住み込みの外国人家事労働者を減らすという方針を取ったことがあります。ところが、当時二十四万人存在する住み込みの外国人家事労働者の背後には百万人の有権者が存在していたでしょうから、民進党も家事労働者の減少を強く推し進めることはできませんでした。

利便性と人権の間で

自由主義的家族主義モデルには、ただし、家事労働者の雇用が挙げられました。住み込み労働者の雇用には大きな問題があります。それは労働基準法の不適用問題です。これは住み込み労働者のいない日本も同じですが、住み込みの家事労働者には、労働基準法が適用されません。雇用契約を交わしたとしても労働基準法に定められた労働者としての権利は認められないかもしれないのです。労働基準法が適用されないと、最低賃金や労働時間、超過勤務、休日、有給休暇、年金なども認められない可能性があります。また、住み込みですから二十四時間、家庭の中に住んでいて、労働とプライベートな領域を曖昧にさせてしまいます。厳しい労働環境であるにもかかわらず、労働基準法が適用されないとも言えるかもしれません。法律の適用の問題は、労働監督ができないため、労働者性が担保されないという理由があるようです。労働者性が確保されないから法律が適用されないのか、法律が適用されないから労働者性を確保するような動きにならないのかという循環の問題がありますが、現在も多くの国々では労働法が適用されないために、労働者としての処遇を受けられない状況が続いています。

住み込みなので、休息と労働の区別が不明瞭で、深夜にでも呼び出されるかもしれません。それどころか、子どもや高齢者と同じ部屋で就寝しなければならないかもしれません。香港やシンガポールでは住居の床面積も狭いため、冷蔵庫の前にマットを敷いて寝なければならないかもしれません。プライバシーの確保が難しく、性的虐待に遭いやすいともされています。雇用主の家族は肌着姿で歩いているかもしれませんし、夫婦げんかを目の当たりにすることもあるでしょう。極めつけは、よく指摘されますが、妊娠が発覚すると強制出国させられるのはシンガポールの特徴です。家事労働者は学歴要件が低いのですが、こうした人々に定着させてはいけないという法令が今日に至るまで存在するのです。家事労働者はいかなる形態の婚姻も認められず、また妊娠が発覚した時点で強制出国です。仮に子どもができたとしても、行政サービスを受けることはできません。また出入国管理は指紋などバイオメトリックでされています。家事労働者として入国した者は、仮に家事労働者以外のビザでその後入国したとしても、その経歴を排除することはできず、この規則が適用されると言います。最近では市民運動の成果として、学歴や扶養能力を踏まえたうえで例外的に婚姻が認められることがあると言いますが、いずれにせよ例外的であるため、政府の裁量に任されています。香港や台湾ではさすがにこういった規則はありませんので、結婚は認められています。私の友人にもともとの雇用主である中華系香港人と結婚した人がいますが、今でも香港に居住していています。ただ、結婚を除けば、何年働いたとしても永住資格を得る可能性はあまりありません。事例は少ないのですが、台湾では一定期間家事労働者として従事すれば、経験を通じてスキルを有する高度人材として扱うようになりました。

日本の家族主義と東アジア諸国の家族主義の大きな違いの一つは、ケアの責任問題です。家事労働者を多く雇用する東アジア諸国では、育児であれ、高齢者介護であれ、スキル要件はほとんどありません。台湾では九十時間の介護研修が義務付けられていますが、形骸化しています。つまり、その国の資格制度に合わせた研修や資格の取得が義務付けられているわけではないのです。他方、家事労働者の属性を見るとほぼ一〇〇%女性であり、既婚者や未婚者、有資格者や無資格者などさまざまです。つまり、家事労働者のシステムを見ていると、家事能力があるかどうかよりも、性役割分業を前提としたその延長線上に作られたものだと言えます。女性に備わった「自然なスキル」を前提としているとも言えます。とはいえ、現場では高齢者介護といっても癌患者や認知症を抱える者、麻痺を抱える者などいろんな状況が想定できます。おむつを必要とする人もいるでしょうし、経管で栄養を補給しないといけない人や排痰ケアが必要な高齢者もいるでしょう。褥瘡ができれば、その手当てもしなければなりません。つまり、高齢者の家族介護には医療行為を伴うことがあり「自然なスキル」だけでケアをするのは十分でないでしょう。

家族介護者には認められる医療行為を、資格のない家事労働者が行うのは問題があるでしょう。先ほど家事労働者は労働者として十分認められておらず、そのため労働基準法の適用も受けないことを指摘しましたが、ここで指摘できるのは、家事労働者が十分な労働者として認められていないにもかかわらず、当然ですが十全な家族介護者としても認められていないという点です。医療行為を行うことが認められていないとはいえ、実際のケアを担うのは家族ではなく家事労働者ですから、家族介護者として医療行為をしなければならない家事労働者も多くいることを指摘しておきます。そのため、最近では地方自治体や民間業者による介護研修を行う所も増えてきました。また、医療行為に対応すべく、送り出し国で看護師の資格を持つ人々をリクルートして家事労働者として雇用する事例も見られるようになりました。

女性の持つ「自然なスキル」と指摘しましたが、最近は男性看護師をリクルートする事例も見られます。介護は体位交換や移乗など体力を要する仕事ですから、男性看護師をリクルートすることで、医療的スキルと体力を兼ね備えた人材がリクルートされることも増えているのです。自由主義的家族主義レジームは小さな政府志向がありますので、費用節約的な制度設計を前提としています。そのため、人材育成は最小限にとどめ、送り出し国の有資格者を雇用するというスキル担保型の制度になることが想定されます。一方で、看護師など送り出し国の高度人材をリクルートするというような人材の搾取につながる懸念もあります。

日本の場合には介護制度自体がプロフェッショナル化を志向してきました。家族の責任としての介護を最小化することで、質の高いケアと女性の社会進出を両立させようしました。シンガポール、香港、台湾は二〇一〇年頃から変わってきましたが、家族が介護の基本です。その代わりに、「もう一人の家族として、外国人の住み込み家事・介護労働者を雇ってもいいですよ」というような形を許してきたことが日本との大きな違いです。

自由主義的家族主義

先ほどの自由主義的家族主義の福祉レジームは、福祉国家化を志向した日本の実態と比較しても異なる様相であることは容易に理解されます。どちらかというと家族にケアをさせるということが特徴であることから、やはり福祉政策を最小限に抑えた小さな政府志向と言うことができます。シンガポールと香港は、そもそも小さな政府を志向し、外国の資本を積極的に誘致してきたわけですから、労働市場を開放することも比較的抵抗がなかったものと考えられます。つまり、国策として経済を活性化させる手段としてオープンエコノミーを志向してきたわけです。こうした社会にとっては、日本のように社会保険制度を充実させるのとは逆に経済成長に水を差してしまう懸念があったわけです。

少子化の時代に家族のケアを強調するからには、何らかの正当性が必要です。日本では福祉政策が介護の外部化の正当性でしたが、自由主義的福祉レジームの社会では伝統回帰がその正当性でした。外国人家事労働者の導入は伝統的なケアの延長であることから、一見すると正しいように思えるわけです。たとえば、儒教の「孝」の精神、つまり、年配を敬うとか親孝行という教えは正当性を付与するうえで用いられやすい概念でしょう。伝統を継承し、家族ケアをあるべき姿としてプロパガンダするわけです。もちろんプロパガンダだけでケアを乗り切ることはできないでしょうから、そこで登場するのが外国人家事労働者なわけです。

この方法はいろんな意味において合理的な側面がありました。高度人材としての女性の社会進出を後押しさせ、出産・育児を通じてキャリアを中断しないようにすることでした。労働力が限られるこれらの社会では、労働力不足は経済成長の阻害要因となります。また、家事労働者の雇用は福祉予算を低減します。女性の社会進出により伸びた所得の中から家事労働者を雇用するわけですから政府は福祉予算を捻出する必要はありません。介護福祉士のような国家資格制度を整備する必要もありません。また、法人税などの課税を抑えることができるため、海外投資家も魅力的に感じるかもしれません。

「ケアは外国人に」といった分業体制はケアの新国際分業体制と言えるかもしれません。そして、それは製造業のそれと大きく異なります。製造業であれば企業の海外移転が可能ですが、介護では、外国に高齢者を移住させてケアを確保するというわけにはいきません。したがって、多くの女性に来てもらうという方法になるわけです。したがって、ケアは独自の国際分業体制を取るのです。

家事労働の労働市場は外国人がほぼ一〇〇%を占めるという特殊な労働市場です。たとえば、シンガポールの事例では、看護師は七割がシンガポール人か永住資格保持者であり三割が短期滞在型の外国人労働者です。介護人材になるとその割合が一対九となり外国人短期滞在者がほとんどを占めるようになります。家事労働者は一〇〇%が外国人となります。つまり、高度人材は地元の人で占められるというケアの階層化が見て取れます。これはシンガポールだけではなくて、日本も同じようなことになっているものと思われます。

介護人材の送り出し国

医療福祉系の国際的な移動の送り出しはどうなっているのかという点に着目してみましょう。すでに見たとおり、受け入れ国は人材育成のコストを最小化するという意味において、看護師など高度人材をリクルートしようとします。たとえば、日本では経済連携に基づく受け入れにおいては、一部を除き介護職に従事する職員を送り出し国の看護師という条件を出しています。つまり、日本語教育を別として介護スキルについてはコストを抑えることができるようになっています。ただ、相手国の看護師をリクルートしても、日本では無資格者ですから、本人は看護職から非看護職へと地位の下降を経験することになります。来日した瞬間から看護師が一人消え、看護師が別の業務に従事する、ディスキリング（deskilling）というような経験をするわけです。オーバー・クオリフィケーション（over-qualification）と言ってもいいかもしれません。看護師を介護職としてリクルートすることは、相手国の人材を奪うことになりかねないわけですから、相手国の医療に影響を与えないようにするという倫理規範も求められるようになります。

他方で香港、シンガポール、台湾のような自由主義的な福祉レジームを取っている所は、介護の大部分を家事労働者に委ねることになります。看護と比べて家事労働者は学歴水準が低く、看護や介護に関する資格を有しないことが多いです。ところが、実際の就労は認知症の介護をしたり、排痰ケアなどをすることもあるわけですから、アンダー・クオリフィケーション（under-qualification）、つまり、教育の課程を経ていないにもかかわらず医療行為をしなければならないということが生じるわけです。医療や福祉分野の国際移動については、個人レベルでは資格の接続の問題として社会的地位の下降というようなちぐはぐさが生じますが、より広い範囲で見ると人材の流出に伴う医療・福祉人材の不足や、過重な負担を持たせるということにつながるわけです。特に介護福祉士という資格は日本に固有の資格制度であり、もともと国際移動を想定してこなかった資格ですから、こうした問題が生じるのです。

最後にシチズンシップをめぐる点を指摘しておきましょう。たとえば、シンガポールのビザのレベルのイメージはピラミッド型になります。頂点に位置するのがＥＰパスでＳパスというのもあります。これらはいわば高度人材に位置づけられます。次いでピラミッドの中央に位置するのがＳパスと呼ばれる中間技術職のようなイメージです。ピラミッドの最下部に置かれているのがワークパーミットと呼ばれる労働許可です。こうしたピラミッドの位置づけの違いは賃金水準の違いをも表します。ＥＰパスであれば、賃金は月五十万円以上が目安となります。Ｓパスは三十万円程度となります。ワークパーミットは短期滞在型の労働者を指しますが、特に賃金レベルは指定されていません。最低賃金の設定されていないシンガポールですから、肉体労働者の賃金は八百ドル以下でしょう。家事労働者の賃金は出身国により違いがありますが、他の業種と比べても低く設定されています。フィリピン政府が定める最低賃金は月六万円程度とかなり抑えられています。

ＥＰパスは永住資格申請も容易にできますし、家族の呼び寄せも簡単です。ＥＰパスは制限の少ないビザと言っていいでしょうし、むしろ居住することがシンガポール政府から歓迎されていると言っていいかもしれません。なお、看護師はＳパスレベルとされていますが、永住資格申請も可能です。ところが、雇用許可しか持たない労働者は永住資格申請も認められませんし、家族の呼び寄せも認められません。また転職をすることも容易ではなく、いろんな制限が課されています。雇用許可の労働者は、就労は認めるがシンガポールでは定着させない。雇用が終われば必ず帰国してもらうという厳格なものです。家事労働者に至ってはいかなる形態の婚姻も認められていません。いかなる形態とは宗教的な結婚であれ、役所に書類を提出するという形式的な形態であれ認められていないのです。また、家事労働者は妊娠することも認められていません。というのも、年二回の妊娠検査があるため、政府は妊娠した者を強制出国の措置に帰すわけです。男性の責任は問われません。社会的地位の低いとされる家事労働者の定着をひどく嫌っている制度と言っていいでしょう。低賃金の外国人には権利を与えないという明示的な政策を取っているのです。ケアが大きく不足する時代にあって、家事労働者は再生産を担うという重要な役割を持っています。しかし、経済的な側面だけではなく、社会的地位も低く抑えられてきました。家事労働者のほぼ一〇〇％は女性であることを考えると、途上国女性の地位が抑えられてきたと言い換えてもいいかもしれません。

今後は送り出し国も人口の構成が大きく変わるため、現在の送り出し国も人材不足に悩まされることになります。そうなると家事労働者の送り出し圧力は近い将来なくなるかもしれません。そのとき、ケアの不足を受け入れ国はどう解消するのかが問われます。

【質疑応答】

堀口（司会）：安里先生、どうもありがとうございました。今日、お話しされた内容については、二〇一八年に『国際移動と親密圏』という本が京都大学学術出版会から出されています。そういう内容も含めて、多分、中国以外の東南アジア、たとえばシンガポール、台湾、フィリピンなどで、結構影響されている部分が地域ごとにあるような気がします。そのようなことを感想として持たせていただきました。特に近年、グローバル化によって、生産労働が重視されている中で、家事労働などの、再生産労働がどのように位置づけられているのかということを、各国の政策であるとか、それぞれの国や地域によって、大きく異なっているのではないかといった印象を持ちながら、聞かせていただきました。それでは、今から質疑応答に入りたいと思います。

鐘：非常に面白い話題を提供いただき、ありがとうございます。安里先生は講演の中で、中国のケア、生活支援、そして医療・社会参加アプローチなど、さまざまなアプローチがあることに注視され、今日も紹介されました。一方、最近、高齢者はさまざまなニーズを持っています。当然、さまざまなニーズが満たされる場合も多いですが、中国は現在、ケアが社会問題になっています。特に労働者サービスもその一つです。たとえば、ケア労働者が不足している問題などは、かなり深刻になっています。この問題は、十年以上も前から注視されてきていますが、今でも、まだ解決していません。

それには二つの原因があると思います。一つは若者からのニーズが不足していることです。もう一つは、専門家が足りないことです。プロフェッショナルの問題は、今の中国では家政婦アプローチ、――つまり今、従事しているのは、上海の場合では、ほとんど上海郊外の農村からの女性です。特に年配の女性、――五十代、六十代の女性が、今、そういう仕事をしています。ですから、多くの若者は、このようなケアの仕事をする気持ちがあまりありません。そういう若者が多いと思います。中国は今、このような問題、――つまり、ケア労働者不足の問題は非常に深刻になっています。

どうすれば、この問題を解決できるのか。今現在、中国の専門家や学者たちも真剣に考えていますが、それは外国の労働者、たとえばベトナムや、フィリピンからの労働者に来てもらうといった方法などです。ところが、国外から労働者が中国に入れば、日本と同じような問題が出てくると思います。たとえば言葉、考え方、賃金など、いろいろな問題が出てきます。特に言葉です。中国語の勉強・習得は難しいので、短期間にそれをマスターすることは大変です。ですから、どうすればいいか。私も含めて、学者・専門家たちは検討していますが、なかなか解決の出口は見つかりません。私の感想は以上です。どうもありがとうございます。

安里：一つだけ補足すると、高齢者のＱＯＬを高めるような介護とはどのようなものかというのを考えると、伝統的な全介助、つまり、すべてのことを介護者が担うというのはそれほど有効ではありません。「おじいちゃん、おばあちゃん、動かないで寝ていていいよ。無理しないで」とするのは、かえって健康を維持しない方向に働きますから、あまり良くない。日本の介護における気づきの重要な点は、「寝たきり」は「寝かせきり」だったということです。また、医療施設に入れておけば高齢者のためだという考え方も議論があります。というのも医療施設は治療する場所であり、生活のための場所とは言えない。医療機関で過ごす空間は「病室」です。そこは治療のための空間であり、生活のための空間ではもともとありません。介護は高齢者が要介護状態であったとしても生活を提供する概念です。ですから施設介護においても「居室」という言葉を使います。また要介護者が認知症を患っていても「患者」という言葉遣いはしません。高齢者を患者として見るのか生活者として見るのかによってケアのアプローチは大きく異なるでしょう。

堀口：私自身も時間があれば農村などに行く機会があるので、おじいちゃん、おばあちゃんに会ったりするのですが、やはり都市的生活の中では限界があります。ですから、ある年齢に達したら、何らかのそういう準備も必要なのかなという気がします。サラリーマン生活をしていて、退職して動けなくなって、介護を受けるというのは、多分、すごく苦痛だろうなという気がするので、そういう準備的な時間というのも、人生の中でつくっていくということで、ケアの問題を少しは緩和することができるのではという気がします。

安里：中国の高齢者に関係する市場は基本的に要介護者になる以前のところから発達してきました。つまり、退職後、経済的にも体力的にも余裕がある層をターゲットとしたものです。たとえば、海南島に行って、リゾートを味わいながら健康増進に努めるといったヘルスツーリズムのようなものです。予防的側面があると言ってもいいでしょう。ただ要介護状態になると商品としてのケアはどれも同じようなものとなり、ケアに差異が出にくくなるため商品としても価格の面でも差別化がしにくくなります。さらに要介護状態になると経済的に裕福な状態でない人も多いため、富裕層は別としてケアを市場で活性化するというのがなかなかできなくなってしまいます。今、堀口さんがおっしゃった、退職してからしばらくの間というのは、かなり商品としては充実してきているけれども、その後の選択肢というのがおそらく中国での今後の課題になると思います。

堀口：そのあたりのことについて、鐘先生、いかがですか。

鐘：中国では、かなり以前に、元気な高齢者こそが、生活の質の向上につながるといった目標がありました。けれども、最近十年以内のことですが、中央政府や上海市政府は、かなり障害がある高齢者、たとえば認知症があり生活能力がない高齢者の介護を重視し始めました。ですから、中国も、日本のような介護保険を、中国語で「長期福利保険」などと言いますが、今、試験的にやっています。上海でも、すべての地域でそれをやっています。現在、中国の高齢者ケアの重点は、普通の高齢者から、認知症があるなど生活不能な高齢者に重点が移ってきています。でも、制度としてはまだまだ整備されていません。今、整備する段階にありますから、中国政府、上海市政府、地方政府やその関係者などは、かなりそのことを注視しています。学者や専門家たちも今、研究の焦点を普通の高齢者から認知症高齢者に移してきています。それが中国の現状です。

岩島：ご報告ありがとうございました。家事労働者について、私は全然知らないので、ちょっと雑駁な疑問になってしまうのですが。香港とか、上海で、すごくたくさんの人たちが家事労働者を住み込ませているのに対して、日本では住み込みの家政婦とか家事労働というのは全然進んでいないと思います。日本に限らず、アジアに限らず、アメリカとかヨーロッパでも、家事はそういう人たちに任せて、そこの国の女性はもっと外で働いてということがジェンダー平等になるみたいな議論も、いろんな格差を見ながらされています。それなのに日本で、住み込み家事労働者がこれだけ進まない理由がどこにあるのだろうと、いつも疑問に思っています。というのも、日本だってその近代家族体制になる前には、たくさんの血縁的に無関係な人たちと一緒に暮らす家というのがあったと思うんです。けれども、それが何で今ではこんなに家事労働者を入れないようになっているのかというのを、もしご存じだったら教えていただきたいです。

安里：おそらく、今の日本人の若い世代、十代、二十代の人に聞くと、そういった家事の外部化ということに対して、抵抗感は強くないと思います。私が研究を始めた二〇〇〇年代ですから外国人に家事を任せるというと、「主婦は要らない」あるいは「外国人でもできる」という主張に聞こえるからです。外部化される存在として扱ってほしくないという主張がありました。ケアの外部化の議論が交わされるきっかけとなったのが、二〇〇四年に成立した経済連携協定で、初めて外国人労働者が介護部門に導入されたときでした。当時、厚生労働省はこうした動きに反対でした。一方、賛成したのは、自由貿易化を推進していた経済産業省や外務省でした。それだけ、日本の性役割分業というのは、戦前・戦後を通じて、深く私たちに内面化されたものであったということがあると思います。

香港、台湾、シンガポールというのは、そもそも労働力人口が少ない地域なので、工業化をすると、女性の労働力が吸収されてしまう。シンガポールなどは、独立して数年後にもう外国人を入れなければやっていけないという話になるわけです。地元の女性は当時から働くことが求められており、専業主婦は奨励されませんでした。香港も同様です。東アジア諸国というのは教育水準が高いので、女性が働くというのは非常に重要だった。その女性に働いてもらうためには、別の女性が必要だということが比較的容易に議論できた。台湾の場合には、一九九二年に外国人家事労働者が入るのですが、その当初の議論というのは、外国人の家政婦の導入に反対するというのが多かったわけです。それはなぜかといえば、台湾の文化に合わないからという議論になるわけです。でも、入れてみると、結構便利だという話になるわけです。やはりそうやって風穴を開けた台湾では、今ではそれが当たり前になってしまった。

けれども、日本は台湾以上に人口が多く、農村の男性を吸収することで工業化を果たすことができた。女性は補助労働力でしかなかったわけです。つまり、労働市場といえば、男性労働力のことを事実上指すようになったのです。言い換えると、農村人口が豊富であったがために女性労働力は吸収されず専業主婦モデルが定着したのです。戦後ブレッド・ウィナー・モデル（Bread-winner-model＝男性稼ぎ手モデル）というのが、実際に一九七〇年代、八〇年代、九〇年代に成功してしまったので、性役割分業が自然であるという意識が日本の高齢者にある。でも、そういった意識は香港、台湾、シンガポールにおいてはそれほど強くはありません。したがって、家事労働は主婦がすべきもので、日本国民に対しては、外国人家政婦を雇用する制度が入管制度にはないのです。

姚：安里先生、本当にありがとうございます。私も日本では、なぜ住み込みに抵抗があるのか、すごく不思議に思っていました。ありがとうございます。別の質問でよろしいでしょうか。中国の出生前診断についてです。私は台湾と中国で、フィールド調査をやっております。出生前診断に関して、中国も台湾も非常に特徴的なところがあります。それは安易に中絶することです。診断して障害があることがわかったら、お医者さんもそう勧めるし、人々も躊躇しながらもやはり中絶を選択する。非常に安易に中絶する場合も見受けられます。理由を聞くと、これも台湾と中国は同じです。要するに政府による福祉政策がなく、すべて家族に丸投げだからです。すると、家族が責任を持たなければなりません。家族の負担が非常に大きいので、やむを得ず中絶するという理由を口を揃えて言うのです。ケア、特に産婦や新生児のケアについては、台湾も中国もやはり住み込み家政婦を雇っている人が多いといった、同じ現象があるのですが、今、お話を聞いて香港、シンガポールと台湾も「自由主義的家族主義」という、特徴を持っていることに納得しました。

それで、お伺いしたいのは、たとえば中国はどういうような位置づけなのか。一方、中国における家族への介入は非常にあからさまでもありますし、最近は市場開放後、一部市場に任せるというのがあるのですが、でも相変わらず、家族に依存し、家族に対する干渉というものが、ほかの所より大きいのではないかと思います。そのことを安里先生はどういうようにネーミングをすればいいとお考えか、ちょっと伺いたいです。それから子どもに対する福祉政策は基本的に高齢者ケアと同じなのでしょうか。香港、台湾もシンガポールも住み込みの家政婦を雇って、子どものケアをしている場合があると思います。

安里：中国の福祉レジームがどこに付いているかというのは難しいところがあると思いますが、基本的にはやはり「自由主義的福祉レジーム」だと思います。今、一応政府としては、民間企業に実験というか、試験的に競争させて、どういったモデルが勝ち残るか、つまり、民間ベースでどこまでできるのかという実験を、おそらく十年、二十年前から、やっていると思うんです。その中には、民間企業だけではなく、特に北京の辺りでは、国営企業を含めた形で、さまざまな「社区介護」「コミュニティ・ケア」などをやったりするので、そこでうまくいけば、そのモデルでやっていけばいいということになるのですが。やはり福祉自体は非常にお金がかかるので、福祉を外部化できる民間活用というのを基本的に狙っていると思います。ただ、それだけでは、特に高齢者福祉の場合には、貧困層の問題が出てくるので、そこをどう担うのかというところは私もわからないので、基本的には家族主義的な支えだと思います。法律でも「年に二回は親の顔を見なさい」ということぐらいが一応言われているので、基本的にはそこを重視していくのだと思います。ただ、中国は非常に多様ですので、大雑把に言うと、やはり「リベラルファミリアリズム」なのだろうなと思います。所々、たとえば北京とか上海のような比較的高所得層の多い所では皮肉にも、公的な制度も充実してくるのだろうなというようには思います。

それから福祉レジームといっても高齢者と子どもとでは全然違うのではないかということですが、それも本当にそのとおりで、日本の場合には子どもに対する政府の支援はかなり低い。今日はちょっと図を用意してないんですが、やはり年金制度、介護保険、医療保険というのを合わせると、もう非常に多くのお金を日本は高齢者に注いでいる。とにかく子どもに対する手当てというのは少ないので、そういう意味では非常に社会化されている高齢者ケアとそうでは全くない育児政策というところに、日本は矛盾を抱えている。バランスを欠く、バランスが取れてないという傾向があります。シンガポールの場合には、比較的教育に投資をするというところがあるので、「高齢者介護は自分たちで見てほしいけれども、教育に関しては若干国家戦略としてかなりやるよ」というようなところが出ていますし、そういう意味では違いがあると思います。

姚：ありがとうございます。なるほど「リベラルファミリアリズム」ですね。台湾も香港も、基本的に家族に頼りますが、子育ても外国人の労働者に頼っている部分があります。中国は外国ではなくて、農村からです。共働きが多いということが、現状としてあるので、農村に頼っている部分があります。台湾などが外国に頼っている部分があることを考えると、子どもケアの担い手は高齢者ケアと同じであるかと思うのですが、いかがでしょう。

安里：はい。この三つの地域では、違いがかなりあります。台湾の場合は、子育てのために外国人を雇うことはできません。若干例外はありますが、基本的にはできない。これは、要介護以上でなければ、外国人の雇用許可を取ることができない。それが台湾です。数から言えば、重度以上のケアを必要とする人々の七〇％は、外国人を雇用している形になっています。それから高齢者の介護において、台湾の場合には、やはり国際結婚というのが非常に盛んなことも一つの特徴です。これは中国大陸、東南アジアからの女性が高齢者に嫁ぐことによって、あるいは障害者に嫁ぐことによって、ケアを確保するというようなことが、台湾でも一時的にありました。最近はちょっと減っていると思います。シンガポールの場合には、十二歳以下の子どもや六十五歳以のお年寄りを抱える場合には、税金が減免されます。低くなるということです。外国人家事労働者を雇うと、だいたい一か月当たり三万円くらいの税金をシンガポール政府に納めないといけないのですが、十二歳以下、六十五歳以上の人がいる所に関しては、それが一万円ぐらいになるというように、大きな違いがあります。香港の場合、あまりそういう誘導政策はしてないようです。そこが違います。

閻：コロナ禍の中で、フィリピンのそういう生活に陥る人たちに、学生と一緒に支援されている話もされ、またマクロの制度的な話だけではなく、かなりミクロなところにも入って、研究されていることを伺い、すごく印象に残りました。今回は、こういう制度上の話を中心にされていますが、先ほど、写真を一枚見せていただいたとき、台北駅の所で、家族ケア、あるいは高齢者ケアをやっている女性たちが高齢者と一緒に車椅子に乗っている様子が楽しそうに見えて、すごく印象に残りました。

以前、Pei-Chia Lan（藍佩嘉）先生でしたか、タイトルを簡単に訳すと「台湾のシンデレラたち」、そういうような台湾の本（注一）を読んだことがあります。住み込みで、ケアをやっている東南アジア・インドネシア出身の人たちが台湾に来て、確か性暴力を含めて、いろんな意味で、立場上、耐えながら稼いでいくというのがあるようです。一方で、日曜日のある時間になると、突然、シンデレラに化けて楽しむような、すごく印象に残った本を読んだことがあって、そのとき、確かに、私の印象では、インドネシアからの女性たちが移民先で主体的に楽しむ場面がとても印象的でした。安里先生のこの写真を見て、なぜ台湾でケアする女性たちが、ケアの対象者とこんなに信頼関係ができているのか。やはり先ほど言ったように、その制度上の話になると、どうしても女性が弱者とか、女性たちが置かれている不利な地位とかの制度上の持っている問題というところに力点を置きがちになります。

でも一方で、多分、安里先生もミクロのところ、その主体的なところを見ているので、こういう先ほどの写真で、もしくは安里先生が現地で撮られた写真かと思うのですが。そういう所でケアする女性たちの親密性……、それこそ親密的な関係を構築するうえで、彼ら彼女たちが得ているもの、その特徴的なものがあれば、教えていただけたらと思います。

安里：高齢者と外国人労働者との関係というものはもちろんさまざまです。たとえば日本で調査をしても、「家族との関係は難しいけれども、高齢者との関係はいいです」、あるいは「日本人の職員との関係は難しいけども、高齢者との関係はいいです」という声はよく聞きます。これは似たようなところが香港、シンガポールでもあるのですが、やはり聞き取りをしていて感じていたことがあって、ある女性がそれをはっきり言ってくれたのを覚えています。「先生、何で私たちは高齢者と仲がいいかわかりますか。それは共に弱者だからです。弱者と弱者は仲良くなるのです」というようなことを言っていました。権力関係という視点で見ると、両者は共通しているというように理解しました。外国人を弱者化することによって、意図せざる結果として高齢者との関係が良好になるという点はあるのかもしれません。高齢者が外国人に日本語を教えたり、逆に外国人労働者が外国語、中国語を教えたりする光景は、ある意味コミュニケーションのツールとして非常によく用いられることで、それらを通じて、弱者と弱者の協働関係というのができてくるように思います。

閻：ありがとうございます。すごく納得しました。

南：今日は高齢化とその国際移動の話を大変深く聞かせていただきまして、ありがとうございます。いくつか質問させていただきます。最初の岩島先生と安里先生とのやりとりの中で、少し感じたことで、移民レジームのお話があったと思うのですが。この移民レジームが結局、日本には当てはまらなかったという理解でよろしいでしょうか。ほかの国でも「韓国とかはどうなのだろう」と思ったりもするわけです。そうすると、この移民レジームとは、当てはまる国と例外的な国があるというような理解でよろしかったのでしょうか。これが一点目の質問です。二点目の質問は、台湾や香港などの「自由主義的家族主義」「福祉レジーム」のところで、特徴をいくつか紹介されて、「出稼ぎ労働は成長へとつながるのか」というフレーズがあったと思います。ここはどういう意味合いで、問いかけをなされていたのか、もう少し詳しくお聞かせいただければと思います。そして最後三点目なのですが。ご紹介いただいたケアのレジームについて、

（注１）：Pei-Chia Lan, 2006, Global Cinderellas : Migrant Domestics and Newly Rich Employers in Taiwan. Duke University Press.

これはかなり安定したものとして捉えていいのか、あるいは今後、何か変動していくような展望でお考えになっているのか。その場合は、どういう要因で、どのような方向性で、というようなものを含めてのお考えについて、質問です。

安里：ありがとうございます。二番目の質問からお答えしましょう。出稼ぎ労働は成長につながるのかということですが、これは、厳密には「自由主義的家族主義的福祉レジーム」だけではありません。たとえばシンガポールの家事労働者は、いったいいくら給料をもらっていると思いますか。一か月間で、休みは多分、二日ぐらいが平均的でしょう。フィリピン人で四百ドル（日本円で五万円）です。それからインドネシア人であれば、それ以下です。四万円とかです。最低賃金はシンガポールではありません。非常に低い。シンガポールは四万円をもらっている。多いかもしれません。そうすると三万円ぐらいかもしれません。それぐらいのレベルの賃金水準なのです。そういった、内外の格差というのを使うことで、ある意味安いケアの調達にシンガポールは成功している。香港、台湾は最低賃金が適用されなくても、大使館との関係で、一応最低賃金が設定されており、だいたい六万円ぐらいです。日本の場合には、最低賃金に抑えると十数万円になります。たとえばシンガポールのような非常に安い所での賃金水準というのは、コストとベネフィット、どっちがあるのだろうかと。つまり、出稼ぎのマイナス面は、女性がいなくなる。家族が取り残される。母親役割は誰が担うのかわからない。送ったお金は何に使われているかわからない。もしかすると、夫がアルコール依存症になっているかもしれないし、場合によっては、別の家族をつくっていることもある。子どもは母親がどれだけ苦労しているのかわからない。ちゃんと教育を受けているのか、それともお小遣いだけが増えて喜んでいるかもしれない。つまり、出稼ぎのメリットとデメリットというのは、さまざまな議論があります。非常に多くの議論があるんですが、最近の流れとしては、たとえばＩＬＯとか、それからアジア開発銀行、それから国連も含めて、開発の一つの形、成長する一つの形としての出稼ぎというのが確立するようになっています。つまり、昔はそういうことは教科書に載っていなかったのだけれども、今は出稼ぎ労働というのが教科書に載る時代になってきました。そうすると、これはプラスであるべきだと。でも、実際に本当にプラスになっているのだろうか。成長の手段としての出稼ぎ労働というのがどこまで正しいのだろうかということについては、特に「自由主義的家族主義福祉レジーム」においては、非常に賃金水準が安いうえに、非常に多くの搾取があるとすれば、簡単には出稼ぎというのは、成長をもたらす、富をもたらす、あるいは豊かさをもたらすとは言えない。その辺はちょっとクエスチョンがあるということです。そういう意味です。

南：ありがとうございました。特に中国の農民工の問題ともつながるお話だったなと思います。一問目は、移民レジームが日本には当てはまらないのではないかという理解でよろしいですか。

安里：移民レジームという言葉はまだあまり確立していないのですが、これは国家の成長期・安定期・成熟期の三局面を想定し、それぞれの段階における移民や外国人労働者との関係について記したものです（図1－7）。国家（独立前後）の成長期においては労働力を確保するためのモビリティが高まります。経済が一定程度成長すると徐々に出生率が落ちてきて安定期に入ります。高齢化や労働力人口の減少を経験し始めると、ケアの担い手や労働力の担い手が必要となるため、移民であれ難民であれ受け入れが高まります。程度の差こそあると思いますが、多くの国でこうした傾向はみられるのではないかと思います。

――二〇二二年五月十四日、Zoomにより収録――

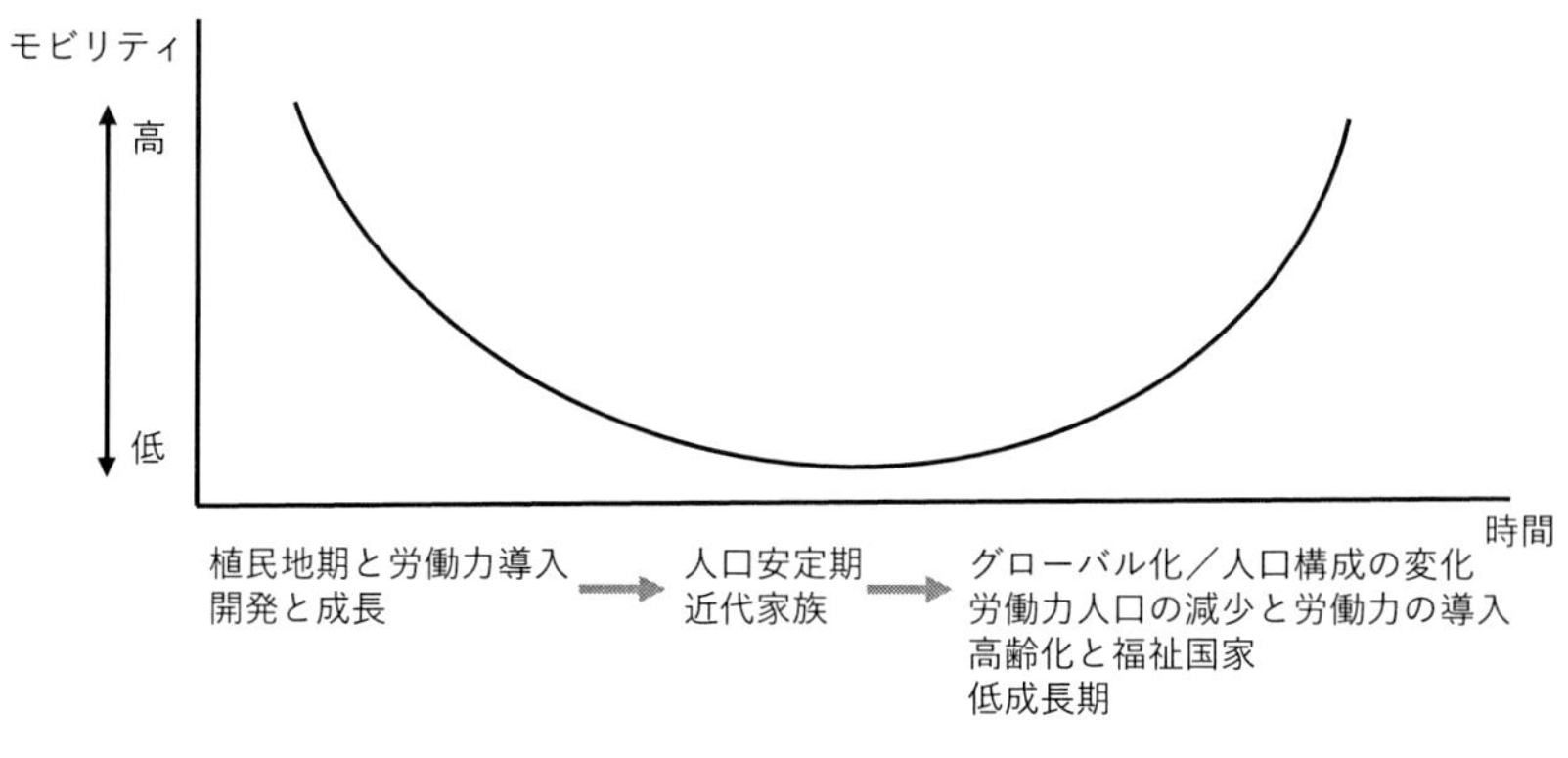

図 1-7　移民レジーム
出所：安里作成

第二回

出産の近代化がもたらしたもの

——日本とアジアとの比較から——

松岡悦子

はじめに

一九五〇～六〇年代の日本の出産についてお話ししたいと思います。その際に、アジアの出産の状況を引き合いに出しながら、お話しさせてもらいます。私は文化人類学をやってきましたので、文化人類学的な物の見方で出産を捉えています。そこで、文化人類学では出産についてどのような見方をしているのかを、最初にお伝えしておきます。

まず、出産について考えると、赤ちゃんが出てくる所は世界中どこでも同じなのに、出産のやり方は文化によって多様だということに注目します。出産の場所や介助する人、産むときの姿勢、出産にまつわるタブーや習慣は文化によって異なります。文化人類学では相対主義的な見方をしますので、どのやり方が優れているとは言いません。たとえば医学的な理解の仕方が正しくて、伝統的なやり方は間違っているというようには考えません。どの産み方も等しい価値を持つというように見ています。また調査の方法としては、実際に現地に行って、人々がどのように感じたり、行動したりしているのかを観察し、彼女らの物の見方を記述します。現代の先進国では、出産を考える際に医学的な見方が正しいというのがコンセンサスになっていますが、文化人類学で現地の人々の話を聞いたり、細かく人々の行動を見ていると、一般的に言われているのとは違う現実に出会ったり、統計的な数字ではわからない細かい日常の出来事に出会ったりします。

私はここ数年、アジア、特にインドネシアやバングラデシュに調査に行っていますが、そこで今起こっていることが、ひょっとしたら何十年か前の日本でも起こっていたのではないかと感じることがあります。過去の出来事を体験することはできないわけですが、今アジアの国々で目の前で起こっていることが、日本でも過去に起こっていたとするならば、現在のアジアの状況から学ぶことがたくさんあるように思います。もちろん、それぞれの社会が置かれていたコンテクストや近代化のプロセスは違っていますので、全く同じことが日本で起こっていたわけではありません。ですが、現在のアジアと比較しながら見ることで、日本の過去を想像することができますし、そのときの人々の混乱ぶりや考える道筋も追体験できるように思うことがあります。そのような前提でお話ししたいと思います。

日本の出産の近代化の過程をこのように並べてみました（図2－1）。一番上に、「前近代」「近代」「ポストモダン」とあります。通常ですと、近代は明治以降になりますが、ここでは出産に関しての近代を高度経済成長の時代、ちょうど一九五〇年代から六〇年代としました。ポストモダンというのは、近代の時期に一般的となった施設化、および医療化された出産に対する反省が出てきた時期という意味で使っています。前近代は近代以前という意味ですが、この三つの時代区分をどこに設定するかのコンセンサスがあるわけではありません。

まず、出産に関する大きな変化として、一八九九年に全国に向けて「産婆規則」が出されました。この規則では、出産を姑や親族、また、昔からその地域で赤ん坊を取り上げている素人産婆ではなく、免許持ちの産婆が介助すべきだと定めています。規則上は、ここから免許を持った産婆の時代が始まるわけですが、実際には、産婆のいない村もたくさんあったので、素人による介助はずっとあとまで続きました。産婆の名称は戦後に助産婦に変わり、さらに二〇〇二年からは助産師になります。ここでは原則として、助産婦と呼ばれていたときには、「助産婦」という言葉を用い、一般論として助産師について語るときには、「助産師」という言葉を用います。

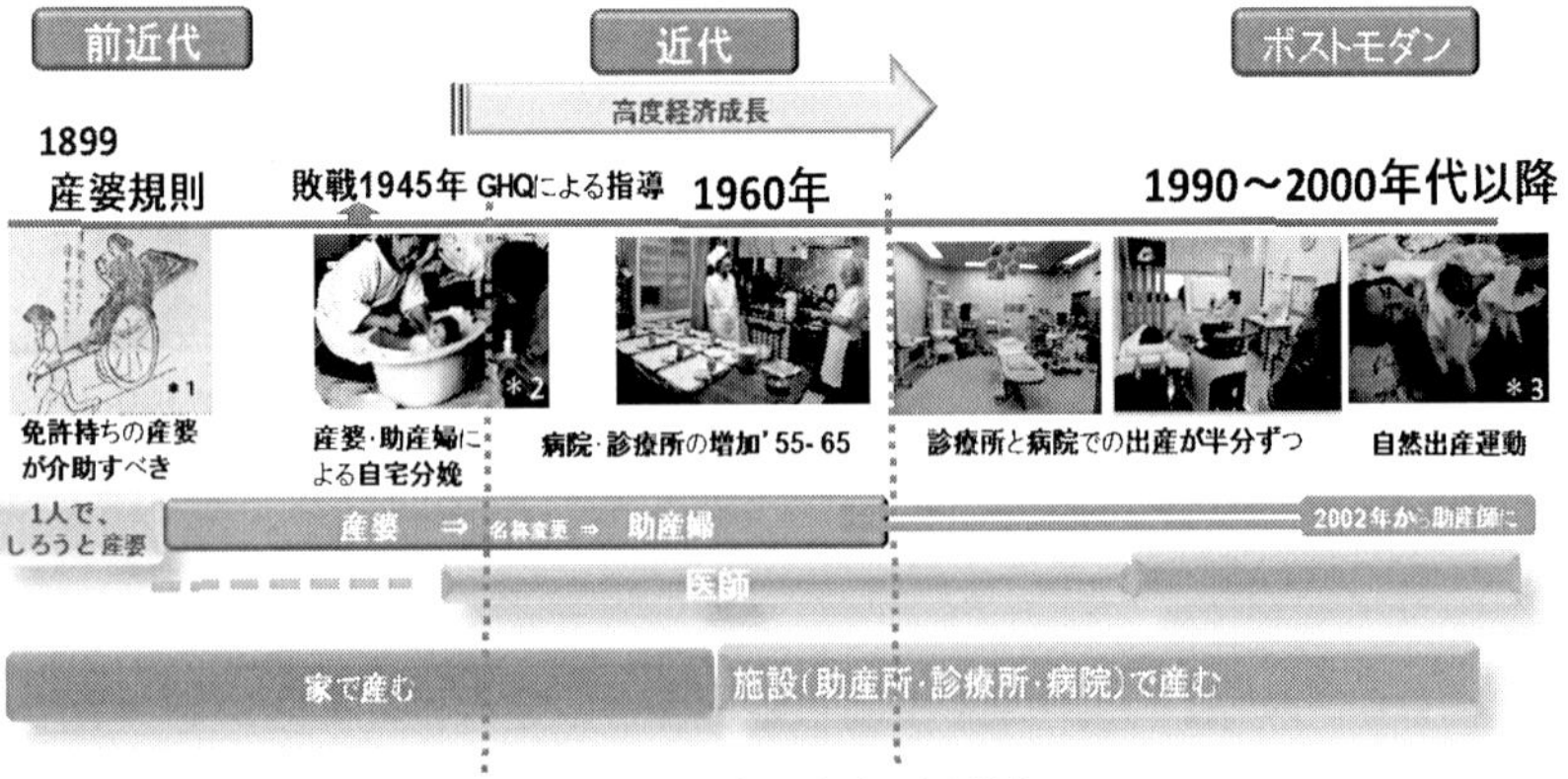

図 2-1　日本の出産の近代化

出所：松岡作成（*1:『産師界』(第 4 巻、1936)、*2:若林助産院提供、*3:撮影松岡哲平氏）

日本は一九四五年に敗戦を経験し、その後、ＧＨＱの指導で施設分娩が増えて、一九六〇年には五〇％あった自宅分娩は一九六五年には一六％にまで減ります（図２－２）。一九五〇年にはわずか四％の赤ちゃんしか病院と診療所で生まれていなかったのが、一九六〇年には四一・六％、一九六五年には七一・一％と大きく増えます。一九五〇年から六〇年代は自宅から施設への大きな転換が起こった時期でした。たとえば、私自身は自宅で生まれていますが、私の妹は診療所で生まれて、次の弟はまた自宅で産まれました。そして病院分娩が当たり前になった八〇年代から九〇年代にかけて、ラマーズ出産という名の自然出産の運動が起こりました。これは、欧米のフェミニズムの影響を受けて、出産で医療に依存するのではなく、女性の体を医療から取り戻そうという主張でしたが、相変わらず病院分娩は増え続けました。

日本の場合は、表には助産師の名前があまり出てきませんが、実際には現在も病院で助産師が最初から最後まで出産介助をしている所が多いです。つまり、産婦さんの陣痛が始まって入院してから、赤ん坊の頭が出る直前までずっと見守っているのは助産師で、医師は最後に赤ん坊の頭が出るところで部屋に入って来て誕生の瞬間に立ち会います。その後、胎盤を出して最終的に出産が終了するところまで見ているのは助産師ですが、出生証明書には立ち会った医師の名前が書かれることがほとんどです。その結果、国の人口動態統計の立ち会い者別

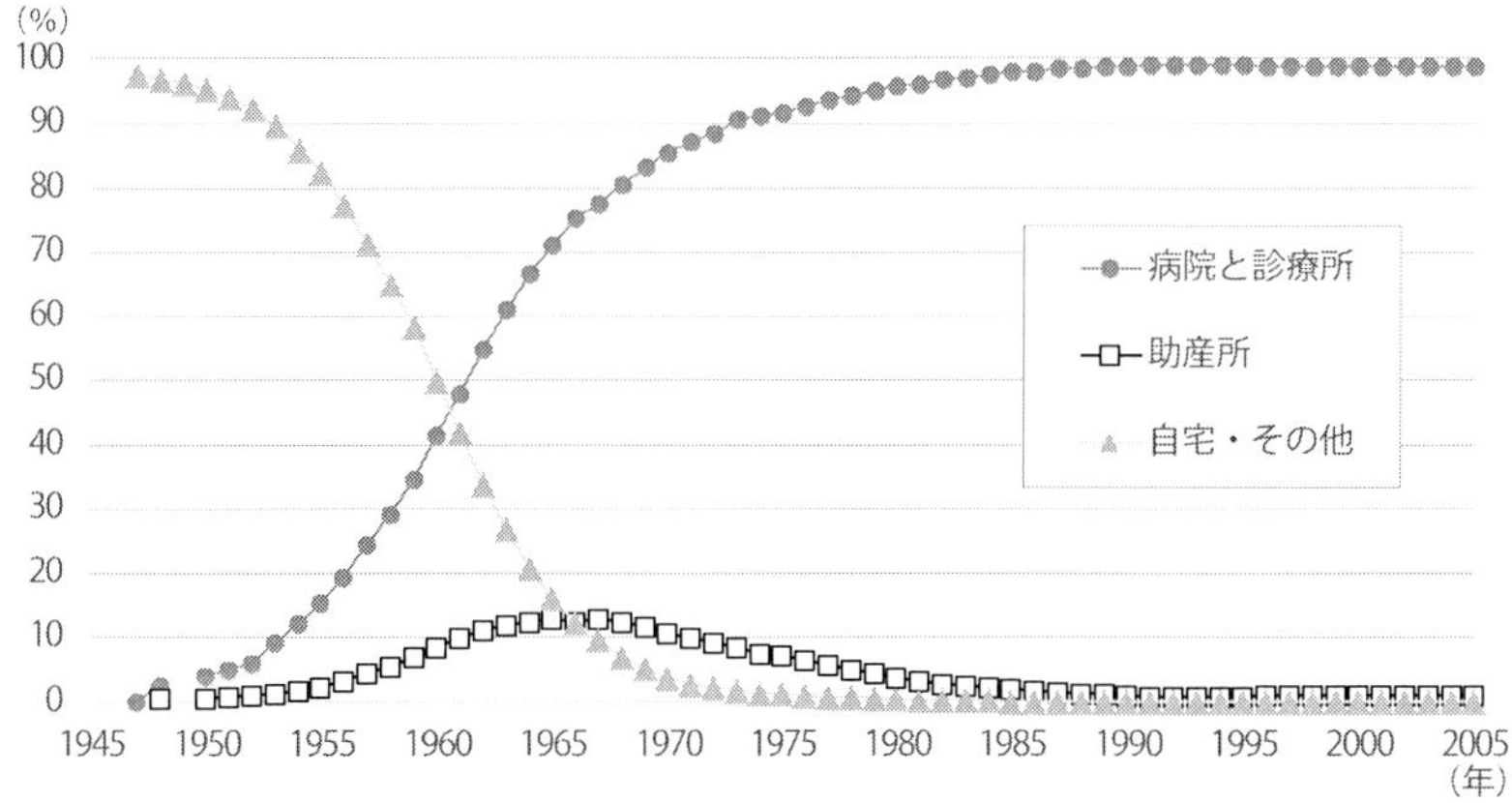

図２-２　日本の出産の場所の変化

出所：人口動態統計より松岡作成

の数字では約九五％が医師の介助で、助産師による介助は五％となっていますが、実際にはほとんどの出産を助産師が介助しています。

図2－2は、年代による出生の場所の変化を見たもので、一九六〇年に家と施設の割合がちょうど半々になりますが、助産所も施設の中に入ります。このグラフは出生の場所だけを見ているので、誰が介助していたのかはわかりません。病院、診療所、助産所ですと資格を持つ人たちが介助していたでしょうが、自宅分娩の介助を誰がしていたのかはこのグラフからはわかりません。田舎ではお姑さん、親族、近所の素人産婆だったかもしれませんし、免許のある助産婦だったかもしれないわけです。

今日は、日本の一九五〇年代から一九六〇年代に生じていたことをお話しすることになっていますが、時々、今のアジアのことに話が飛ぶと思います。それは、私がアジアを見ているときに日本の過去を想像するからでして、そういう意味ではアジアの現在を通して想像する日本の五〇年～六〇年代ということになります。今日は、四つのことをお話しします。一つは、出産が施設化したことによって女性の身体が固定されるようになったことです。二つ目に、施設化に伴って医療介入が増加したことを、分娩時刻や分娩誘発と仮死のデータをもとに見ていきます。三つ目に、産育儀礼の変化です。それから四つ目に、医師と助産師の序列化が進んだことを取り上げます。

出産の施設化

まず一つ目に、施設化によって女性の身体が固定されるようになったことがあります。写真2－1は、一九九八年に岩手県の岩泉町で出産のときに取った姿勢を見せてもらったものです。岩泉は急峻な山に囲まれて、医療が遅くまで入らなかった地域で、出産のときには誰も呼ばず、自分一人で産む習慣が長く続きました。そのため、一九九八年の時点でそれほど高齢ではない人たちからも、一人で産んだときの話を聞かせてもらうことができました。女性たちによりま

写真 2-1　動き回る身体（1）
（1998年、岩手県岩泉町）
出所：松岡撮影

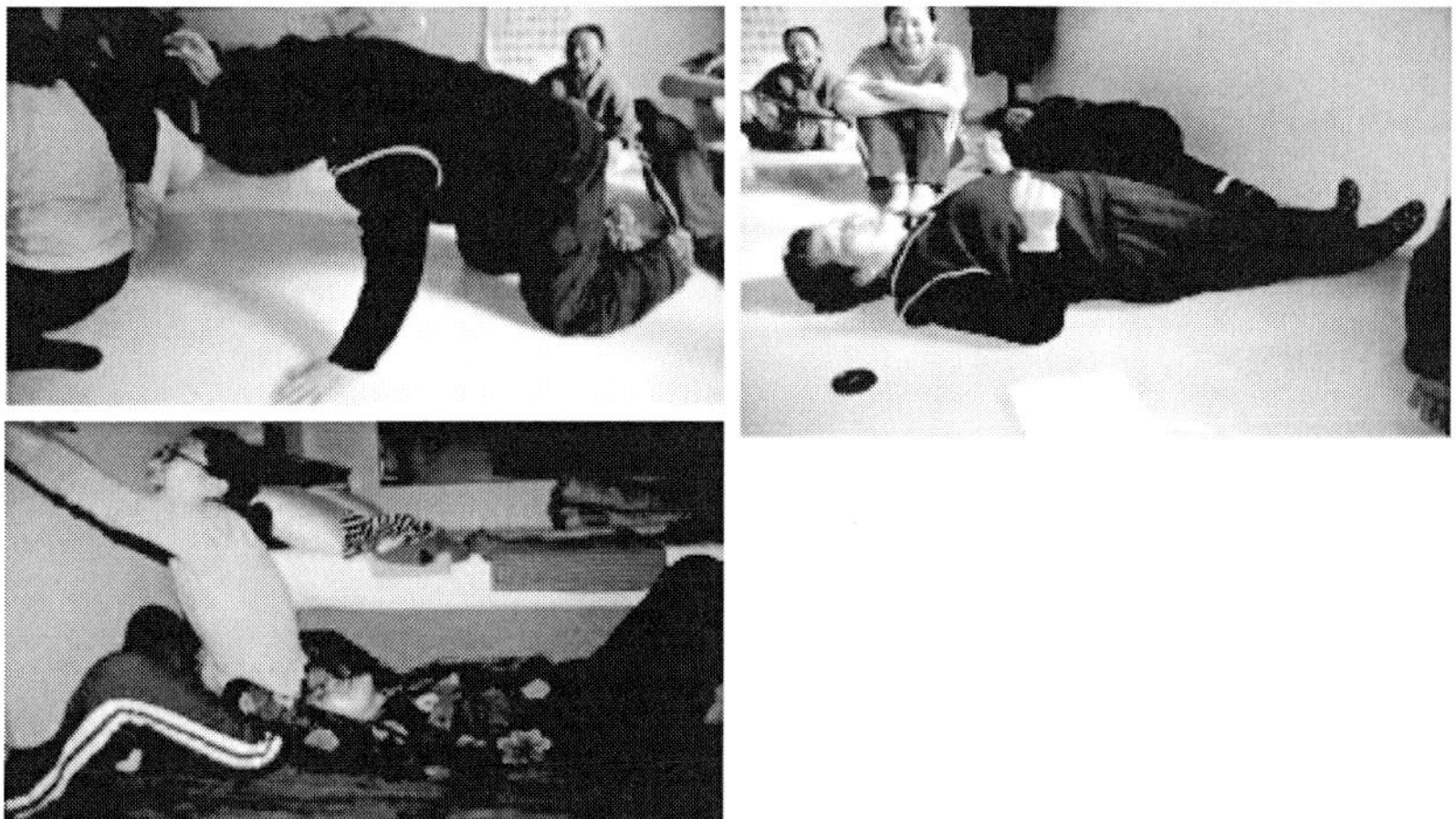

写真 2-2　動き回る身体（2）
（2007年、韓国全羅南道求礼郡）
出所：松岡撮影

すと、生まれる直前までずっと働いていて、赤ちゃんがもう出てくるときになって初めて座ったと言っています。みんなそうやって産んできたんだから何も心配することはないと。誰にも手伝ってもらわず、腰も抱いてもらうこともなく、誰の手にもつかまらずに自分一人で産んだそうです。陣痛が始まったことは内緒にして、歯が痛いと言ってごまかそうとしたけど気づかれてしまったとか、一人で産むほうが楽だったと言われる方もいました。体の動かし方も四つん這いだったり、体を反ったり、前かがみになったり、肛門を押さえたりと、いろんな体の動かし方をしていました。そんなふうに体を自由に動かして産んでいたのですが、一九六七年に母子健康センターができて、そこで産むように言われると、分娩台に乗らなければならず、体を動かせなくなってつらかったと言われた方もいました。

また、韓国の農村部でも話を聞かせてもらったのですが、やはり動き回りながら陣痛のときを過ごしたとおっしゃっていました（写真2－2）。最初の子のときは、陣痛で四日間「アイゴー、アイゴー」と言いながら膝が痛くなるほど這い回った。いろんな姿勢を試しているうちに、横になっているときに赤ん坊が出てきた、どんな姿勢をとろうとか考えていなかった、痛くて太ももをさすっていたら赤ん坊が出てきたと。そのときの姿勢をやって見せてくれましたが、赤ん坊が出てくるときまでずっと動き回っていたそうです。そして陣痛は痛かったけど、赤ん坊の顔を見ると痛みは吹き飛んで、とても嬉しかったと皆さん言われていました。

つまり、自分の力で産もうとしたら、動き回ることは重要で、痛みに合わせて体を動かすことで楽な姿勢を探して痛みを逃すことができたわけです。でも、全く独りぼっちで産んだのではなく、隣の部屋や近くで様子を伺ってくれている人がいて、赤ちゃんが出て「ええっ」という泣き声が聞こえたら部屋に入ってきて、臍の緒を切ってくれたようです。このように体を動かすことは、胎児にとっても酸素の供給が最適化されることになり都合が良かったわけです。そうではなく、ベッドに寝て体を動かせないでいると、下大静脈が圧迫されて胎児に酸素の供給がうまくいかなくなるので、随時体の向きを変えることが重要になります。このように自分一人で産んでいた話を聞きますと、出産は排泄行為と同じようなもので、産むことはタダだったことに気づきます。現在の出産に五十万円ものお金がかかるのとは大違いです。

一人で産んでいた人の話を聞いていると、こんな簡単なことに今は五十万円ものお金がかかるようになったのが逆に不思議な気がします。

それに対して、施設で出産が行われるようになると、そこにはベッドがあるので、どうしてもベッドに寝ることになります（写真２－３）。この写真はバングラデシュの村の私立病院の分娩室ですが、ベッドには腕を固定する部分も付いています。右側の写真では踏み台を上らないとたどり着けないような高くて幅の狭い分娩台になっています。日本の病院のベッドは色もピンクだったり、見かけは椅子のようになっていたりしてもっとフレンドリーです。そのために、このように露骨な形で体が固定されることが見えにくくなっていますが、バングラデシュの病院では分娩台は女性のためというよりも、取り上げる医療者が作業しやすいように設計されていると言えます。バングラデシュのこの村では施設化が急速に進行していて、二〇二一年の時点で三分の一が自宅分娩、三分の二が病院分娩になっています。女性はこんな狭いベッドで、寝返りを打つこともできない状態で何時間も据え置かれるとすると、安産するのは難しいでしょう。実際二〇二一年には、この村の私立病院での出産の九割は帝王切開になっていました。

このように、自宅で出産していたときには女性は動き回りながら産んでいたのが、施設化されるとベッドに固定されるようになります。このことは、産む主体が女性から医療者に移ることでもあり、女性は医療者の作業の対象になり、主体性を失うことになります。けれども、産科学のほうからすれば、自宅で女性が勝手に産んでいるときには観察することができなかった出産の様子を、事細かに観察することができるよ

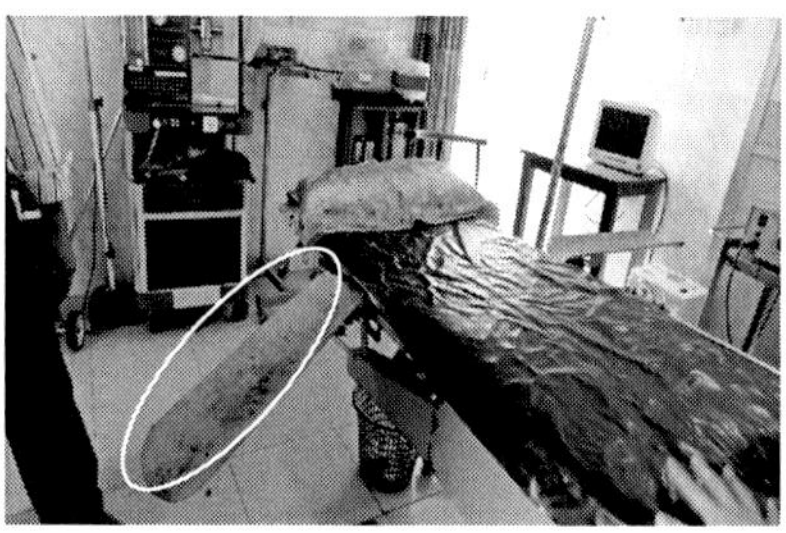

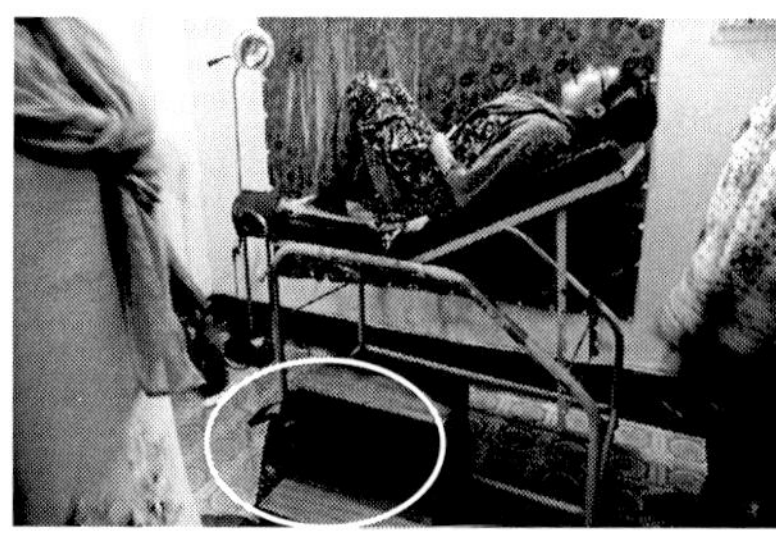

写真 2-3　固定される身体（2019 年、バングラデシュの村で）
（左：腕も固定される、右：高い分娩台）　出所：松岡撮影

うになります。そのように、女性をずらっと並べて観察することで、産科学は進歩してきたと言えます。

医療介入の増加

二つ目に、女性の体を固定して観察できるようになると、医療介入が容易になります。一九五九年の医学雑誌の座談会で開業医が語っていることですけれども、「お産を自分の思う時間にできるというぐらい、産科学が進まないといけない」と。「お産は人工的に誘発できるようにならないと、私たちは向こうに引きずられてしまうから」と言っています。分娩がいつ始まりいつ終わるかがわからないと、お産に引っ張られて身動きが取れないと言うのです。たとえば、宴会の席でお酒を飲んでいるときに急に呼び出されるとか、あるいは、呼び出されて帰ったときにはもうすでに赤ちゃんが生まれてしまっていたら気まずいわけです。そういうことにならないようにするためには、自分たちで出産を開始させ、適当なときに終わるようにしたいというわけです。それが産科学の進歩だと、医師は述べています。そこで、一九五〇年代には、人工破膜、デリバリンを飲ませる、ブジーという子宮頸管を拡張させる器具を用いて陣痛を誘発する試みがなされます。出産を思ったときに始めたり終わらせたりしたいという考えは、医師が介助するようになって出てきたようです。産婆や助産婦はずっと産婦に付き添うのを当然と考えていたので、思ったとおりの時間に出産を進めようと思わなかったわけですが、医師はじっと付き添ってはいられません。さらに、分娩監視装置が登場すると、自分たちが産婦のそばに付き添っていなくても、監視装置が産婦の状態を逐次報告してくれるので便利です。そのようにして、分娩が施設の中で医師の介助で行われるようになると、さまざまな医療介入で出産を管理するようになります。

これは、大阪のある助産所の一九一四年から一九七八年までの分娩時刻を見たものです（図2－3）。このグラフを見ると、赤ちゃんは夜中から午前中にかけて多く生まれていることがわかります。この出産の七割は自宅分娩でしたので、人工的な介入がほとんどない状態のときには、夜から朝にかけての出産が多いことがわかります。ところが、

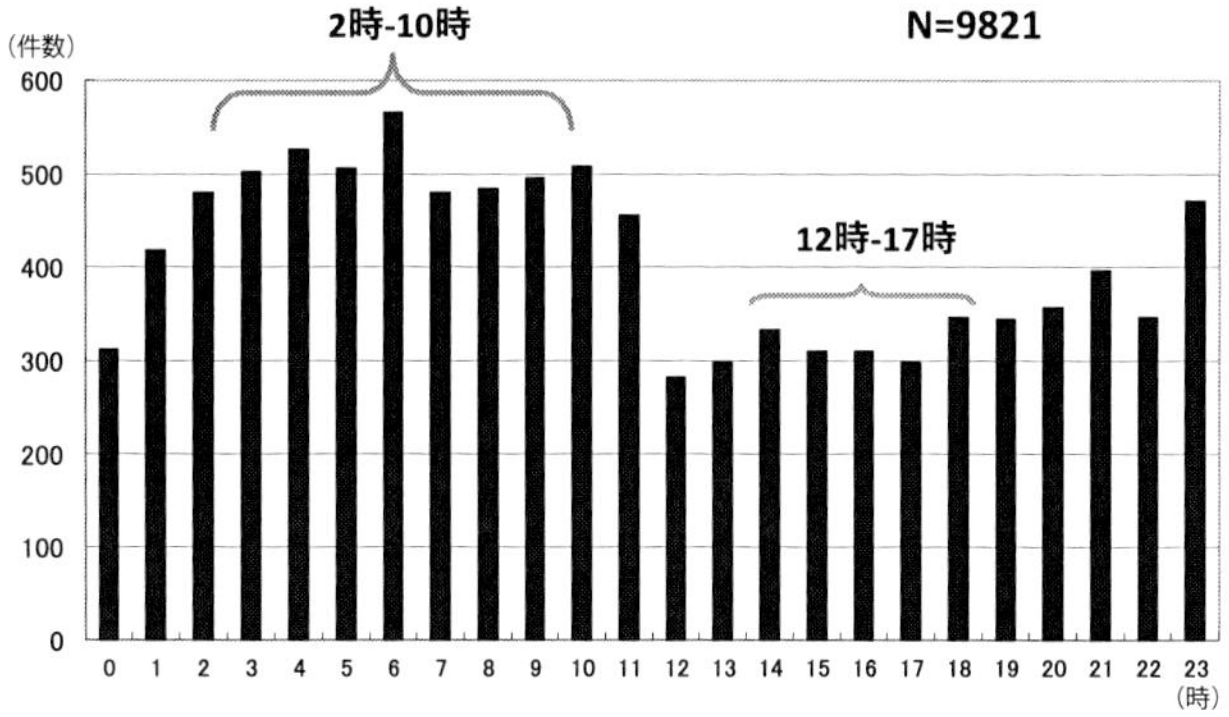

図 2-3　大阪の助産所と自宅での分娩時刻（1914-1978 年）

出所：助産所の記録より松岡作成

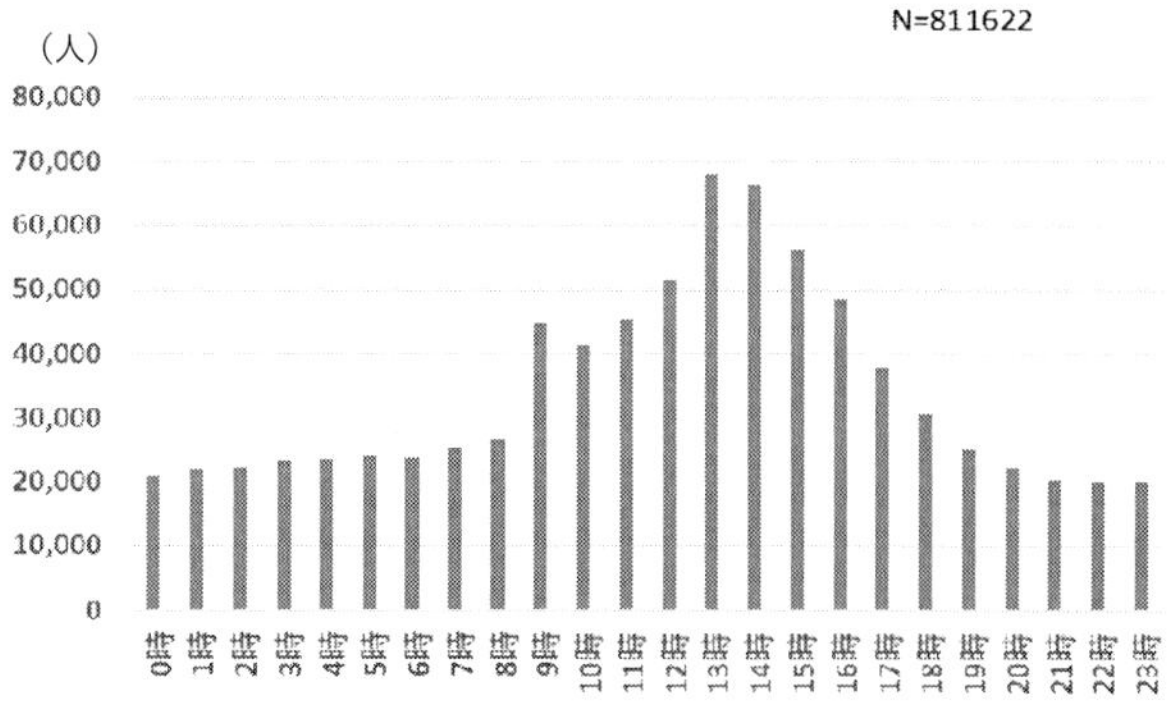

図 2-4　全出生の時刻（2021 年）

出所：人口動態統計より松岡作成

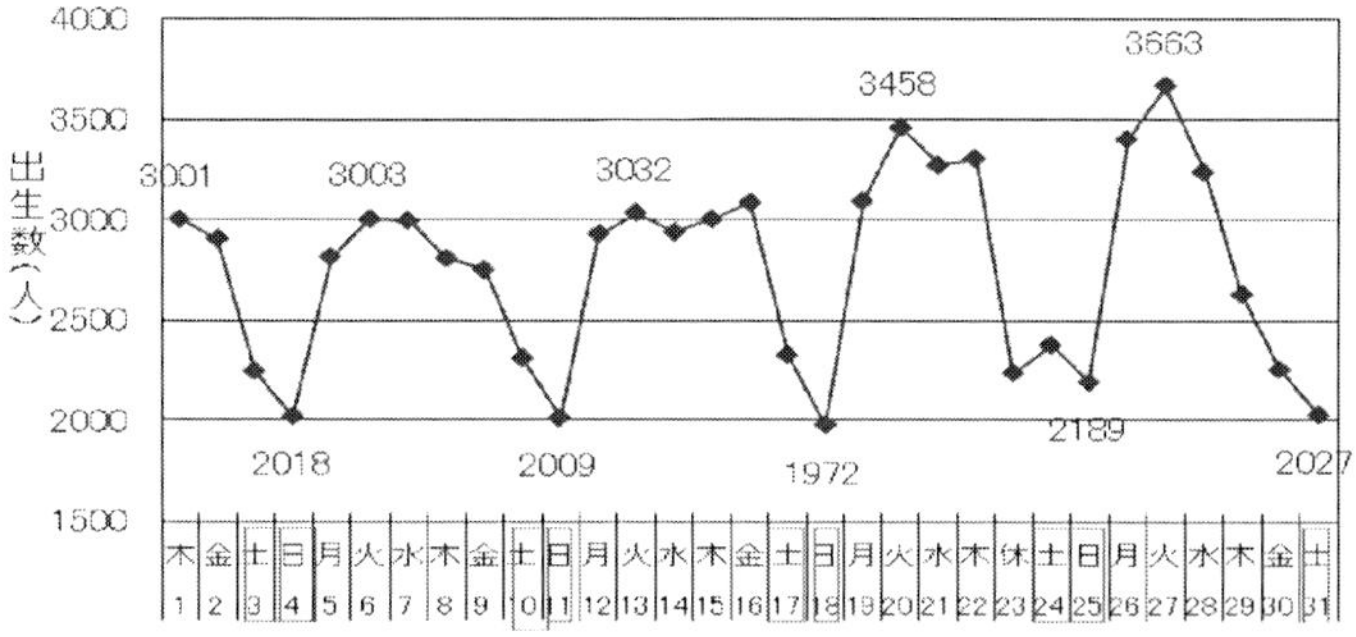

図 2-5　曜日別の出生数（2011 年 12 月）

出所：勝村久司氏提供

二〇二一年の全出生の時刻を見ますと（図2－4）、午前九時から午後五時に多くの赤ん坊が生まれています。ここには助産所の出生も混じっていますが、出生の九九％は病院と診療所なので、これは、ほぼ病院や診療所の出生時刻と考えてよいでしょう。ここからは、分娩時刻が勤務時間内に収まるようにコントロールされていることがわかります。また、二〇一一年の分娩を曜日別に見ると、土・日には出生数が減っています。ここでもやはり分娩時刻がコントロールされていることがわかります（図2－5）。

今、大学生にこのグラフを見てもらったら、「これはいいことだ」と学生は言います。なぜなら、「夜に陣痛が始まったときにお医者さんが疲れていたら困るし、一番病院の安全体制が整っているときに生まれるのがいい」と答えます。私のように、分娩時刻のコントロールを批判的に見る人は、若い世代には少ないと思えます。それは、医療化に対する感覚が、若い世代と私の世代とではかなり違っているからだろうと思います。

二〇〇六年から二〇〇八年に、アジアの国の出生時刻を調べました（図2－6）。約百人の女性たちに分娩時刻を聞いてグラフにしたところ、やはり昼間にピークがある形になっていました。帝王切開が多いことも、こういう形になる一つの理由だと思います。中国のグラフでは、十二時のところで出産がゼロになっています。これを見た中国からの留学生が、お昼休みだから赤ちゃんは生まれないんだと言っていました。そのときは、まさかと思いましたが、今はあり得ることかもしれないなと思っています。

また医療介入の例として、大阪の助産所の記録をグラフにしたのが図2－7です。私がこの分娩記録を見ていたときに、一九六四年（昭和三十九年）の出生のところに仮死となっている例があまりに多いので、どうしてなのか不思議に思いました。また、ブジーという言葉も非常に多く登場するので、このブジーとかデリバリンとか、分娩誘導という言葉と仮死の言葉を拾い出し、その年に占める割合を計算してグラフにしてみました。そうすると、ブジーの割合と仮死の割合とが、重なるように思えるのです。ブジーを入れるのは、まだ陣痛が来ていないときに、分娩を誘発するためですが、ブジーを入れる理由としてさまざまなことが記録に書かれています。たとえば、妊娠中毒症のため、高血圧のた

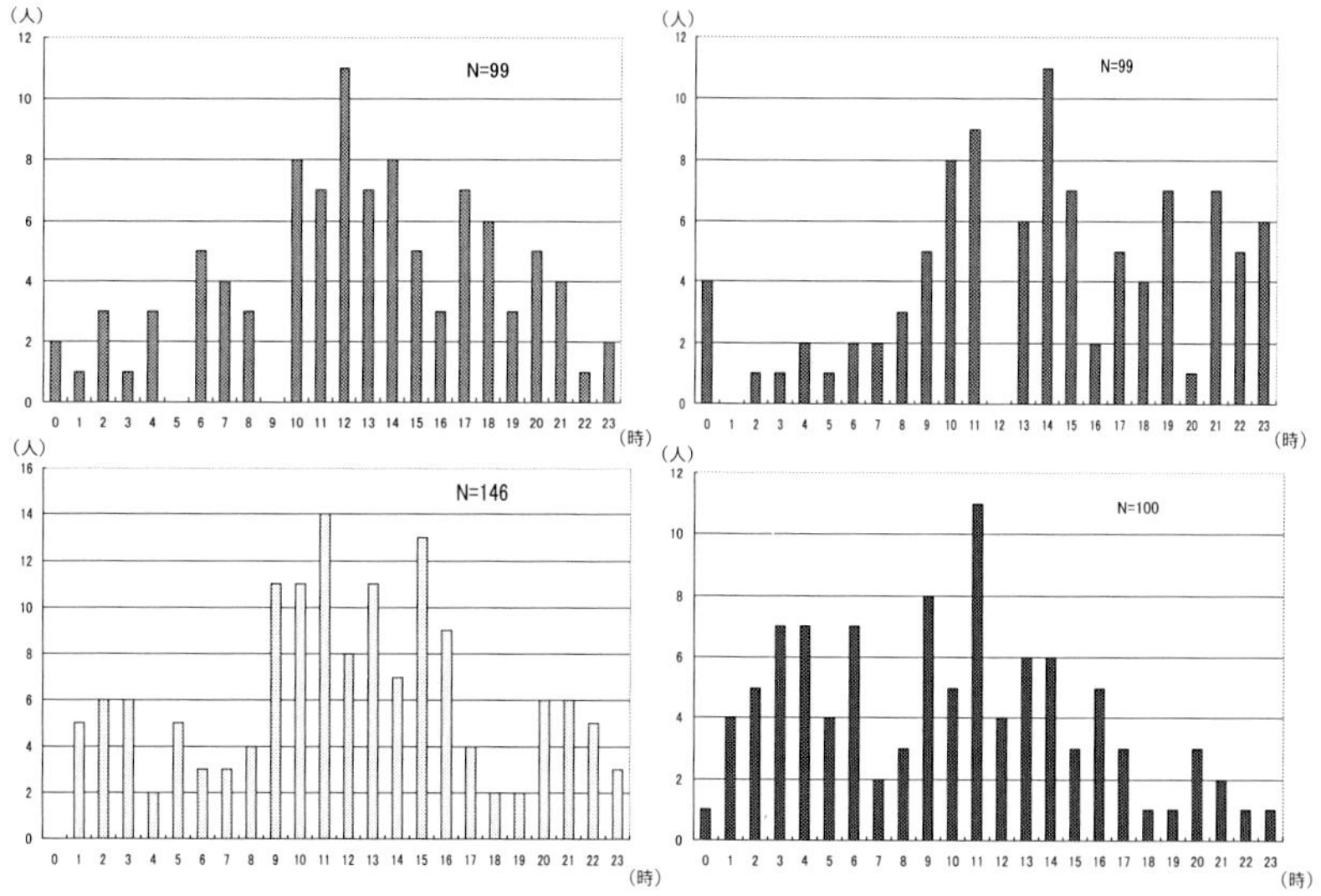

図 2-6　アジアの国の出生時刻（病院 2006-2008 年）

（左上：モンゴル、左下：ネパール、右上：中国、右下：韓国）

出所：松岡作成

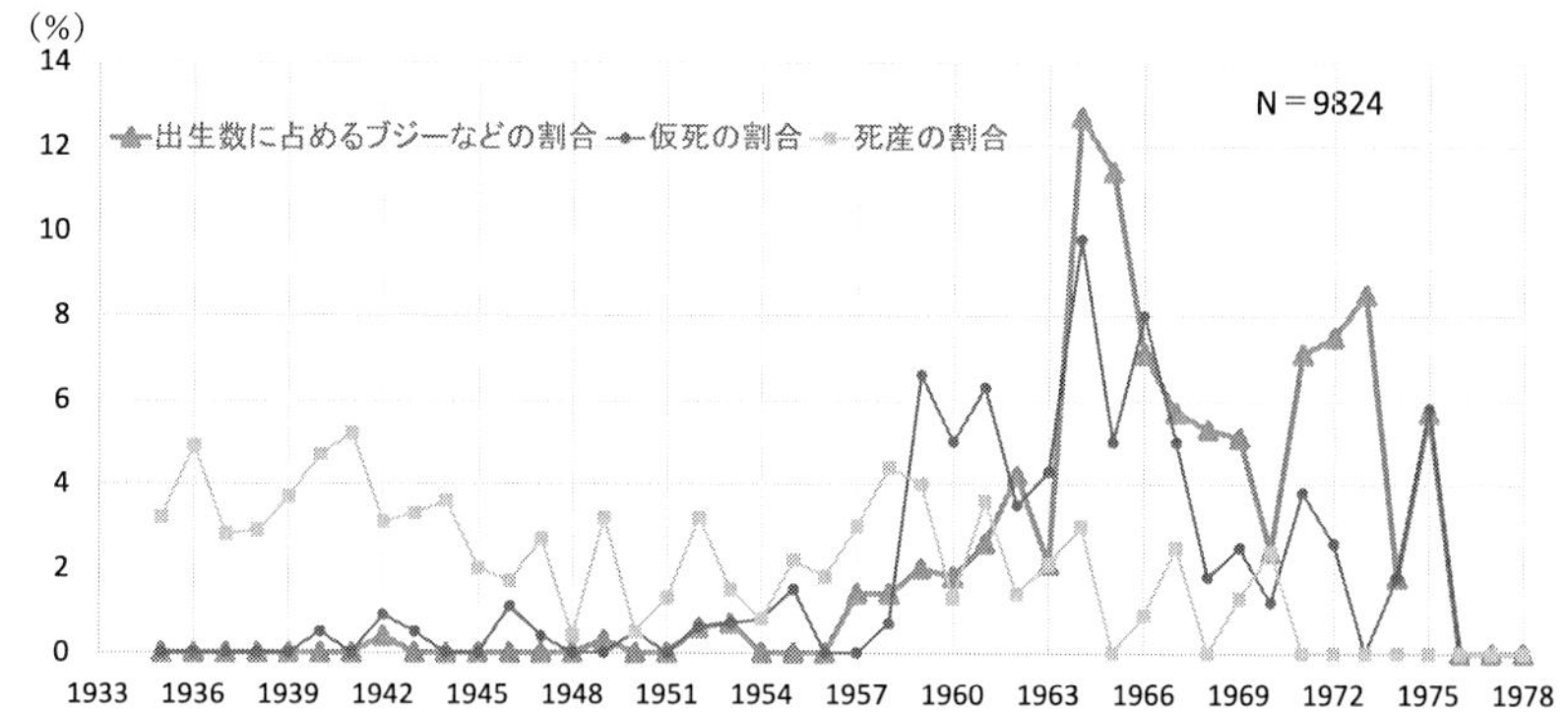

図 2-7　ブジーの挿入と仮死および死産の割合（大阪の助産所）

（ブジーの挿入が仮死や死産と関連している）

出所：松岡作成

め、前回帝王切開のため、また、予定日超過のためのときもあれば、予定日前に陣痛を開始させるためにもブジーが使われています。けれども、何の理由もなく、○○ドクターにより分娩誘導と書かれているところや、○○先生の指示によりという言葉が添えられているところもあり、医師の指示のもとに処置をしていたことがわかります。助産所は本来医療を行ってはいけない所なのですが、一九六〇年代半ばには、医師の指示のもとに、あるいは医師と協力して医療介入を行っていたことがわかります。それにもかかわらず、あるいはそれがために、ブジーやその他の方法による分娩誘発が頻繁になされて、赤ん坊の仮死を生み出していたことが推測できます。ただし、死産の割合は、緩やかに減ってきていたこともわかります。

そして、このように人工的な出産が増えてくることで問題が起こっていたらしく、一九七四年には朝日新聞投書欄に、「人工陣痛によって障害児になった、子どもが仮死で生まれた、本当にこんな出産をしていていいのだろうか」という投書が寄せられ、六回にわたって特集が組まれたようです。一九七五年の医学雑誌に、「アトニンの点滴とか、デリバリンの内服、ブジー挿入後の鉗子分娩による重症仮死、脳性麻痺が紛争の原因になっている」とあり、医療介入の被害が問題になっていたことがわかります。

儀礼の縮小か肥大か

三つ目として、産育儀礼がどのように変化したのかを考えます。出産はどの文化でも通過儀礼の側面を持っており、出産した後の女性たちは一定期間隔離されたり、家事や上の子の世話を免除されたりして特別の時期を過ごします。日本の民俗学では、出産は忌や穢《けが》れの時とされていましたが、現在では出産は消費の時として光が当たるようになり、忌や穢れの意味合いは後退しています。出産を一連の儀礼の時として見ると、インドネシアの村落で私が見た儀礼と、日本で六〇年代に行われていた儀礼はとても似ているように思います。

先ほどの岩泉町の女性が一九六五年に出産したときには、孫振る舞いという習慣があったそうです。出産の後に、招待をしたわけでもないのに部落の人たちが百人ぐらいやってくる。そこで、その人たちに提供できるように煮しめとか赤飯とかいろんな料理を作っておく。何人来てもいいように。そして、お返しの品物も用意しておいたそうです。そういう料理を作るときには、近所の人たちみんながやってきて手伝ってくれたそうですし、やってきた人たちもいろいろとお祝いを持ってきてくれたそうです。孫振る舞いは、お昼から始まって夜の十二時ぐらいまで、最後の酔っぱらいが帰るまでずっと続いたそうです。また孫振る舞いとは別に、生まれた直後から団子や饅頭を持って近所の人たちが来てくれるので、今日は何を持ってきてくれるかと考えるのが楽しみだったそうです。このように、当時は出産が冠婚葬祭の一つであって、医学的な出来事だという感覚よりは、むしろ儀礼の時として理解されていたと思われます。

出産が儀礼の時だというのは、インドネシアのジャワ島でとても顕著に見られます（写真2－4）。上段の二つの写真は、妊娠七か月のときに近所の人たちを呼んで行うもので、料理を振る舞い、七か所の井戸から汲んできた七種類の水を妊婦と夫にかけます。その後、陣痛が始ま

写真2-4　1990年代のジャワ島での出産儀礼
出所：松岡撮影

るとドゥクンという伝統的な産婆が呼ばれて赤ん坊を取り上げます。赤ん坊に続いて胎盤が出ると、ドゥクンは胎盤を石鹸できれいに洗い、夫が胎盤を家の入り口に埋めます。ドゥクンはそれぞれの場面で祈りの言葉を唱えて、出産が儀礼として滞りなく行われるように指揮しています。ドゥクンにとって、介助のやり方を学ぶとは、儀式の手順や祈りの言葉を学ぶことなのです。夫は、周りの男性に見守られて胎盤を埋め、それを子どもたちも見ていて、次の世代に儀礼が伝えられていきます。そして出産の直後から、人々が産婦と赤ん坊のいる所に勝手に集まってきて夜遅くまで飲み食いをします。昔は一晩中寝ずにずっと起きていたそうです。このジャゴン・バイィと言われる習慣では、産婦の家の人たちがやってくる人たちに振る舞う料理を作っておかなければなりません。岩泉町の孫振る舞いとそっくりです。この期間は通常五日間なのですが、質問紙でこのジャゴン・バイィをした期間と、どこで出産したのかを聞き、クロスさせたところ、自宅では四・九五日間ですが、助産所や病院で出産すると三・四二日、三・一七日と短くなることがわかりました。ですから施設化によって、儀式が縮小していくのではないかと思えます。

また、日本の産育儀礼について、二〇〇一年に旭川の育児サークルに赤ちゃんを連れて来ているお母さんたちと、その親や祖父母にあたるシニア世代とを比較したことがあります。シニア世代の七割が五〇年代から六〇年代に出産していました（**表2－1**）。二つの世代を比較しますと、臍の緒の保存、宮参り、初誕生日祝いのときに一升餅を背負うことについては、育児サークルの若い世代の方が多く実践していました。ここでは儀礼が年とともに縮小していくよりは、

表 2-1　産育儀礼（2001 年、旭川）

（若い世代のほうが儀礼を行う割合が高い）　出所：松岡作成

	育児サークル 97〜2001年 出産（67人）	シニア 7割が50〜60年代 出産（24人）
安産祈願	20%	15%
腹帯・ガードル	97%	100%（全員さらし）
臍の緒の保存	96%	75%
宮参り	40%	13%
一升餅を背負う	75%	50%
床上げまでの日数	20日	18日

両親と祖父母が行う儀式として、むしろより広く行われるようになっていて、その背後には儀礼が消費の時として宣伝されるようになったことがあると思います。たとえば写真館では、誕生に続く宮参りや七五三などの人生儀礼をホームページやダイレクトメールで紹介していて、出産は消費のスタート地点になっています。それに対して、五〇年代六〇年代に産んだ世代は、むしろ古い習俗（共同体の儀礼）から離脱して近代化することに重きを置いていたのではないかと想像します。

さらに、スターン&クルックマンという人類学者（注一）は、多くの伝統的な社会に見られる産後の習俗としての休息（隔離）期間の存在が重要だと言っています（写真２－５）。というのは、六〇年代以降にアメリカやイギリスではマタニティ・ブルーズや産後うつ病が問題化されるようになってきました。ところが、さまざまな民族の出産習俗を振り返ってみると、伝統的な社会にはマタニティ・ブルーズや産後うつ病の記述が見られない。伝統的な社会では、出産は

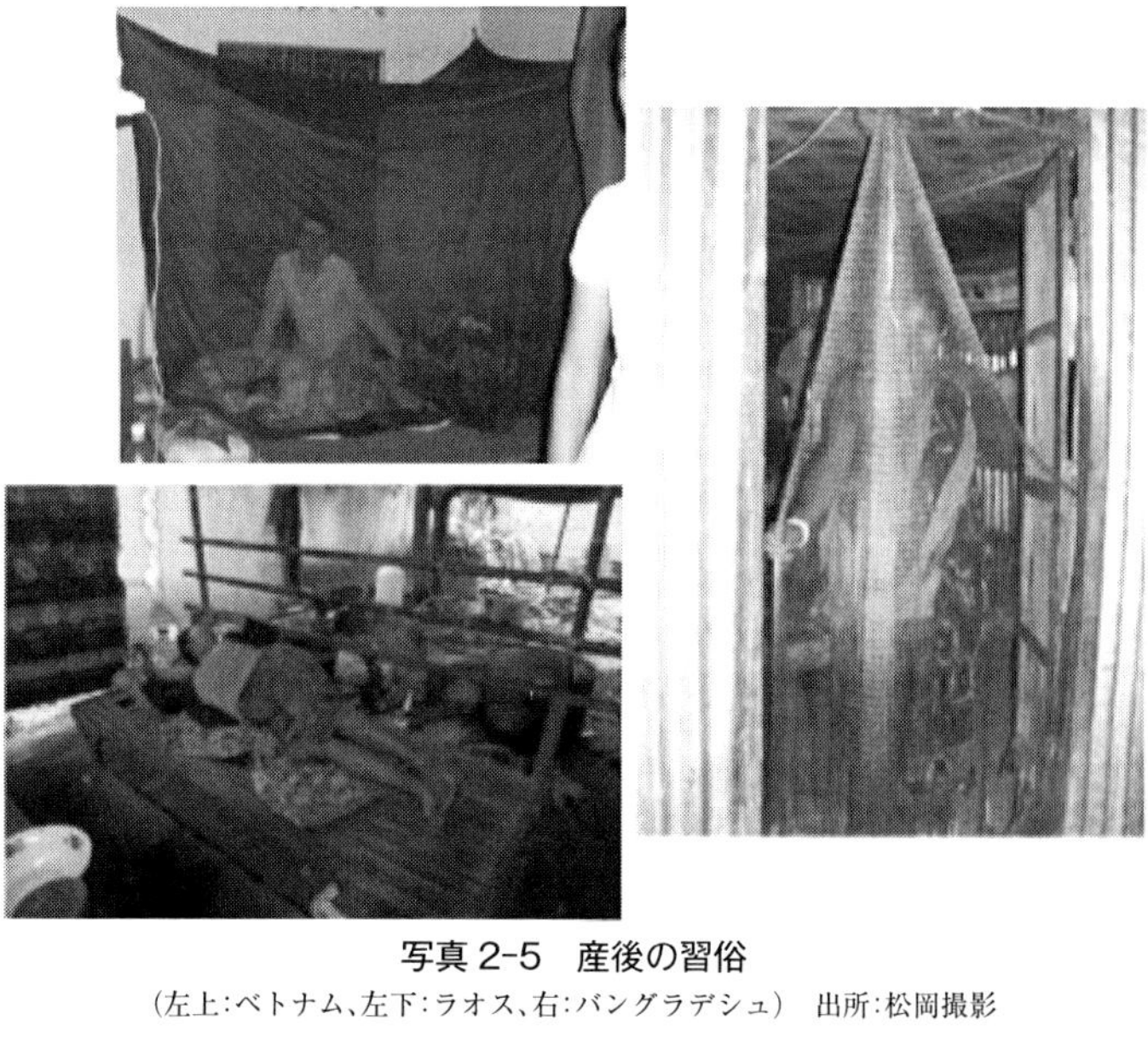

写真 2-5　産後の習俗

（左上：ベトナム、左下：ラオス、右：バングラデシュ）　出所：松岡撮影

（注一）：G. Stern & L. Kruckman（1983）Multi-disciplinary Perspectives on Post-partum Depression: An Anthropological Critique. Social Science and Medicine.17(15)：1217–1041.

女性の人生で最も助けが必要なときとされ、産後にさまざまなタブーや決まり事があり、女性は産後にゆっくり休息します。その間は、周りの人たちが家事・育児をしてくれ、女性は人々の注目を浴びて地位も上がります。産業化以前の社会では、こういう儀礼が緩衝装置となって、女性の産後の危機的な状況を和らげているのではないかと、スターンらは考えました。産後の特別期間という概念が消滅したことが引き起こしたマタニティ・ブルーズや産後うつ病は、言い換えれば、現代の先進国に特有の文化結合症候群なのではないかとスターンらは言っています。そういうふうに考えますと、今、日本で産後ケアがしきりに言われるようになっていますが、それは出産が持っていた産育儀礼としての側面を復活させる意味を持っているように思います。出産を医学の枠組みだけで捉えたのでは、抜け落ちてしまう側面だと言えます。

介助者の序列化

四つ目として、介助者の序列化が進んだことを取り上げます。自宅分娩と施設分娩とを比較してみますと、高齢の助産師さんたちは、昔は近所の医者のほうから助産婦に盆暮れの贈り物を持ってきたと言います。自宅分娩の時代にお産のほとんどを取り仕切っていたのが産婆や助産婦でしたから、医者が妊産婦を紹介してもらうには、助産婦と懇意にしておく必要があったからでしょう。地域で独立開業している助産婦は、自分の名前で出生証明書を出し、自律的な存在でした。ですが施設分娩になると、組織の中で助産師は医師の下に入るので、両者の出産に対する考え方・やり方の違いが明瞭になります。たとえば、助産師はできるだけ会陰を切らずに産ませたいと考えますが、医師は早く切って縫ったほうが赤ん坊を早く出せると考えます。また現在ほとんどの病院で助産師が最後まで介助していても、出生証明書には医師の名前が書かれます。このように、医師と助産師の上下関係が鮮明になり、その境界をめぐって対立が起こりやすくなったと言えます。

まとめ

　施設化は出産の安全性の向上と結びつけて考えられますが、私は必ずしもそうではないと思います。これはアジアの国々の施設化の割合です（図２－８）。一番左側の線が日本で、アジアの中では早く施設化を始めました。その次が台湾で、次いで韓国、そして中国で、インドネシアとバングラデシュがその右に来ています。施設化率が五〇％の所に線を引いてみますと、施設化の勢いが盛んな時期は、それぞれの国が近代化の真っただ中にあった時期だと思えます。そう考えると、施設化は医学的な安全性に限らない、もっと広いことを含んでいると思います。むしろ産業化の進展、社会の近代化と結びつけて考えたほうがいいのではないでしょうか。

　それで思い出すのがインドネシアのジャワ島の例です。ジャワ島の村では一九九五年頃は家にドゥクンを呼んで出産していました。ところが、アジア金融危機が九七年に起こり、その後私が一九九九年～二〇〇〇年に村を訪問したときには、助産所で産む人が増えていました。どうして助産所で産むようになったのかを聞いてみますと、アジア金

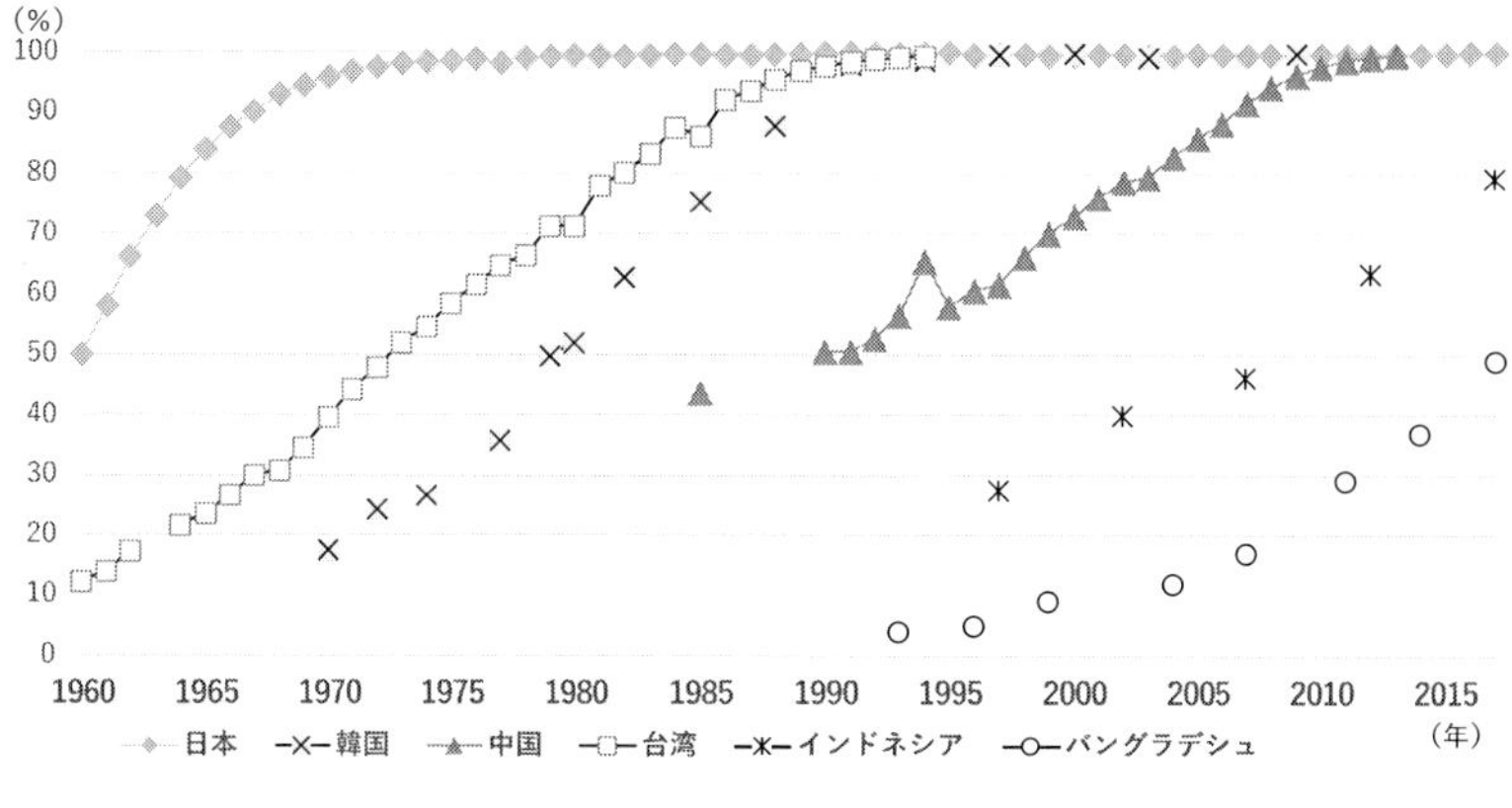

図 2-8　施設分娩率の推移

出所：各国資料（韓国：『全国出産力及び家族保健実態調査』2009：261（2009년 전국 출산력 및 가족보건・복지실태조사）、「韓国의 分娩様相에 関한 考察(III)－分娩場所 및 그 介助者의 変遷－」『大韓産婦人科学会誌』32(5)601、中国：国家衛生和計画生育委員会『2014中国衛生統計年鑑』中国協和医科大学出版社、台湾：台湾行政院衛生所（1982、1995、1998）、インドネシア：Indonesia demographic and health survey、バングラデシュ：Bangladesh demographic and health survey ）より松岡作成

融危機のせいで食料の値段が高騰したからだと。米も油も砂糖の値段も高騰したので、自宅で産んでジャゴン・バイィをすると、訪問客に振る舞う食べ物にたくさんのお金がかかるようになったからだと言います。五日間で大学の若手教員の給料の一か月分ぐらい（約五十万ルピア、二〇二三年のレートで四千八百円）を使っていたのだけれども、金融危機の後はもっとお金がかかるようになったそうです。自宅にドゥクンを呼んで出産すると、出産費用はほとんどかからないけれども、儀礼に多額のお金がかかるのです。それに対して、助産所で産んで五日間入院した場合には十七～二十五万ルピアかかるけれども、儀礼を省略することができます。家で産んだ場合には、呼ばなくても人がやってくるので料理を出さないわけにはいかないけれども、助産所だと人がやってきても近くの店で買ってきた飲み物を出すだけで済みます。助産所で産むことで儀礼をパスすることができ、物価高騰の折にお金を節約できるので、助産所で産む人が増えたと助産師も産婦の側も言っていました。言い換えれば、助産所を選択したのは安全性を求めてではなく、出産の費用をより節約するためであり、それは、儀礼を省略することができるからでした。通常の見方では、自宅から助産所に分娩場所が移ったのは、人々が安全性を重視するようになったからだと説明されることが多いですが、それはあとから考えた説明なのかもしれません。あるいは、施設のほうが自宅で産むより安全だという先入観に合うように、説明を組み立てているのかもしれません。ですが、それを実践している人たちは、より安全に産みたいと思ってではなく、より節約をするために助産所で産むようになっていました。そういう意味で、施設化を安全性という脈絡にのせるよりも、施設化に際してどのようなことが社会や人々の間で起こっていたのかを細かく見ていくほうが、より実態に近い理解ができるのではないかと思います。

日本の五〇～六〇年代は施設化への転換期でした。その頃に何が起こっていたのかを、私はアジアで今起こっていることと、行ったり来たりしながらお話をさせていただきました。あたかもバングラデシュやインドネシア、韓国の状況が、日本の五〇年代、六〇年代と同じであるかのように聞こえたかもしれません。それは、日本の過去とアジアの近年の状況とで共通するように見える点を選んで話したからなのですが、実際には違う点もたくさんあります。まず、手に入る医療技術が五〇年代と現在とでは大きく違っているので、施設化に随伴して生じたことは施設化がいつ起こったのかと大きく関わっています。たとえば、今、施設化率が五〇％のバングラデシュでは、病院の帝王切開率が九〇％にもなっています。先進国では順序を踏んで技術が次の技術に置き換わっていったでしょうが、あとから急速に近代化をしつつある国では、順序を踏む必要はなく、間を飛ばして先端の技術を用いるようになります。帝王切開に一挙に行ってしまうのは、帝王切開ができるならば、何も中間の技術を使う必要がないからなのでしょう。また、五〇年代、六〇年代の日本には免許を持った助産婦が現在よりもずっとたくさんいて、地域で大きな力を持っていました。つまり、施設化と医療化が進んだ時代にあって、正常な出産を行う技術が助産師の中にあり、助産師による専門家組織があったことは、そのような存在がなかった国との違いを生んだと思います。たとえば韓国では、近代化を始めたときに免許を持つ助産師の数はほんのわずかで、大半の出産は素人が取り上げていました。多くのアジアの国も同様ですが、そのような状況では、出産の施設化はそのまま医療化になりがちです。なぜなら、正常な出産を介助する役割の助産師の力が小さいと、出産はそのまま医師の領域に移ってしまうからです。さらに、出産のあり方はフェミニズムの活動と密接に関わっているので、女性の権利意識が弱い所では、出産に女性の考えが反映されにくくなり、それが出産の形にも影響すると思います。

日本の五〇年代、六〇年代の出産を人類学的な現地調査で知ることはできないので、今回はアジアの出産を頼りにお話をさせてもらいました。以上で話を終わります。どうもありがとうございました。

【質疑応答】

堀口（司会）：松岡先生、どうも長い時間ありがとうございます。今日のテーマは出産の近代化がもたらしたものということです。世界の各地域での出産の状況、また、自宅から施設への出産という変化の中にあり、それが、その地域ごとにどう違うのか、あるいは、どういう人を介して、そういう出産が行われたのか、あるいは、それが社会とどういう関係が見られるのかという点について、もともと松岡先生ご自身が、文化人類学の視点から詳細な考察をされてきました。今日のお話もそうした成果がいろいろと盛り込まれており、とても興味深い内容だったかと思います。実は、私自身は社会とか経済などが専門なので、特に、社会的な分業の点から言うと、施設の出産という点もありましたけれども、近代化が進むことによって人間が人間らしくなくなる。やはり、モノとして扱われるような状況が生まれている可能性があるのではないかということで、その点などに注目して聞かせていただきました。では、ご自由に質問いただければと思います。よろしくお願いいします。

大橋：とても興味深いご報告ありがとうございました。中国では九〇年代に施設分娩率がすごく上がっているということでした。しかし、都市と農村ではきっと大きな違いがあるのだろうと思います。都市のほうが、やはり特に上海とかでは早く進んだのだろうと想像しています。それぞれの国でも、たとえばインドネシアであっても、ジャワの都市化した部分と、そうじゃない地域の差は、すごく大きいのではないかと思うんです。そういう違いは、どのように各国で現れていますでしょうか。

松岡：それはかなり差がありますね。たとえば、韓国は都市と農村部を分けて出しています。初期の頃は十五年ぐらいの差があり、だんだん差が縮まって十年ぐらいの差になり、九〇年代になると差はほとんどなくなっていました。そもそもバングラデシュとかインドネシアの場合は、推計値のことが多いです。何千人かを選んで、それをもとに推計値を出すという形で、全例を把握しているわけではないと思います。今、大橋先生が言われたのは、都市と農村との違いが大きいとすれば、こういう全国共通の数字を持ってくることの意味ということですか。

大橋：いいえ、単におそらくすごく差があるんだろうと考えたということです。日本ではそこまではないかもしれないですが、助産院とかさまざまな選択肢から選ぶというのは、都市でないと難しいのではないかと思います。その地域差のありように関心があります。私の周りでは一橋大学の斎藤あおいさんが研究をしているのですが、上海では九〇年代くらいから産後ケアの専門職化が進んでいます。月嫂（ユエサオ）と呼ばれる家事労働者を雇う傾向が、九〇年代くらいに始まっているようなのです。

ここに表れている施設分娩率は、九〇年代ぐらいに五〇％ですが、上海ではもっとかなり高かったのではないかと想像していました。ある地域で出産の施設化が進むということと産後ケアが専門的になされるべきという方向が現れてくるということはリンクしている問題なのかなと考えたこともあり、それで質問させていただきました。

松岡：中国の場合は産後、この月嫂は自宅に来ていたんですか。

大橋：そうだと思います。ただ具体的にどれくらいの時期からどのように雇われていたのか、ちょっと統計的には把握できないんですが。斎藤さんが最近発表した論文によれば、一九九〇年代の終わりから二〇〇〇年代ぐらいにかけての時期に、多くの都市で「下崗」と呼ばれる国有企業からの労働者の事実上の解雇が広がりました。上海では女性の解雇が多く、その女性労働者たちの再就業先として、月嫂の訓練が行われるようになっていきました。そういう労働力の供給傾向についてはつかめることがあるのですが、一方の需要側、産後ケアの実際のニーズがどのように高まっていったかという側面については把握しにくいようです。

姚：質問というより、このメンバーには出産とか、そういうことをやっていらっしゃる先生がいらっしゃらないかと思いますので、中国のプロセスはどういう状況かを少し補足したいと思います。

中国の産婆取締規則というものは、一九二九年南京国民政府によって公布されたのですが、実は、影響力は少なかったものの、一九一三年にも公布されました。これは日本の産婆取締規則をそのまますっくり真似していたのです。全国的に実行したのは南京国民政府期です。

さらに農村までに出産の近代化を推進していたのは中華人民共和国時期です。つまり、ちょうど私たちのプロジェクトでやっている集団化時期です。その時期では、近代的衛生知識を身につけた助産者をたくさん養成し、「接生站」（助産所）を設立し、一部施設分娩を扱っていた。中国において、出産時の死亡、母子の死亡率を減少させようと、非常に力を入れたのが、五〇年代と六〇年代です。日本では、五〇年代から六〇年代は、ほぼ分娩の施設への移行期にあたります。一方、中国の農村では、助産をやっている古い産婆を再訓練して活用しており、一か月とか二か月とか訓練して、基本的に分娩時の消毒とか、臍の緒の切り方とかの知識を教えていた。こういう古い産婆の再訓練と同時に新しい若い助産者も養成していました。いわゆる「裸足の医者」もだいたいこの時期から助産の担い手になります。農村では基本的に施設・病院で分娩するようになったのは、地域によって違いますが、二〇〇〇年前後になります。

でも、都市ではどうかというと、もう六〇年代ぐらいになると、自宅分娩というものもありましたが、基本的に病院出産になっていきます。上海と北京などの大都市は、基本的に一九七〇年代に分娩の近代化を実現した。農村では、一九九〇年代、二〇〇〇年代になると、ほぼ一〇〇%と言ってもいいぐらい病院出産になっていきます。どういうふうに施設化近代化したのか。さまざまな要因があるんですけれど、大橋さんも言われたように、女性の選び方とか、あるいは生活スタイルとか、もちろん産業構造とかもありますが、中国では、「政策的な要因」が非常に大きかったかと思います。

なぜかというと、農村では地域によって違いがありますが、二〇〇〇年前後になると、自宅分娩はできなくなるんです。国家に全部禁止されたのです。子どもの戸籍を登録する際に、病院で医師の出した証明書をもらわないと登録できない。つまり、自宅出産はできないということです。これが病院への移行の決定的な要因になった。それが、ほかの地域（日本やバングラデシュなど）と違うところではないかと思います。

五〇年代、六〇年代以降は、産婆や衛生員という人たちが結構多くの経験を積んでいて、また衛生的条件も改善したということで、死亡率が急速に低下していったのです。一方、病院出産は死亡率の減少と同時に帝王切開率もぐっと上がっていきます。これも本当に嘘のような数字なんですけれども、八割ぐらいという所もあります。以上、中国の状況をちょっと補足しておきました。

堀口：姚毅さん、ありがとうございます。先ほど斎藤さんの名前が出たんですが、斎藤さん、何か補足の説明か、あるいは質問とかありましたら、よろしくお願いします。

斎藤：とても興味深いご報告ありがとうございました。お二人の先生がきっちり説明してくださったので、私のほうから補足というほどのものはありません。上海では、九〇年代に職業として立ち現れてきた、産後のケアを専門とする家事労働者の月嫂が、いかに、どのような政策の中で現れてきたかというところに、最近、私は関心を持っていて、調査をしていました。

もちろん、その職業が自然にできてきたというわけではなくて、大橋先生が解説してくださったように、「下崗」という国有企業の余剰人員の整理を見直す中で、都市女性の次の職ということでつくられていった。月嫂自体、二〇〇〇年代に入ってから広がっていったのですが、もともと政策的につくられた職業がその当時の上海の女性たちにとって、松岡先生のご報告にもあったような、周りから干渉されずに産後を過ごしたいという女性のニーズに合っていったのではないかというような形で、論文をまとめています。政策的な事情と、実際に産んでケアを受ける女性とのニーズが合致したときに、産後の過ごし方が変わってくるのかなというふうに理解をしていました。この理解でいいのかしらということをお聞きしたいなと思いました。

松岡：ありがとうございます。都市女性の新たな職業と言われたと思うんですけど。農村から出てきた女性を月嫂として教育するのではなく、むしろ産後の女性と同じようなレベルにある都市女性を教育して月嫂にしたということなのですか。

斎藤：そうですね。最初の時期というか、九〇年代からの流れの中では、最初、都市の職を失った女性が研修を受けて、月嫂になりました。今は上海近郊の農村から来て、上海で研修を受けた方のほうが圧倒的に多い。

松岡：そういう上海の月嫂は、病院で産んだ後の女性が家へ戻ったときに、家庭で産後のお世話をしていたということですか。

斎藤：そうなりますね。

松岡：産後一か月間と、中国は長いですもんね。一か月間のお世話を住み込みでやっていたのですか。
斎藤：はい、二〇〇〇年代は、住み込みです。私が二〇一〇年代後半にフィールドワークしたときは、「月子中心」（産後ケアセンター）という産後施設で過ごすこともすごく増えていて、そこでお世話をする月嫂も見ました。
松岡：中国では、もともと産後ケアは姑の役割だったと思います。ですが、出産後の女性は、本当は姑よりも実母に世話してもらいたい。けれども、父系社会の中国では、それは文化のルールに反することになる。そこで、プロの月嫂を頼んだり、月子中心に入ったりする選択肢があれば、そのほうが女性にとっても気楽で快適だということがあるのではないでしょうか。
劉：興味深い内容をありがとうございました。痛々しい現場のお話を伺ってから、自分の二回の出産経験が鮮明によみがえりました。産後ケアのあり方について、特に、今回のテーマは、五〇年代から六〇年代の話を伺えて有意義に感じました。女性主体なのか、家族の形態が変わり、五〇年代と今とを比べるときには、今は核家族が増えていて、通過儀礼は昔に比べてだいぶ縮小化されたように思います。それが今の女性の現場で考えると、出産の際はどの病院に、産後はどの助産院に、さらに、その後の保育園はどこと、アクセス情報を集める。それにとらわれることが大きくなっているのではないでしょうか。
　しかし、五〇年代は産後ケアも含めて、通過儀礼があったから、主に親族を主体として動いていたのに対し、今は、近代家族が進んでいて、核家族が主体になってきて、近所付き合いが希薄化する傾向にあります。保育施設や病院などの公的施設には、個人からアクセスしていくような形に変わっていきました。五〇年代から六〇年代の家族との変化について、特に出産の形、その後の産後ケアについても、どう変化したかについて教えてほしいです。
松岡：産後ケアという言葉は五〇年代、六〇年代にはなかったと思うんですね。産後ケアというのは最近の言葉で、かつては産後養生や産後の肥立ちという言葉が使われていたと思います。そして、五〇年代、六〇年代には、産後のタブーや習俗が残っていて、それが産後の養生になっていたのではないでしょうか。産育習俗を集めた本が一九七五年に恩賜財団母子愛育会（注二）編として、第一法規出版から出ています。情報が集められたのは戦前でしたが、出版されるのが戦後になってしまった本です。その本を読むと、出産の前よりも後の習俗のほうがずっとたくさんあったように思います。産後に何をしてはいけない、これを食べてはいけないとか。産後はお日様に当たってはいけない、火のそばに行ってはいけないというような習俗がたくさんあったということは、産後の過ごし方のほうが女性の体にとっては重要だ、養生しなければいけないという考え方があったと思うんです。妊娠・出産自体は動物と同じで放っておいても生まれるけれども、産後には女性が守らなければいけないことがたくさんありました。このような産後のタブーの形で、産後養生が行われていたのではないかと思います。また、五〇年代はちょうど私が生まれた頃ですけど、私の家もそうですが、大阪でも結構三世代同居がありました。きょうだいが多かったときには、長男が親と一緒に住んで三世代同居をしたとしても、次男・三男は結婚すると核家族になるので、三世代同居の数自体は減らずに、同時に核家族の家が増える時代があったと言われています。ですので、三世代同居がまだ行われていた五〇年代、六〇年代には、産後の養生は家族の中で伝統的習俗を守るという形で行われていたように思います。

劉：先ほど二番目の質問、月嫂というのも産後ケアで家事労働者の話でしたので、おそらくその話が続いているかと思いますが、ご自身の経験談で構いませんので、ぜひいろいろと教えてください。五〇年代から六〇年代のことは、私たちみたいな若者にとっては、本当によくわからない年代でございますので。

松岡：はい、何をお答えしたらいいのか。

劉：今の日本には、産後ケアはあまりないなというふうに実感していて。特に、助産師という方がいらっしゃいますが、病院で働いている方と助産院で働いている方がいて、たとえば母乳のケアとかなどは、母親たちが電話すると、自治体

（注二）：昭和天皇が皇太子の誕生を祝って、翌昭和九年に母子の愛育を目的として設立した団体。

を経由して、相談に乗ってくれたりします。でも、実際に、女性が自分からアクセスしないと利用できないことも考えられます。では、五〇年代、六〇年代のときはどうだったのか、姑さんが教えてくれたのか、それとも助産師さんからだったのでしょうか。

松岡：五〇年代、六〇年代には、まだ地域で開業している助産師さんたちがたくさんいました。開業している助産師さんは、自宅に行って取り上げるか、あるいは助産所に来てもらって取り上げるかという区別があったとしても、赤ん坊が生まれてから一週間は沐浴に通って、そのあとも、お金がある家ですと、一か月間沐浴に来てもらう場合もあったみたいです。だから、今の言葉で言う産後ケアも含めて、一人の助産師さんがずっと継続的なケアをしていたと思うんです。こういった、一人の人が継続的に関わる助産師のような存在がいれば、妊娠から産後までの切れ目のないケアができていたと思います。

でも、出産が施設に入ってしまうと、分娩だけが施設の中に移ってしまって、施設から退院して家に帰ってきたときに、近所にアドバイスしてくれる人もいないし、お姑さんも、もう切り離されている。仮に、近くに助産師がいたとしても、医学的なケアのほうが重要だと思う女性が多くなっていると、お姑さんや年配者の意見を聞くよりも、医者の言うことを聞くようになります。昔から言われていることや、年配者の経験には意味がないと思うようになっている。今のバングラデシュを見ていると、母乳のやり方について上の世代からの経験知や伝承があるはずなのに、若い母親は授乳がうまくいかないと悩んでいます。親の世代の伝承が、医学的な知識を前にしてスパッと切られてしまうようです。バングラデシュのお姑さんは、息子の妻が妊娠中に病院に通っていると、何も言わなくなるようで、日本もかつてそういうことがあったんじゃないかなと思います。

姚：さっき話したように、中国の出産の近代化は政策的要因が大きいです。これは日本とだいぶ異なるところです。

そのほかにも日本との違いがあります。日本は十世紀に、丹波康頼の『医心方』っていう医学書があり、それは中国あるいは朝鮮の医学書から引用したものなのですが、産後の養生とかがちゃんと書かれていた。それは、中国の産後の養生のことで、「坐月子（zuoyuezi）」と言います。中国は出産の近代化以降、つまり、施設分娩に移行されてからも、この産後の養生が消えることがなかったのです。もともとは夫の家族が産後の世話をする習わしでしたが、今は、住み込みの月嫂とか、月子中心というサービスを伴いながら、少しずつ移行しています。産後の養生は非常に大事にされていて、台湾や韓国、ベトナムもそうなんです。だから、これらの地域も産後ケアセンターというものが存在します。でも、日本では存在しません。また、中国は夫の家で、姑や夫の家族が世話しなきゃいけないんです。実家、つまり、自分のお母さんが世話するのはあまり望ましくない。こういう家族間の力関係というものもあるんです。台湾は産後ケアセンターや住み込みの月嫂を雇って一か月ぐらいケアを受けるほかに、いわゆる「月子餐」というのがあるんです。「月子餐」というのは食事を提供するするデリバリーサービスのことです。要するに、台湾とか中国、韓国は施設分娩に移行したあとでも、そういうものがずっと残っているようです。お医者さんに話を聞いたら、実は、科学的ではないのですけど、「ずっと長い伝統だからいいんじゃない」と言うわけです。日本の場合、産後の養生というか、そういうケアは、なぜ簡単に消えてしまったのかということをちょっと比較すると面白いように思います。

中国では、むしろそれは商業化になりつつある。要因はいろいろあって、姑の世話はもらいたくないとか、食事や育児法などの食い違いとか、お金の問題とかあるんですが、そういうところを比較するとちょっと面白いなと思います。

松岡：今、姚さんがおっしゃったように、確かに中国では産後の養生がずっと最近になっても残っているのは、近代化の始まりが遅かったことが一つあって、それで伝統的な習俗が残っていたのではないでしょうか。そして伝統が残っていたところに、商品化がすでに始まっていたので、伝統的な習俗と商品化とが重なるような形になったんだと思うんです。そうすると、商品化によって伝統的な習俗がもう一度、産後ケアセンターのような形で生まれ変わったり、月嫂のような形でつくり替えられたりしていったのだと思います。

それに対して、日本は近代化が少し早めに始まったので、伝統的な習俗が先に消え去り、しばらく経ってから商品化の波が押し寄せてきたので、そのときには産後養生の伝統はすでに消えていたのではないでしょうか。その間に日本では施設化と医療化が進んで、高度経済成長期には夫は仕事が忙しくて産後の手伝いも期待できない状況でした。産後ケアセンターのような豪華な施設はまだ考えられていなかったので、日本では里帰り分娩をする人が多くて、それは現在も続いていますね。夫がサラリーマンで仕事を休めないことも日本の特徴だったかもしれませんが、日本の場合は里帰りと、産後五日間の入院という少し長めの入院期間があったことも、中国や韓国のように、産後ケア施設に向かわなかった理由かもしれません。

姚：なるほど、それはあるかと思います。もう本当に、商業化に乗っかっているという部分もあるんですけど。もう一つはやはり日本のお医者さんは、本当に権威的というところもあるかな。これも日本の医師制度と関わっているのではないかとちょっと思ったりしていますけれど。

松岡：私もそう思います。中国は、医師と患者の間のヒエラルキーは、そんなにきつくないですよね。

岩島：ご報告ありがとうございました。産後の養生について先ほどおっしゃっていたのを聞いて、思ったんですけども。私も五〇年代、六〇年代の生活改善の資料をずっと見てきたのですが、出産に特化して見たことはなかった。産後の養生とか、産後のいろんなタブーみたいなのがよく出てくるのですが、私が見ていた生活改善はどちらかというと、近代化させたいという人たちのものなので、だいたいそれを問題として描くわけなんです。

これしか食べちゃいけないみたいなものがすごく栄養がないものなので、養生できないとか、あとは産前もそうですけど、産むときも衛生状態が悪いから、消毒しないから妊産婦も乳児も死亡率が高いということがすごく問題になっていた。ですから、近代化していくときに、近代化を目指すものと、産後の伝統的習俗みたいなものが、ある程度合致すれば、産後ケアっていう形で商業化することもできたかと思うんですが、それを養生のためと言っていたかどうかは、特にはっきりとわからないんです。ただ、近代化にとっては迷信というか、打破すべきものみたいな形で位置づけられるような、栄養的に良くない、衛生的に良くないものが当時の習俗で多かったから、産後ケアというふうにつながっていかなかったのかなと思いました。

江口：松岡先生、どうも貴重なご報告いただきましてありがとうございました。大変勉強になりました。私はあまり専門ではないので、少し的外れな質問となってしまうかもしれませんけれども、ご容赦いただけたらと思います。

政治社会の動向に関心がある私にとりまして、先生のご講演で非常に興味深かったことは、一九五〇年代から一九六〇年代の日本において、近代化の過程で社会のほうの組織化がかなり進み、その結果、子どもを産むという社会的過程に対して、いろいろな制限、規定が現われてきたというご指摘です。特に、子どもを産むという社会的過程そのものが近代化に伴う社会構造の変化の中で急速に効率化されてきたのではないかという感想を持ちました。中でもお医者さんと助産婦の関係が大きく変化したというご指摘は、両者が規定される社会の組織そのものが変わってきたのだと思います。

他方、このような近代化が進んだとともに、ポスト近代というような傾向も出てきており、以前の伝統的なものも見直されてきているというご指摘もされておりました。この点に関しまして、今、どういうような状況なのかということを、できたら教えていただきたいです。特に、日本を含めたアジアの近代化は、急激に行われてきたというご指摘もされていて、ある意味、アジア諸国では、先行した欧米諸国の近代化と比較して、短期間で急激に圧縮された近代化が進んだことにより、ポスト近代という傾向が近代化と同時並行で進むという特殊な状況も生まれたのかと思います。このような中で、今、日本の助産師と医師の関係、あるいは最近見直されて復活してきたと言われる伝統的な方法との関係について質問させていただきます。また、アジア諸国の動向に関して、ご講演ではバングラデシュの事例が挙げられていましたが、それぞれの社会組織が近代化されていく側面、逆に、伝統的な方法が保持されていく側面、あるいは両者が共存しているのか否かといった点について、ご教示いただけたらというふうに思います。

松岡：ポストモダンの時代になって、伝統的なものが見直されている例として、自宅分娩や助産所分娩の復興を例に挙げたと思いますが、自宅や助産所での分娩を伝統的なものとのみと見なすのは、少し違うような気がしています。というのは、純粋に過去の良かったものを見直すというのではなく、ポストモダンの時代には違う意味合いが込められているような気がするからです。ポストモダンの時代には、病院出産や近代的な出産を乗り越えたあとに出てくる、近代的なものへの反省の視点があると思うんです。ですので、自宅分娩や助産所で産みたいという人は、昔の形に戻りたいというよりも、女性の主体性とか自己決定権とか男女平等とか、そういう新しい価値観のもとに動いている気がします。自宅や助産所で産む人たちは一%ぐらいしかいないわけですが、本当はそういう所で産みたかったけれども実現できなかった人たちを含めると、実際には、もうちょっと多いと思うんです。ですので、一つ目の点に関しましては、新たな価値が加わったことで、伝統とポストモダンは必ずしも連続してないのではないかという気がしています。

アジアの国と比較して感じていることを申し上げるとすると、特に、バングラデシュを見ていますと、国際社会の影響がとても大きい気がします。その背景には、自分の国だけでいろんなことをやっていけないので、世界銀行とか他の国際機関の援助に頼る部分が大きいことがあると思います。そうすると、国際的な場で言われているジェンダー平等とか、環境保護のような考え方が直接に国内に入ってきて、日本よりもずっと進んだ形で実践されていることがあります。遅くに近代化を始めた国を見ていると、国際社会で言われている先端的な考え方が表向きすんなり国の中に入っていくような気がします。もちろん表面的にはということで、深いところでは伝統的な考えや習慣は残っているわけですが。それに対して、日本はいろんな既得権があって、新しいものを取り入れたり、作っていったりすることができなくて停滞している気がします。アジアの国を見ていると、と言っても日本もアジアですが、アジアのほうがこんなに早く新しい考え方や価値観を取り入れているのに、日本はなぜ取り入れられないのかと、日本の停滞ぶりが目立つ気がします。

松木：松岡先生、ありがとうございました。日本で施設化が進んだ理由として、姑からのプレッシャーから逃れた環境で出産ができるという利点があったとのご指摘があって、なるほどと思ったのですが、ただ、みんなが施設で出産するようになったあと、現在は、そういう姑からのプレッシャーなどは、割と心配せずに出産できるような環境になっているんじゃないかなと思います。

とすると、施設化された出産がいまだに九九%であるという状況がどうして変わらないのかなと、ちょっと不思議に思ったところです。自然出産が、一部の、ある意味でかなり意識の高い人たちが望むことにとどまってるという現状は、どうして変わらないのでしょうか。いったんそういうことが当たり前になってしまうと、なかなか覆らないことの不思議さというか……。

松岡：松木先生がおっしゃったように、施設での出産を選んだ理由として、家事労働から逃れてゆっくり休めるとか、お姑さんのプレッシャーから逃れたくて、ということがあったと思います。それと同時に、戦後には社会全体の流れとしてＧＨＱからの指導があり、政策的に施設分娩を進めるという社会全体の大きな流れもあったと思います。国の政策の力は、中国ほど強い力ではなかったかもしれませんが、ある意味ソフトな形で母子健康センターをつくるなどの施設化を目指す方向性がありました。人々の多くが自宅分娩をしていたときには、助産婦が家に来てくれましたが、その助産婦が戦後に助産所という形で施設を持つことも増えてきました。一九六五年には、約一三％の子どもが助産所で生まれています。その後、助産所での出産はどんどん減っていくわけですが。

また、施設分娩が今、九九％になっていて、なぜ自然な分娩を選ぶ人が増えないのかとおっしゃっていましたが、今の若い人たちの考えでは、医療はいいものだという大前提があると思います。私の世代では、医療化という言葉は社会学では否定的な文脈で使われていましたが、若い世代は医療化をポジティブに捉えていて、医療を疑うことは考えられないと。ですので、今の出産の形は五〇年代や六〇年代よりもいいに決まっていると考えているような気がします。たとえば、昔の出産では死ぬ人が多かっただろうけれど、今はもう非常に安全になっていると。それは医療のおかげだ。だから病院以外の所で産むことは考えられない。それが若い人たちの考え方じゃないでしょうか。その中で、意識高い系のような人たちが、わずかな数だけれども助産所とか自宅で産みたいと思っている。その人たちは、自然農法とか食の安全とかそういう考え方と親和性があります。そう考えると、産むことは生き方やライフスタイル全体とつながっているということでしょうか。

閻：さっきの話ともつながっているかもしれないですけど、私は、日本で有機農業をやっている人たちのグループを見ると、結構、意識が高いとか、自然農法と結びついているから、自宅分娩で病院とか行かなくて、コミュニティがしっかりできていた。先ほどの、先生の発言の中にあったように、近代に対して、いろんな意味で社会・法律・制度とかの変化の中で、有機農業をやってる人たちが、自分たちでグループをつくって、家で産むというのがかなり普及して、つながっているような気がしたんです。病院じゃなく、家で産むことに対して、先生はどういうふうに見ているのか。そういう動きを知っていれば教えていただきたいです。

松岡：私の知っている研究者で、プライベート出産という、専門家を呼ばずに家族の中で自分たちだけで出産する人たちのことを調べている人がいます。プライベート出産をする人たちは自然な生活をしたいと考えていて、やはり自然な農業とか環境を重視しています。ですので、産むことはそういうライフスタイル全体の問題と関わっていると思います。

閻：個人の行為とライフスタイルは、その個人の特有の話になってしまうので、社会学が興味を持っているのは、そのコミュニティとか、組織づくりとかではないかと。それに対して、社会のサポートとか、関心がそういうところに行きがちというか、そのあたりはいかがですか。

松岡：確かに、個人のライフスタイルと同時に、そこに社会が関わっていますね。たとえば、プライベート出産を選んだ理由として、助産師を呼べないような僻地に住んでいることがあります。助産師は遠い所でも行って介助したいと思っていますが、自宅分娩を介助するときには、一時間以上かかる所に行かないようにと助産師会のガイドラインで定められているので行けない。また、助産師が出産を介助するためには、産科の嘱託医と契約していなければならないと法律で定められているけれども、産科医は嘱託医になりたがらないので、出産を介助できない状態の助産師がたくさんいるなど、法律が絡んでいます。ですので、おっしゃるように、個人の視点からだけ考えるのでなく、社会の視点から見ていくことが必要だと思います。そして、個人のライフスタイルが社会から排除されないように、マジョリティの選択だけが可能なような社会をつくらないことが必要だと思います。

李：基本的なことについて質問させていただきたいと思います。ご報告の中で、ブジーの挿入と仮死、死産の割合のことに関して言及されましたが、ほとんどのデータは一九七八年、つまり、五十年前とか四十年前のデータを扱っていったんですが、最近、ブジーの挿入と仮死、死産の割合はどうなっているのかをお伺いしたいと思います。

松岡：この助産所は一九七八年で閉じてしまったので、同じ助産所のデータはないのですが、六〇年代、七〇年代に病院でひどい出産を見てきたとおっしゃる助産師さんのお話を伺ったことがあります。今は、女性の知識も増えてきたし、女性が以前より自己主張するようになってきたので、誘発や陣痛促進に対する警戒心が出てきていると思います。医師にとって都合の良いときに産ませられたのではないかというようなこともありましたが、今は医者のほうも上手に薬を使えるようになったり、プロスタグランジン（子宮口の熟化や子宮の収縮を促す薬）のような使いやすい促進剤が開発されたりして、より陣痛のコントロールが容易になっていると思います。しかも、もう少し安全に。分娩時刻が昼間にピークが来る山型になるという事実が、分娩の誘発や促進を表しています。分娩時刻をコントロールしなかったら、こんな形にはならないわけですから。また帝王切開していることもありますが、より巧妙な形で、より上手に陣痛促進が行われていると思います。今の産科医療では、出産を管理することが常態になっていて、何もしないのは放置だという考えもあります。また病院だと、仮に仮死で生まれてもＮＩＣＵ（新生児集中治療室）で管理できるので大丈夫と考えるかもしれません。とは言っても、仮死や死産にならなくても、女性にとって良い出産だったか、幸せな経験だったかと考えたときに、医療介入が多いと自分で産んだ気がしないとか、気分的にハッピーでないというような、傷つけられた経験につながっていくかもしれません。

李：なるほど。つまり、自分の体が、医療介入で、コントロールされていて、それでうつ病の火種になる可能性もあると。

松岡：女性が主体的に産むのではなく、さまざまな管理が行われると、それに納得できない気持ちが火種として残っている可能性があると思います。でも、医療介入のせいで気分が落ち込んでいるとはっきり言葉にする人は少ないですし、長いことその経験を忘れている人も多いと思います。不必要な医療介入は、女性の体にとって負担だと思いますが、ほとんどの場合、女性はその医療が不必要だったとは思わずに、必要な医療だったと思っています。だから、たいていは医療のおかげで無事に産めたと思うわけで、必要のない医療だったと思う人はほとんどいないでしょう。とは言っても、無理な形で出産した場合、女性だけでなく赤ん坊も疲れているので、産後の育児が難しくなることがあります。でも今は、お医者さんもそんなに権威主義的ではなくなってきていますし、少子化の時代にサービス業としての対応が必要ですから、患者により親切な声かけをするようになってきているので、マイルドな形で医療介入が行われるようになってきていると思います。

——二〇二二年七月十七日、Zoomにより収録——

第三回

女性の稼ぎと家財管理、そしてその変化

波平恵美子

はじめに

今回は有意義な研究会にお招きいただきありがとうございます。報告内容が、皆様方のご関心に沿っているかどうかわかりかねますので、できるだけご質問をいただければと思います。

この研究発表で分析対象とした資料は、一九六〇年代から一九七〇年代末までの、波平自身の調査資料および同時代に調査された、他の研究者の成果を参考にし、まとめたものです。ただし、「稼ぎ」という定義は、波平によるものです。対象としている調査地域は、東北、北陸、中国、四国、九州内のいくつかの農村です。同時並行的に漁村と山村も調査しておりましたけれども、この研究会の内容や対象が農村ということですので、ほとんどの分析対象が農村になっております。

東北や中国地方の一部、北関東では、戦前の大規模地主と自作農、そして小作人という農地の所有規模や耕作規模の大きな差がありましたが、太平洋戦争後に行われた農地改革によって、規模の大きな地主は所有農地を強制的に手放させられたことから、農地の所有ということではほぼ標準化されました。しかしながら、蓄積されているさまざまな形の資本は、相当残っておりまして、それは外部から来た人間でもすぐに見て取ることができました。社会資本と言いましょうか。その家族の資本というものは、多岐にわたって多面的な形で蓄えられておりますので、農地の標準化イコール、その家族のさまざまな資本の標準化にはならないことを強調しておきたいと思います。農村社会学での分類である家格型農村の社会構造が、私が調査した所でもいろんな形で残っておりました。家格の差というのは、二〇〇〇年頃まではかなり明確で、その後、急速に消失していくのも見て取ることができました。

一方、四国や九州では、戦前の家の間の経済格差は小さく、同族団の発達は見られませんでした。同族団はありましたけれども、極めて規模が小さく、同族団内部での格差というのはほとんど見られませんでした。一九五〇年、六〇年代には過去の経済格差は九州や四国では、屋敷と家屋の広さの差にわずかに残るだけでした。東北地方、北関東、中国、四国、九州での地方ごとの差は大きかったのですが、以下でお話しすることは、こうした差を抜きにしても、見て取ることのできる共通点がありまして、それを述べることにいたします。

「稼ぎ」について

まず堀口先生から頂いたテーマである「稼ぎ」ということを先に述べます。ここで稼ぎというのは集団、この場合は家族の中で、個人の働きの成果を本人と集団の全員が認識しているものを指します。具体例を示しますと、個人が外で働いて得られる給与所得は家族全体の収入です。農業世帯では、多くの所得は家族全体の労働の結果と見なされるのですが、家族の中の一人が自分だけで栽培した野菜を町に売りに行き、そこで得た売上金は稼ぎとなります。あるいは老人が、稲わらや竹を材料としたさまざまな品は、手作業で作られ、農業用品や生活用品として自分たちでも使いましたけれども、製品の出来が良いものは、町で商品として売られたり、他の農家が購入することもあり、得られた代金は製作した人の稼ぎとなりました。このように、稼ぎは多くの場合で現金収入ですが、現金の代わりに農産物など、品物で支払われた場合も、やはり稼ぎと見なされました。

このように稼ぎは、家族全員がその個人の労働や技術や才覚で得られたものとして認めたものです。稼ぎ手は、このように女性だけとは限りませんが、女性の稼ぎは個人の体力や才覚が優れていることを示すので、特に高く評価されました。女性個人の働きが、家族のメンバーに認識されて評価されていたわけです。しかし、農村家族の場合、個人の労働で得られた収入でも、それが初めから家計を支えることが前提で行われた労働である場合には、私の定義で言うところの稼ぎにはならない。たとえば、農閑期に夫が出稼ぎによって工事現場で働いたり、妻が近くの工場で日雇いとして働いて得られた収入は、初めから家計に算入されるはずの収入なので、個人の労働によって得られるのですけれども、家計全体に組み入れられるので、稼ぎとはなりません。

「稼ぎ」の取り扱いについて

稼ぎの特徴は、その取り扱いに、はっきりと見て取れます。稼ぎは個人の働きの結果ですが、収入金額は、全体に知らせることが前提です。「いくらぐらいになりました」というように。稼いだ収入すべてをその個人がすぐに消費することはありませんし、認められていません。使い道は稼いだ人が使い道に優先権を持つとか、使い道をほかの家族員の了承のうえで、委ねられることはあります。また、使い道や使った金額も、家族員全体に周知されます。「これだけ使いました。これだけ残っております」というように。

一つの事例を述べたいと思います。一九七〇年代の東北地方の農村で、子どもを大学に進学させるときに、その資金は子どもの母親、つまり、世帯主の妻が野菜を町で売って貯めたお金が使われました。これは相当の金額で、それだけ稼いで貯めていたということです。「農家の後継ぎが大学で学ぶ必要はない」と、夫や夫の両親は反対したのですが、子どもの強い希望があったうえに、貯めていた金額が多額であり、それは四年間、東京で学ぶことのできるぐらいの金額になっていました。主婦が野菜を売った金額がどれほど大きかったかがわかります。しかも、それを家族全員の承諾のもとで貯めていました。そのことがありまして、家族全員というか、夫や夫の両親が、「いいだろう、その金の全額を使って、それから足りない分はお前がこれから野菜を売って稼ぐ金を送金しなさい」と言って、大学四年間の資金となりました。稼ぎが主婦による場合は、子どもの進学の準備ですとか、女性だけが所属する寺院の仏教婦人会、活動資金や仏事への寄付、家族旅行、妻の実家の非公式な交際費などに使われますが、これは家族全員の承諾のもとで使われます。一方、女性個人が必要とする化粧品や友だち付き合いの費用など、あくまでも女性個人のためのお金は、あとで述べる「へそくり」が充てられます。これは厳密に分けられていました。なお非常に興味深いのですが、女性の外出着や儀式で使う高価な着物などは、家計全体から出されたんです。その理由は、家の体面を保つためでありまして、この家の主婦が儀式に着て出る、あるいは父兄会に着ていく衣服などは家計全体から支出されました。なぜならば、〇〇家の主婦が着ていく公の場での衣服のレベルというものは、それぞれの村で決まっていて、派手であってもいけないし、粗末でもないという基準がありました。

稼ぐ人へのほかの家族員の評価

稼ぐ人へのほかの家族の評価はどうであったかというと、個人の稼ぎで得られた現金や物がその家族全員の生活を潤し、コミュニティ内の他の家族に格差をつけることとなったとしても、つまり、稼ぎと行為というのは、家族が承認しなければその行為もできません。また野菜の栽培や売買は妻が余分な労働で得た稼ぎだとしても、その家族が所有する農地が使われているので、完全に個人の稼ぎの結果とは見なされません。また、稼ぎは家族全員が参加する家族労働時間帯ではない、いわば時間外労働であっても、稼ぎに使われたその労働時間はすべて本来、家族に帰属するという認識があります。女性の身体そのものが家族の財産であり、その女性の身体を使って稼ぎをする時間も、実はその家族に所属するという認識が非常に明確に見て取れます。だからこそ、この稼ぎというものは家族の承諾がなければなりませんでした。それでも、稼ぎはその個人の才覚と持続的で特別な働きの結果であるという全員の承認があるので、女性の稼ぎとして評価されます。逆に、家族全体の労働や家族労働に支障を来すようなことがあると、たとえば疲れて、家族全員の労働に参加しないとか、労働の効果が上がらないというようなことがあると、「やめなさい」という夫や夫の親たちの一言で、完全にやめてしまった例も私は観察いたしました。稼ぎをさらに明確にするために、以下に、「へそくり」と「小遣い」について述べてみたいと思います。

「稼ぎ」と「へそくり」と「小遣い」

「へそくり」というのは、主婦がいわば気働きで、家計から少しずつ節約して貯めたお金のことです。余裕のあるときに、種類の多い手の込んだ保存食を作り、購入する副食費を節約するとか、家族の衣類をよく手入れして、購入時期を先送りにするとか、コミュニティ内や親族間の交際で用いる金額を節約し、それを補うのに手の込んだ菓子などを作るとかです。つまり、三千円のお祝いを持っていくところを二千円にして、その代わりに、普段は食べないような珍しいおかずを持っていって、千円をそこで値引いているわけですが、相手方が、三千円をもらうよりも二千円にプラスしておかずやお菓子を一緒にもらったほうが喜ぶというようなことをする。こうしたことは、頻繁に見て取ることができました。ですから、この千円は「へそくり」になるわけです。町で必需品を購入する場合、少しでも安いものを探して購入する。これは大変才覚の要ることで、長い交渉をして、百円でも二百円でも値引きさせるわけです。そうすると、そのお金というのは、「へそくり」にしてよろしいわけです。「へそくり」については、ほかの家族員はその存在を知っていても、どのように貯めたかは詮索しないのが、家族内のルールです。それは主婦の気働きを批判することになるので、決して良いことではありません。

他方、家計全体から個人が家族員の承認のうえで、また家の体面を保持するうえで、消費するのは、「小遣い」でした。これは「へそくり」とも「稼ぎ」とも異なります。世帯主の交際費、世帯主の妻や母親が仏教寺院に関係した行事への出費（多くは寄付ですが）、コミュニティ全体の活動に近い農協主催の行事の費用など、金額も、使用内容も、家族承認のうえで行われる個人的消費、これが「小遣い」です。

制度的には存在しない女性の財産

次に、女性の財産について述べます。これも実は、かなり複雑です。と申しますのは、家制度というのは、民法上は一九四八年に消失していますが、二〇〇六年の現在になっても、部分的には残っております。特に家族の財産については、非常に複雑な形で今でも残っております。したがって、女性の財産ということになりますと、もっと複雑な内容を持っております。

女性がある男性と結婚することは、その男性の家族との同居を前提とします。いわゆる「嫁」となります。女性が生まれ出た家族は「実家」であり、嫁入り先は「婚家」と言い、今でも使われております。女性は実家でも、婚家でも、個人の財産が分与されることはありません。だから、親がこっそりと援助します。どうしても使わなければいけないような、それこそ生理用品を買いたいということを、夫にはもちろん、夫の母親、つまり、姑でさえも言えなかったということを私と同年代の人たちが言っていました。それで、実家に帰ったときに、生理用品のパンツを買うだけのお金を母親からもらっていたということを女性たちは話しておりました。嫁入りしてから数年たち、その女性の財産、つまり、「へそくり」が作れるぐらいになるといいんですけれども、そこまでいかない。こうしたように、女性が自由に使えるお金というのは、特に結婚してすぐの女性にはほとんどなかったと言ってもいい。持参金の制度がありませんでしたので、特に貧しい家に嫁いだ女性、また実家が貧しい女性たちの苦労というのは、細々とお話しする時間はありませんけれども、「聞くも涙」「語るも涙」などなど、大変苦労をしておりました。

ただし、持参金の代わりですが、実家の親は娘の出産費用ですとか、娘が生んだ子ども、つまり、孫の通過儀礼ごとの祝い金や費用などの形で、親が生存中は長年にわたり援助します。いわば持参金の分割払いとも言えます。それで嫁の処遇、つまり、嫁入り先での娘の処遇というのは、実家からのこうした援助のあり方に左右されることが大きいです。つまり、「これだけのお祝いが、この嫁の実家から来たのですよ」というのは、それとなく親族や近隣に披露されます。

そのことが、実は婚家の中だけではなく、親族の中、あるいは近隣の中でのその嫁の社会的地位を上げることになりました。そのため、実家の親の気苦労というのは大変なものでありました。ですから、娘の親たちは自分たちの生活を節約してでも婚出した娘の婚家での処遇のされ方を気遣い、出費する傾向が見られました。女性の財産というのは、自分が嫁入り先に持っていくお金はほとんどないですが、その実家から、度々嫁入り先に送られてくる品物やお金によって、それは形を変えた財産になったわけです。嫁の実家から多額の結婚、出産費用が来ます。それは自分の懐には一切入らず、自分の夫の両親の所に行くわけですが、子どもが小学校に入るときに、「あなたの入学式の服は今持っているのではみっともないから、これで買いなさい」というような形で、姑からその嫁に手渡され、そのお金で新しい服を買うというように、実家から来たお金が間接的に自分のものになります。分割され、時間差において、もらうはずの持参金を間接的にもらうというような、非常に複雑な女性の財産がありました。ただ、調査をしたことはないのですが、富山県の平野部の農村では、乗用車や軽トラックなど数百万円の持参金に当たる品を持参する習慣が一九八〇年代でもありました。

農家の財産と財産管理および家計の運営

農家の財産と財産管理および家計の管理・運営について述べます。農家の財産は主として農地、山林、水利権、屋敷地、母屋と蔵、家畜小屋、納屋などの付属屋や農機具、家畜、農作業用のトラックなどです。農業協同組合の組合員の権利などの動産はわずかで、それほどの貯蓄はないのが一般的でした。財産管理と家計の運営は、給与世帯の管理や運営と比較にできないほど複雑で、細心の配慮を必要としました。その理由として、次のことが挙げられます。

第一に、収入としては、一年に一回のお米の売り渡し代金であり、また売値の高い果物も一年に一度の収入なので、農業経営に必要な支出を細かく予測して、残りが家計に回されます。農業経営のための支出は多岐にわたり、高価な農機具や車の購入費もそうです。野菜の種、農薬肥料の値段は常に上昇しており、その意味では、商家と同じ財政管理に似ています。けれども、商家と違い、収入の頻度が極端に少ないので、商家よりも工夫が必要になります。畜産は投資額が大きく、高度な技術と家族に十分な労働力がないと運営できず、農業との並存経営は困難でした。

第二に、個々の家族が必要とする支出だけでなく、コミュニティ共有の支出も大きかったのです。農業経営、特に水田耕作では水の管理が重要で、水利権を持つ世帯のみが水田に水を引き入れることができます。水利の管理やため池の管理や水路の管理、河川の管理、それに付属している農道の管理など……。建設するときは、国や地方自治体がある割合を出しますけれども、残りは必ず自分で出さないといけない。したがって、多額の費用が必要となります。コミュニティ全体の支出のうち、所有する農地の広さに比例して支出が大きくなります。その他、神社・寺院・集会所などのコミュニティ所有の施設の維持管理の費用分担も大きいです。

このように、常に二、三年後の収入と複雑な支出を予測しながら家計を管理するのは世帯主になります。農業組合の正会員の会員権を持つのは、世帯主である男性です。ただし、今は女性も正会員になることができます。家族の財産の名義は世帯主ですので、貯金口座の管理、農業収入の振り込みなど、すべて世帯主が管理しています。また、コミュニティ内の支出は非常に大きく、多岐にわたりますので、常に交渉が必要になるんです。その交渉は世帯主であり、農業組合の正会員であり、コミュニティ内の正式メンバーである世帯主（ほとんどの場合男性）が管理しなければなりません。しかし、生活を維持するための細かな収入支出のバランスを維持することや、少額の現金の管理は妻である女性が行います。

先に述べた「へそくり」は、家族の生活維持の支出の中から生み出されます。ですから、男性は「へそくり」を持ちません。女性のみが持ちます。家事労働への高い評価や、家族の財産管理と家計管理という女性の働きが非常に複雑に微妙に組み合っているのです。

家事労働への高い評価

家事労働への評価についてですが、家事労働はほとんどすべて女性によって担われます。肉体労働である農業は十分な食事が決まった時間帯に必ず家族に提供されなければなりません。多くの食材が（今はずいぶん違っていますが）、自家製品であるので、消費できるまでの準備に多くの時間を要します。風呂や炊事の燃料はかつて、男性が採取することもありましたが、責任は女性にありました。タイムスケジュールに沿って、大人数の食事を提供するのは気働きが必要な大きな負担でした。

私が調査を始めた一九六〇年代ぐらいからは、豆腐など自分の家で作るには時間がかかるような食品や佃煮のようなものは、時には購入する人もいましたが、「あの家は漬物を買ったよ」とか、「あの家は佃煮を買ったよ」という噂話がコミュニティの中に広がったのです。家に病人がいるとか、何かのことで実家に三日も四日も手伝いに行かなければならなかったとか、遠方での葬式に行ったとかというようなときは、お惣菜を買う場合もあります。そのときは、「これこれだから、今日は漬物を買う」という弁解をしながら買わないと、たちまち批判的な噂話が（これは一九八〇年代でも）立てられました。ですから、普段から保存食を作っておく。これはお金を「へそくり」として貯めるためだけではなく、主婦にとっては村の中での自分の評価につながるので、非常に気を配っての行為でもありました。

食事以外に労働着や普段着の手入れ、広い家屋の清掃、頻繁に訪れるコミュニティのメンバーへのもてなしなどは、夫の母親や祖母から指導されながら、次第に習得しました。その習得が早ければ、主婦権は若い世代の嫁に譲られました。家事労働への家族の評価は高く、またそれがスムーズに行われ、家族が不自由を感じないで済むような家庭では、主婦の発言権は大きく、ほかの家族も主婦の指示でさまざまに家事の手助けをしました。舅や姑さえも主婦権を持った主婦には従わなければなりませんでした。主婦権を早く手に入れても、夫の両親はまだ七十代前半で、十分に農業経営に関わっているような三世代、四世代家族の場合、その主婦権の大きさを日々見ることがありました。本当に舌を巻くというほどの主婦権の大きさとその権威の大きさは大変なものでした。

こうした主婦としての熟練というのは、実は個人の才覚だけではないし、夫の母親である姑の指導力だけでもありませんでした。家事を担う女性同士の交流は大変盛んで、暇があれば交流しているという状態でした。料理や保存食の作り方の情報交換、家族内の葛藤についても話して、慰め合い、家事の勉強会と相談と娯楽を兼ねたサークルがコミュニティ内に大小あり、ほぼ毎日、誰かと会って短い会話を交わし、食べ物を交換し、嫁同士の連携を図っておりました。

農業コミュニティの社会的統合

最後に一九八〇年代以降の農村の変化と女性の地位と役割について述べます。波平の調査は二〇〇七年まで行われました。東北の調査地については、現在でも調査協力者の定期的な情報提供があります。以下に述べることは、農村での変化に共通した状況です。農業収入の大幅な減少に伴い、家族員の一人だけが専従で農業を行い、ほかの家族には、さまざまな農業外収入を求めるようになっています。これは一九八〇年代から多くの農家で見られるようになりました。子ども世代はほぼ全員、給与所得者であり、所有する農地全部を耕作すると赤字になるという、驚くような状況が生まれていました。

農業経営は赤字になるので、子どもたちから赤字分を補充してもらうという家族もあり、それで親子の葛藤が生じました。あまりにも多くの金額を補充してくれと父親が息子に要請するので、息子と父親の関係が悪くなって、息子が家から出ていって独立したケースも多く見られました。そうなると、父親はやむを得ず農業規模を縮小して赤字が出ない程度の農業経営をする。また休耕地を増やしていくという、農家であることの葛藤も見て取れました。世帯主が老齢化しても、子ども、孫世代が農業に従事することは極めてまれで、多くは耕作をほかの大規模経営の少数の農家に委託しました。専業農家とは世帯の全収入が農業経営によるものですが、多額の収入を得ている大規模農家でも、家族員の中の一人か二人は給与所得者である世帯は多いです。主婦であっても、パートタイムで働く人が多く、「稼ぎ」「へそくり」「小遣い」という先に述べた分類は現在では曖昧になっており、あまり意味がありません。

また農業収入が減少するとともに、家族の財産価値は大きく下落しました。世帯主と妻との関係、またその両親と世帯主の妻（嫁）との上下関係は小さくなっています。一方、家計運営における女性が手腕を振る領分は小さくなっています。では、女性の地位が低くなったかというと、これは相対的に舅・姑の地位が低くなり、夫の地位も低くなりましたので、変な話ですが、家族全員が平等になったと言ってもいいです。そのために主婦権、つまり、まだ姑・舅がいる場合では、嫁さんなのですが、六十代、七十代でもまだ舅・姑が健在で、同居している場合には、家の中で主婦権を振るうことができるのは、よそから来た嫁なんです。夫もそれほど決定権がありません。ほとんど大事なことは主婦が決めていると言っても、大げさではないんです。稼ぎという概念は、農業経営を基本とし、共同生産労働と家族とを合体させた「家」が消失する中で、曖昧になったということになります。これは現状を調査しておられる前田先生にコメントをいただきたいです。新しい情報提供をしていただきたいと思います。これで、私の発表を終わらせていただきます。ありがとうございました。

【質疑応答】

堀口（司会）：波平先生、ご講演ありがとうございます。それでは質疑応答に入りたいと思います。

前田：私は岐阜市をフィールドとして、戦後の既製服産業の盛衰と女性の働き方の変化を家族戦略という視点から検討してきたのですが、ようやく博士論文にまとめて、一区切りをつけたところです。今は、戦前の農家経済調査の分析に取り組んでいます。これは簿記形式の調査で、お金のデータが豊富に含まれているので、今日のお話は大変勉強になりました。現在、福岡県のデータを、実査を担当した福岡県農会の機関誌『福岡県農会報』の記事と照らし合わせながら分析しています。鉱工業が発展していた福岡県では、卵や肉、西洋野菜や果物をよく食べるとか、部屋にお花を飾るといった、都市的・近代的な生活が普及しつつあり、こうした流れをうまくキャッチした農家では、果樹、蔬菜、花卉の栽培や畜産でかなりの収入を得ていました。当時の農家簿記では家族の労働時間も記帳しています。それを見ると、弟の労働時間のほとんどは兼業労働、つまり、製鉄所や炭鉱での労働に振り向けられており、その賃金はすべて農家の収入に繰り入れられています。実は、なぜ簿記に労働時間を含めるのかと不思議に思っていたのですが、先生のお話を伺って、弟の労働時間は「家」に帰属するので、賃金は「家」の収入になるという、当時の農家の考え方に基づいていたことが理解できました。

その一方で、商品経済に巻き込まれていく中で、個人の働きや稼ぎが可視化されていく動きも見られます。経営主たちは、農家を存続させるために、「家」が保有するお金や財産や労働力を農業・兼業・家事にどう振り分けていくか、知恵を絞っていたのですが、それとともに家族一人一人の稼得能力の引き上げにも関心を持っていました。『福岡県農会報』には、家族員のインセンティブを高める方法が紹介されてます。たとえば、卵の売り上げの半分を母の取り分にしてみたら、母が意欲的に養鶏に取り組むようになり、家族の関係も円満になったとか、それぞれの労働時間をグラフにして掲示したら、みんな張り切って働くようになったとかです。このようにして、誰がよく働いてよく稼いでいるかが可視化されていく中で、家父長制的な権力構造が揺らいでいく兆しが、戦前の福岡県の都市近郊農家から少し見えたことを思い出しながら、興味深く拝聴させていただきました。ありがとうございました。

大橋：確認させていただきたいことがあります。家計という言葉に関して、世帯主が預金口座の管理をする、農業収入の振り込みをするというようにおっしゃっていたのですが、これは自分の家で作っている作物に関して、それを売り買いする管理も含めたものを家計という概念で捉えていることになりますか。

波平：この場合の家計というのは、家族が生活する消費のための家計です。収入はほとんどが農業収入です。先ほどの稼ぎとは別です。この農業収入は、家の収入です。この収入は、すべて夫が、入り口のところで門番のように見ているわけです。ところが、支出は大きく二つ出口があって、一つは夫が農業経営のために使う支出です。種もみを買ったり、農業用水の管理に使ったり、あるいは、農業機具で軽トラックを買ったりとかです。農業のための支出は、出ていくところも入るところも夫がすべて管理しています。出ていくところは、農業経営と家の建築などです。何十年に一回やるような、家の体面、たとえば蔵を建て直すなど、家という単位の体面を保つだけの支出は夫がその門番でいるわけです。一方、夫から配分される、家族が生活するだけの生活費は、すべて妻が管理します。それを私は家計というように使ったわけです。

大橋：そうすると、生活を維持するための細かな収支のバランスを維持することや、少額の現金の管理というのは、これは家計全体の中の生活のやりくりの部分を使うということですか。

波平：そういうことです。この収入というのは夫から分け与えられた、家族が生活するためのお金全体を家計の収入と言ったわけです。ですから、その家族全体に入ってくる収入とは違います。

大橋：わかりました。ありがとうございます。私は社会科学的な研究をしているので「世帯主」という概念で捉えることが多いのですが、先生のおっしゃられる家長と、「世帯主」はほぼ重なる概念でしょうか。このあたりはどう捉えたらいいんでしょうか。

波平：家長としてということです。これは地域によりますが、特に東北地方は顕著です。東北地方の場合で、大規模水田耕作をやってきた所は、家長という考え方が、一九九〇年代まで、ずっと残りました。なぜ残るのか。それは家長がすべての権威を持っているという意味での家長ではなく、自動的にならざるを得ない。なぜならば、村の中で大きな決め事がある場合、たとえば水田の構造改善事業というのもその一つで、全国規模の大事業なんですが、こうしたときに、家長が決めなければいけない。家が存続するかどうかというぐらいの大事業なんですが、そうしたときに代表権を持つのは世帯主であり、家長なわけです。それから農協との関係も大変大事です。農協の正組合員である、農業世帯の代表者は一人なんです。農業収入はすべて一つの口座からしか入ってこない。そうすると、家長イコール、世帯主イコール、家族の財産全体の名義は全部統一されているわけです。それがために、家族の中の権威があるというわけではなく、家長イコール、家族の顔と言う意味なんです。

大橋：本当にありがとうございます。私自身、母が鳥取県の農村の出身で、母方の家がすごくこの感覚を持っていたように思うので、お伺いしました。

波平：そうですか。とても興味深いお話を伺いました。私は、短期間ですが、鳥取県で調査をしたことがあります。鳥取県の農村ですが、東北や北関東とそっくりの村落構造と家族構造だったんです。地主と小作の関係がいまだにはっきりと残っていました。特に、東北よりも山林地主が残っていました。一九六〇年代の終わりでも、それらの家はまだ大金持ちだったんです。それこそ、家の前を通るときに、小作だった人は頭を下げるというぐらいの家格型の村落を調査したので、とてもよくわかります。

松木：長年にわたる調査研究の成果の一端に触れることができて、本当に感動いたしました。本題から少し外れるかもしれませんが、私は最近、家庭料理のことに関心がありまして、お話の中でもすごく印象に残ったのが、漬物とか佃煮を買ってしまうと、その村落の中ですごく話題になるとか、あまり良くない評判が立つというお話です。私の漠然としたイメージとしては、近代化が進むと、主に都市部の中産階級の間で、手の込んだ料理を女性が手作りすることが妻や母親の愛情の証として規範化するみたいなことがこれまで指摘されてきたという印象があります。

ですので、農村部においても、女性がお漬物や佃煮を作らないことが問題になるというのが、たいへん面白いと思いました。それでお伺いしたいのは、こういうことがだいたいいつ頃からいつ頃まであったのかということと、あとなぜ自分で作らないといけないのかという、当時の農村の人々の捉え方について教えていただけましたら非常にありがたいです。

波平：時代的に言いますと、調査地に住んで調査を始めたのが一九六四年からなんです。主な調査地は漁村でした。すぐ近くに農村があったんですが、農村と漁村の生活があまりにも違うので、漁村を相対化するために、農村でも調査をしました。ですから、時代的には一九六四年から二〇〇六年までと思っていただければと思います。

二〇〇六年現在では、冷凍食品は買いますし加工食品も買います。地域内の評価はあまり良くないです。でも動物性タンパク質を含んだ食べ物は遠慮なく買っていいんです。手作りできませんから。ですから、ハンバーグの冷凍とか、とんかつの冷凍とか、鯖の味噌漬けの冷凍とかです。つまり、動物性食品の加工品を買うことは、全然問題ありません。ただし、動物性タンパク質を普通に日常のおかずとして買うようになったのは、どの村落でも一九九〇年代以降なんです。卵は日常的な動物性タンパク質です。でも、肉魚は日常的な動物性タンパク質とは見なさなかったんです。ぜいたく品だからです。先ほど、手作りの漬物と言いましたが、やはり家庭で作った手作りのおかずが良い。それは母親のお袋の味だからとかというのとは、捉え方が全く違います。とにかく現金支出はしたくないんです。

二〇〇九年まで調査したのは山口県内だけなんです。最後の調査が二〇一〇年です。二〇一〇年でも、現金支出は本当に嫌なことだった。食べ物に対して現金支出はしたくない。食べ物に現金支出をするのは嫌だというのは、主婦にずっと残り続けていました。ですから、手作りする時間があれば手作りするんです。でも、おふくろの味を食べさせたいというのは全然意味が違います。家庭料理がいいということは全く考えていません。だから漬物を買うとか、佃煮を買うとかというのは、やむを得ない場合だけなんです。それもわざわざ言い訳をして買う。

保存食を切らすというのは、「主婦の恥」なんです。なぜなら、食べ物に現金を使うことになるから。動物性タンパク質以外、食べ物に現金を使ってはいけない。だから、手作りして保存食を作っておく。年中行事や葬式の精進料理など、共同で作る機会を通して作っている料理は、コミュニティの中で共有されていました。少しでも目新しい物を食べると、「どうやって作ったのか」というように、即座にレシピが共有されます。

また、レシピは驚くほど多様なんです。たとえば、「梅干し」というと、私たちは、「あの梅干しね」と言いますよね。東北地方で、私が日数にすると一番長く住み込み調査をした所では、梅干しはたいてい七種類ほど作っています。味が違う梅干しです。ずらっと瓶が並んでいるんです。しかも年代物の梅干しもあれば、今年作った梅干しもある。だから、年代が違う梅干しプラス、作り方の違う梅干しがあります。漬物小屋を持っている家もあります。温度が変化しない小屋に入ると、棚がずらっと上に五段ぐらいあって、三面の棚にすべて保存食があります。これは山口県の例です。東北は寒いのでそれほどではなく、母屋の中に保存していました。しかもそれはその家独特というよりも、その村独特と言っていいほどです。

それから、料理を調査すると、ついつい行事食を調査してしまうんですが、はっきり言って、行事食は村の人の日常の食事じゃない。なぜなら行事食に使っている食材のほとんどをよそに行って買ってくるからです。たとえば、かまぼことか、魚とか、それから野菜とかも。たとえば、ゴボウとか、自分の所ではできない土地があるんです。それから、ニンジンができない所、山芋ができない所がある。行事食は、その食べ物のバラエティを高めるために、野菜も半分以上はよそから買ってきている。ところが、普段食べるものは全部自分の所で作ったものしか使えません。行事食は場合によっては六割から八割は、野菜であってもよそから買ってきている可能性が高い。行事食には二通りあります。一つは年中行事の食事、もう一つは通過儀礼用の食事で、通過儀礼用の食事もその家独特のものではありません。通過儀礼のときには客がたくさん来ますので、その家は親類や近所の人が料理作りを依頼します。その食事はみんなで情報が共有される。通過儀礼のときは、次から次へとお椀が出るんです。たいていは六、七時間に及びます。みんなそこでレシピも作り方も招待客にも情報が共有されます。では、年中行事食はどうかというと、正月料理は別として、祭礼のときの料理、たとえば、お寺とか、お宮とか、運動会の会場とか、他の家族と一緒に食べます。みんなで見せ合いながら、おかずを交換しながら食べます。そこでもまた料理の情報はすべて共有されます。ですから、家庭料理という言葉自体、私は正確ではないと思うんです。

安：すごく勉強になりました。今、私は中国の大学で働いています。主に出産について研究しております。質問ですが、一九九〇年代以降、農村がすごく変化したことがわかりました。家庭の主婦であっても、パートタイムで働く女性が多くなっている。お金をいっぱい持っていることは、家族の中での地位を上げることになるかもしれない。出産についても、同じようなことが影響すると言えるでしょうか。

波平：ご質問に答えるには、やはり「日本の家制度」との関係が非常に深いと思います。日本の場合、法的には家制度はなくなりました。この家制度というのは、家が持っている財産というものと社会的な地位というものがセットになっています。たとえば、家の財産がなくなり家の収入が減ってきたとしても、社会制度的な意味での家制度がなくなったかというと、そうならないのが不思議なところです。特に農村においては、家屋敷がある限り、家制度は残っていると言っていいぐらいです。家が建っている屋敷です。人がいなくなればなくなるけれども、敷地があって、家屋があって、その中に人が住んでいる限りは、その村落の中での家制度はまだ残っています。残っているとどうなるかというと、必ず後継ぎが必要になります。後継ぎがいなくなると、その家は存続しなくなります。子どもを産まないといけません。しかもその子どもが遠くの大学に行って、遠くに就職したとしても、自分が死ぬまでに帰ってきてもらいたいと強く願っています。

とても大きな努力をしている家族を何家族も知っています。たとえば、自分が七十歳になって、家を新築して、床暖房を入れて、子どもに雪かきさせないでいいように、自動的に雪が落ちるような設備もある家を建てました。台所も素晴らしい。それはなぜか。息子が息子の嫁さんと孫を一緒に連れて帰ってくれるようにということです。もしも息子が嫁さんと孫を連れて帰ってきてくれれば、それは家が存続するということです。ですから、息子が現在は自分たちと一緒に住んでいなくて、たとえば東京に住んでいたとしても、息子が結婚してくれて、孫が生まれると、その都度、お祝いに行ったり、お祝いのお金を送ったり、お嫁さんに非常に気を使ってプレゼントしたりしています。それはなぜかというと、帰ってきてもらって、この家に住んで、この村に住んでもらいたい。そうすれば家は存続するということです。こうした本当に涙ぐましい努力をまだしている人たちがいます。そういう人にとって、子どもを産んでくれる、息子の嫁とか孫の嫁というのは大事な存在です。

曾：先生のお話を大変面白く聞いて、いろいろ考えさせられたというか。私はご縁があって、嫁ぎ先が滋賀の田舎なのです。その田舎はものすごく閉鎖的で、先生が言われたように家を相続するのではなく、姑から、「相続は必ず諦めてください」と、逆に言われています。「諦めてください」という意味は、農作業も雑草刈りもものすごく大変だからです。姑は腰をしょっちゅう痛めています。家を維持することをめぐって、誰が維持したらいいのかという問題も発生しています。滋賀の田舎は本当に先生がお話しされたような感じで、田舎の人たちはお金を使わないし稼ごうという気がない。ニンニクとか唐辛子ばっかり植えてあって、若い人たちから新しい提案があっても、結局、「猿とか、猪とか、野生動物が来るから、そういうのはダメ」という規定がいろいろあります。今後はどうしたらいいのかなと思っています。

もう一つの感想は、どんどん消えていく村、本当に貧困になっていく村と、最近よく注目されている、いわゆる移住者を大歓迎しているポジティブな村があることです。今、社会学や人類学の若い研究者が村に調査をしに行くことが多くて、住民から村の存続や環境問題、住民の健康状況、移住者の状況について話を聞きます。でも、住民たちの求めるものや改善したい内容が行政が提供したい内容と違うということを、調査に参加するたびに思います。そこに住んでいらっしゃるおじいちゃん、おばあちゃんたちと、どういう助け合いというか活動をしたらいいか、考えることがものすごく大事だなと思っています。ありがとうございます。

波平：今、消えていく村があるということと、活性化していく村にはやはりその環境が大きく影響しているということをおっしゃっていまして、とても大事なご指摘だと思います。一つの事例をお話ししたいと思います。豪雪地帯で、一九八〇年に調査に初めて行ったとき、本当にこの山奥に人が住んでいるのだろうかと。途中がすでにものすごい山奥で、「私、勘違いして別の方向に行っているのではないか」と思うぐらいの山奥だったんです。ところが、現在、最初に訪れたときと同じだけの戸数がまだ残っていて、子どもたちの数も増えています。一時期は高齢化が進んでいたのですが、融雪道路ができて、片道一時間かけて働きに行くことができるようになったんです。村ごと家を移転して、近代的な家が立っています。これはダムで埋没してしまうということで、国と県と電力会社がお金を出したんですが、そこは人口が増えているんです。いろんな偶然が重なって、非常に住みやすい状態に今なっている。しかも収入も確保できるということになれば、どんな山の奥でも消滅することはないんです。その山奥に行く途中の村が消滅してしまっているということがあります。つまり、自然環境と社会環境と経済環境、その三つが非常にうまくかみ合った所では消滅してもおかしくないような所でも消滅しない。

もう一つは、今の時代に日本各地に限界集落がたくさんあることです。しかも年々増えています。これを何とか消滅しないようにと、現在、その土地にいる人たちも、行政も、個人も頑張っていますが、少し時代をさかのぼってみたいと思います。室町時代に農民人口は増えています。なぜ農民人口が増えたかというと、当時、日本の農業に大技術改革が起きたからです。たとえば、水を引き入れる足踏み水車などです。農機具、農業のやり方、水田耕作のやり方が室町時代に大変革を起こしたんです。農業生産物が増えますので、農民は一日二食だったのが三食になります。当然のことながら人口が増えています。人口が増えた結果、それまで住んでいた村では、もはや自分の食い扶持がなくなって、人口過剰になりますから、生きていくには環境が悪い山奥だとか、水利状態が悪い所に出かけていって、そこを開拓して、そこに居着いていたのです。

多くのムラの伝承は江戸時代からになっています。江戸時代の頃から記録があるし、墓石から年号を見て取ることができますが、おそらくそれ以前から入っているんです。記録が江戸時代なのは幕藩体制のもとでそれぞれの藩が人口把握を始めたからです。一六〇〇年代、もう少しあとになると、非常に綿密に人口把握をしましたし、徳川吉宗の頃になりますと、どんな山奥までも自分の藩領にしてしまって、藩の戸籍はありませんが、村の戸籍を作ったんです。実は、それ以前にその人たちは村に入り込んでいます。あとになってそこに住み着いた人たちというのは、もともと生きていくための環境が悪い所に住んでいるんです。もともと生きていくには不都合な場所なんです。ですから、限界集落は情緒的に捉えてはならないと思います。

限界集落でも、環境も整った所は頑張ってやってくださいと。でも、コストとベネフィットで考えたうえで、ベネフイットがないならば、国を挙げて限界集落にしないための投資をするのはやめてくださいと言いたいです。室町時代は、やむを得ずみんな頑張って、耕作するのに大変な努力をしなければならなかった。そういう所への投資はやめましょう。

堀口：今の主婦権と以前の主婦権というのは、どのように違っていますか。

波平：かつて農家の主婦権というのは、大変多くのものに及んでいました。たとえば、家族が朝起きるのは何時とかです。寝るのは何時とか、食事はいついつとか、どのぐらいの量をみんなが食べるのかという量を決めることもできます。つまり、「あなたは今日はもうこれだけでいいよね」とか、「あなたはたくさん食べていいよね」とかです。朝起きて寝るまで、とにかく家族の生活をコントロールする力は本当に大きかったんです。それは、一九六〇年代、地域によっては、主婦が持っている主婦権が、場合により夫にまで及んで、生活全体をコントロールするくらいの力を持っていました。地域によりますが、私が調査した所でも、一九八〇年代ぐらいでもまだまだ見て取れました。そうでなければ、七～八人の家族での生活をスムーズに営めませんでした。

けれども、今は、主婦権という概念はないと言っていいと思います。なぜならば、主婦権というのは、家族が全体で労働して、家族の働きが全体の家族のものであったからです。ところが、「これは私の収入だ」と言うようになったことや、ただ一緒に住んでいるというだけで、その家計も実はあまりコントロールされなくなって、「一緒に住んでいるから電気代を半分出してね」とか、「食費は全部家族の稼ぎで按分するよ」とかです。そういうようになっている家もありますので、主婦権という概念は成立しないと思います。

閻：家制度があったときの「稼ぎ」と「へそくり」、「小遣い」の概念もとても明確で、勉強になりました。たとえば、家制度における制度上の定義と、実際に先生が講演の中で挙げられた例の中には、嫁に行ったばかりのとき、まだ主婦権を握ってない新しい嫁の場合、生理用品を買うために実家に戻って、実家の母親からお金を工面してもらうようなとき、そういうお金は、「稼ぎ」でも、「へそくり」でも、「小遣い」でもなく、何と言うのでしょうか。これが一つ目の質問です。もう一つ、民俗学でよく「ホリタ」とか、「ホッタ」とか、要するに女性が私有財産を持っているかどうかという概念につながっていくのですが、今日、先生の講演を聞いて、家制度の中で、家財はあっても、私財という議論は全くなかったので、私財に関する先生のお考えを伺えればと思います。

波平：「わたくしの財産」ですね。私財ということで言えば、日本の場合には、伊豆諸島の一部などごくわずかを除くと、娘に持参金をつけて嫁入りさせるという制度がないんです。けれども、「わたくしの財産」がないかと言うと、これは嫁入り道具と言われるものになります。タンスいっぱいの着物を作って、結婚式のときに嫁入り道具として持たせる。一九七〇年代でもありました。嫁入り道具の披露をして、着物を見せるんです。

この着物は、嫁の私財です。ですから、どうしても自分にお金が要る場合、たとえば、病気になって入院しないといけないのに、家にお金がないといった場合です。自分が嫁入りしてきた着物でも、それも家の財産になります。でも、処分する権利を持っていますので、「嫁入り道具の着物を売ります」と、家族に了承を得て売ったお金で入院する例がありました。そういう意味では私財です。けれども、私財ではないんです。あくまでも家族の財産です。処分権はあったんです。だから、「わたくしの財産」である私財という意味の財産ではないんですが、処分する権利を持っていましたから、処分権を持っていたと言えます。

闇：若い農家女性とか嫁に行っている女性は、そういった隠し財産を一切持っていないと理解したほうがいいのでしょうか。

波平：私はそう理解したほうがいいと思います。ただし、実家に行ってお金をもらったり、そこでごちそうを食べたり、あるいは、たとえば、帰りに母親が、「あんた痩せたね。向こうの家でおいしいものを食べさせてもらってないのではないの。私がごちそうしよう」という例がありました。たとえば、このようなこともあったのです。嫁に行った娘が帰ってきました。とても元気なんですが、痩せている。そうすると、娘の母親が嫁入り先に電話をして、「昨日から熱を出して寝込んでしまったから、申し訳ないけど、ちょっと一週間ほどここで療養させます。医者にも見せます」と言って、こっそり温泉に連れていき、ごちそうを食べさせるということもあったんです。そうすると、そこで娘に使った費用、つまり、嫁が使った費用は何なのか。それは嫁入り先の費用ではありません。これはあくまでも自分の母親が使ったお金です。何万円もお金を使うわけです。では、それは隠し財産なのかと言うと、実は娘の実家の財産なんです。だから、いろいろな形を使いながら、娘の実家は娘に対してお金を使う。これはとても不思議で分類できないんです。

闇：わかりました。ありがとうございます。とても興味深かったです。実際、生理用品を買うときのお金は、実家の母さんからもらったお金なので、そういうのは、今までの分類の中で、特にネーミングされてはいないと理解していいのですね。

波平：娘の母親は自分の「へそくり」から娘にごちそうを食べさせたり、あるいは生理用品を買うお金を渡したりする。そういう意味では、お金を使うのは自分の娘に対してですが、そのお金は母親の「へそくり」からです。

闇：そうなると、民俗学で言う「ホリタ」の……。実際、家制度の中でも、嫁が「自分の畑＝ホリタ」というのを耕せば自分の収入になると。書物などを読んで、そういう知識を見たことがあるのですが、それはホリタで得た収入と似たような性質のものでしょうか。

波平：はい、その稼ぎはそうなります。

江口：簡単に感想だけ紹介させていただきたいと思います。非常に興味深いご講演をいただきありがとうございました。私は、特に、先ほどの持参金のお話が非常に面白く感じられました。すなわち、制度的な側面ではなく、むしろ非制度的に実家から送られてくる持参金が家族における女性の地位を向上させるというご指摘です。さらにその持参金の使い道を見ると、特に子どもに対して使われるという点も興味深かったです。これは、後継ぎの問題と深く関わっているということが示唆されます。さらに言うならば、日本の農村社会の家族における女性の地位の向上は、持参金に見られる金銭の要因、あるいは、後継ぎや子孫を残すコストに対する貢献、子どもの成長を介した家族の組織の継承、そういう価値観に基づいて非制度的に担保されているという感想を持ちました。他方、子どもがいなかったら、その女性の家族における地位は果たして守られるのかという疑問も生まれた次第です。

波平：女性が子どもを産めなかったという場合、必ず養子を取るんです。子を産まないという理由で離婚される場合もありますが、それはあんまりない。家格型の農村で、全戸への聞き取りをして、非常に綿密な戸籍に近いものを作ったことあるんです。子どもが生まれないから離婚されたという例は一件も見なかったです。それは三、四世代までさかのぼった聞き取りですから、多数の婚姻のケースがありました。五百とか、もう少し多い数のケースの中で、子どもが産まれないために離縁された例というのは、一例も見ていません。結婚後、数年経っても子が生まれなかったら、養子を取ります。夫方の親族から養子をもらうこともありますが、妻方、つまり、子どもを産まなかった人、女性の側の親族から養子を取ることも多くあり、そこが中国と大きく違いますし、沖縄とも違うのです。絶対に男系・父系でないといけないということではない。そして、そのもらった子ども（養子）を、後継ぎにふさわしい形に育て上げれば、その女性の家族の中での地位は揺らぎません。もちろん主婦権ももらえます。そういう意味で、小説だとか物語の世界と現実に起きたであろうその出来事が、ごっちゃになるのを非常に私たちは用心しておかないといけないと思います。

南：私は、九〇年代の後半に前の職場で農村女性の起業活動を調査したり、支援するということをやっておりまして、食にまつわる加工品ですとか、農家レストランとかです。そういう農村女性の活動を見ていく中で、やはり普及員さんとか専門技術員さんとかの力がとても大きかった。今日、先生のお話を伺いまして、結局、家庭料理ではなく、コミュニティで共有された料理であるという、そういう社会的な基盤も、やはり女性活動を促進していくのには大きかったのだという気づきがあって、上からの指導だけではなく、そうしたことが、興味深く、勉強になりました。

波平：普及員の話ですが、これは忘れられているんですけど、すごく大事です。山口県の調査をしたときに、岩国市に米軍の基地があったんです。そういうこともあって、GHQ主導で日本の農村の調査をして、あまりにも非民主だというので、GHQ主導で指導員を養成した事例があるんです。アメリカに三か月間、指導員を留学させたこともありました。その人たちが帰国後、めざましい活動をしているんです。細かいデータは、日文研（国際日本文化研究センター）の安井真奈美先生が非常にいい調査をしておられますので、機会がありましたら接触してみてください。

李：先生は、稼ぎとか、嫁入り道具とか、説明されたと思うのですが、日本の場合、結納金の相場や歴史的変化はありますか。夫側の家族にとって、大きな負担になるのでしょうか。なぜそういう質問をするのかというと、現代中国において、妻側の家族が結納金をもらう地域があるからです。今、中国当局はそれを問題視しています。高い結納金をもらう地域は確かに存在するのですが、それは全国的な問題ではないと思います。日本の農村では、結納金をもらう習慣とか、風習とかあるのでしょうか。

波平：答えは「ノー」です。結納金はないのですが、結納のための儀礼（式）はするんです。結納のそれはほとんど品物であるだけでなく、高価な品物というよりも非常に儀式的なんです。ただし、かつて大変お金のある者、身分の高い人が、身分が低く、非常に貧しい人に対して、高額な結納金を渡すことはありました。つまり、結納する場合には、多額のお金を相手の家に渡して、自分の豊かで地位の高い家の嫁になるだけの支度をしてくださいという、いわゆる「支度金」は渡していました。でもこれは支度金であり、結納金ではありません。ですから、嫁を自分の家にもらうために、お金を渡すということは通常はありません。結納というのは、あくまでも儀式的なものだからです。たとえば、仮に、百万円の結納金もらったとします。けれども、お金で返すのは失礼なので、たとえば、非常に高価な時計とか、車とか、あるいは、昔であればゴルフ会員権とか、もらった金額と同額の品物を結納返しとして、返していたのです。これは二〇〇〇年ぐらいまでのことで、結納返しとして、結納でもらったものは金額的にそのままお返しをする。嫁入り先から嫁に出す側が何か経済的な援助をもらうというのは、あり得ないことだったんです。だから私は「ない」と断言してもいいと思います。

――二〇二一年九月十七日、Zoomにより収録――

第四回

岐阜既製服産地における縫製業の盛衰と家族

前田尚子

はじめに

今日は、報告の機会をいただき、深く感謝申し上げます。私の専門は家族社会学です。二十年ほど、岐阜市の短大教員をしておりまして、そこで、家族とか働くことについて学生と話をしているうちに、この地域の家族のあり方には、家族社会学の通説が当てはまらないことに気づき、これをどう理解したらよいのかとずっと考えてきました。まだわからないことが多いのですが、一つの区切りとして博士論文にまとめたものが、今日の報告のベースにあります。タイトルは、「岐阜既製服産地における縫製業の盛衰と家族」です。私の問題関心は家族と労働の地域性にあります。現在の日本でも家族と労働のあり方は地域によってかなりの違いがあるんです。それを産業変動から読み解いてみたいということです。

家族と労働の地域性

二〇〇七年の就業構造基本調査の都道府県データから、家族と労働に関する変数として、男女それぞれの就業者に占める製造業就業者の割合、男性有業者に占める年間所得六百万円以上者の割合、三世代同居率、三つの年齢層の女性有業率（M字の谷の時期の三十代前半、M字の右肩の時期の四十代後半、六十代前半）の七つを選んでクラスター分析し、その結果を地図に落とすと、**図４－１**のような地域性が表れます。それぞれのクラスターの特徴を見たものが**表４－１**です。四十七都道府県平均値を上回るセルには網掛けがしてあります。参考までに、岐阜県のデータも挙げています。これを見ますと、東京と大阪の「二大都市圏」では、三世代同居率が低く、どの年齢層においても女性の有業率が低いことから、性別分業型の核家族が多く見られる地域と言えます。いわゆる都市型です。これと全く逆の傾向を見せているのが、「東北・日本海」です。三世代同居率は高く、どの年齢層の女性有業率も高いことから、多就労型の直系家族、地方型といわれる家族が多数居住する地域と言えます。

岐阜県も含めた「中央クラスター」は、そのどちらにも当てはまらないんです。製造業従事者が多く、経済力のある男性の割合が高く、三世代同居率が比較的高い。女性の就業率を見ると、三十代前半の有業率は四十七都道府県平均値を下回っていますが、その後、四十代後半に平均値を越え、六十代前半には六クラスター中、最高値を示します。すなわち三世代同居率が比較的高いにもかかわらず、女性の年齢

表 4-1　各クラスターの平均値（%）

出所：前田（2018、表1-8）

番号	クラスター名	女性製造業就業率	男性製造業就業率	男性年間所得600万円以上者率	3世代同居世帯率	女性30～34歳有業率	女性45～49歳有業率	女性60～64歳有業率
1	東北・日本海	17.8	21.3	15.8	*19.7*	*74.7*	*83.3*	46.2
2	2大都市圏	11.6	19.8	*28.7*	6.4	59.3	69.8	40.0
3	中央	*18.6*	*29.4*	21.5	13.4	64.3	78.4	*47.6*
4	瀬戸内	11.5	18.6	19.4	8.5	63.0	75.7	42.7
5	西南・北東北	11.2	14.1	15.4	10.1	69.2	77.6	46.9
6	北海道・沖縄	6.4	7.7	15.2	4.4	65.3	69.9	35.5
47都道府県平均		14.2	20.7	19.7	11.8	66.3	77.1	44.5
岐阜		20.3	29.3	20.4	16.7	60.8	80.7	49.0

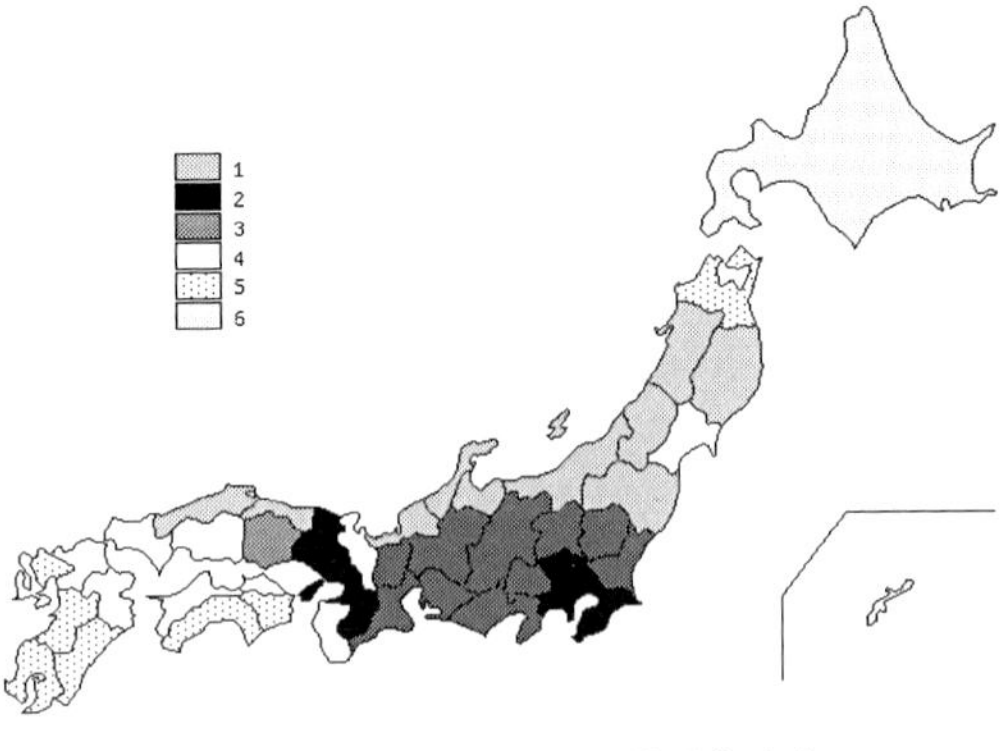

図 4-1　各クラスターの地理的分布

（凡例番号は表4-1参照）　出所：前田（2018、図1-10）

別有業率は深いM字を描くわけです。こうした地域特性は、なぜ、いかにして形成されたのを、地域の産業変動と関連づけて考えていきたいと思います。

「中央クラスター」に含まれるのは、女性による家内労働が盛んだった地域です。実は、高度成長期の日本では、女性の家内工業者化が進んでいます。各年の国勢調査から全就業者数に占める各産業の就業者数を見ると（図４－２）、一九五五年から一九七〇年代にかけて、男性では製造業で働く人が増えています。就

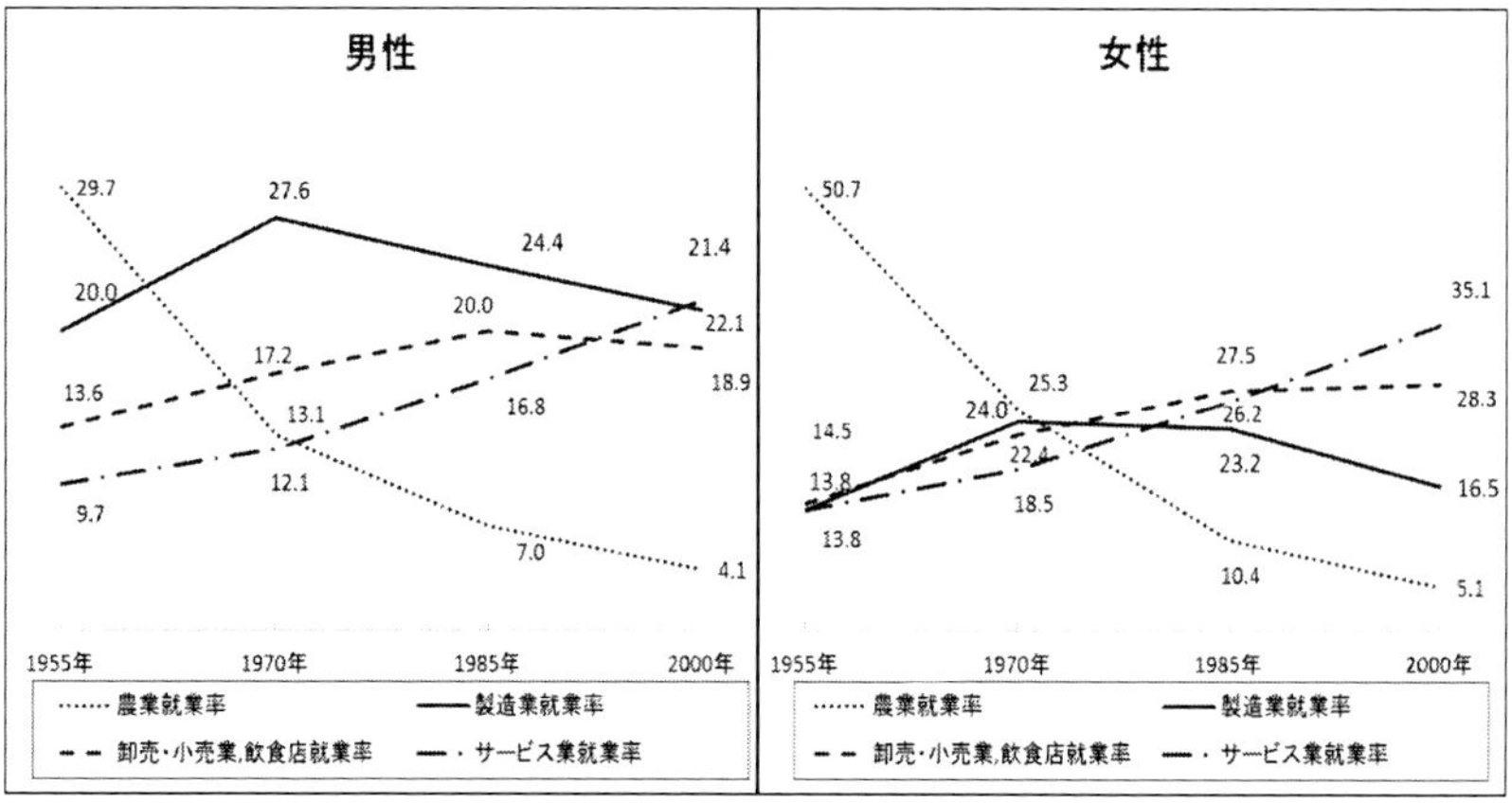

図 4-2　各産業の就業率の推移（%）

出所：前田（2018、図1-1）

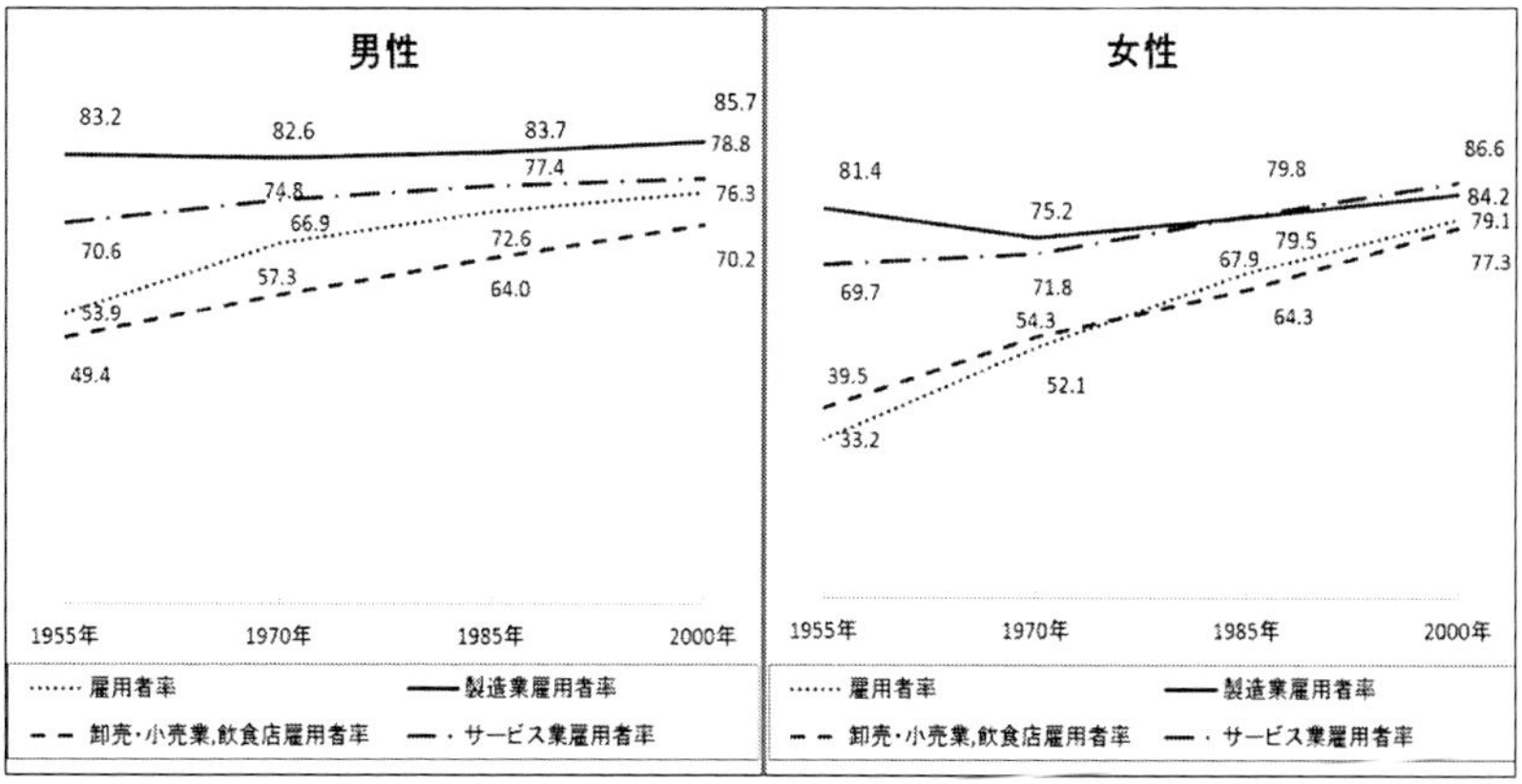

図 4-3　就業率に占める雇用者率の推移（%）

出所：前田（2018、図1-2）

業構造が工業化しているわけです。女性も同様です。今度は就業者に占める雇用者率の推移を産業別で見てみると（図４‐３）、製造業の場合、男性は一九五五年から二〇〇〇年まで、ずっと八割くらいが雇用労働者として働いていますが、女性の場合は、一九七〇年にいったん下がるんですね。高度経済成長期に、製造業では家内労働として働く人が増えたんです。では、それはどういう地域だったかというと、中央日本です。一九五五年と一九七〇年の二時点を取って、女性の製造業就業率を横軸、女性の製造業雇用者率を縦軸として、散布図を描くと、一九五五年には、右肩上がりだった

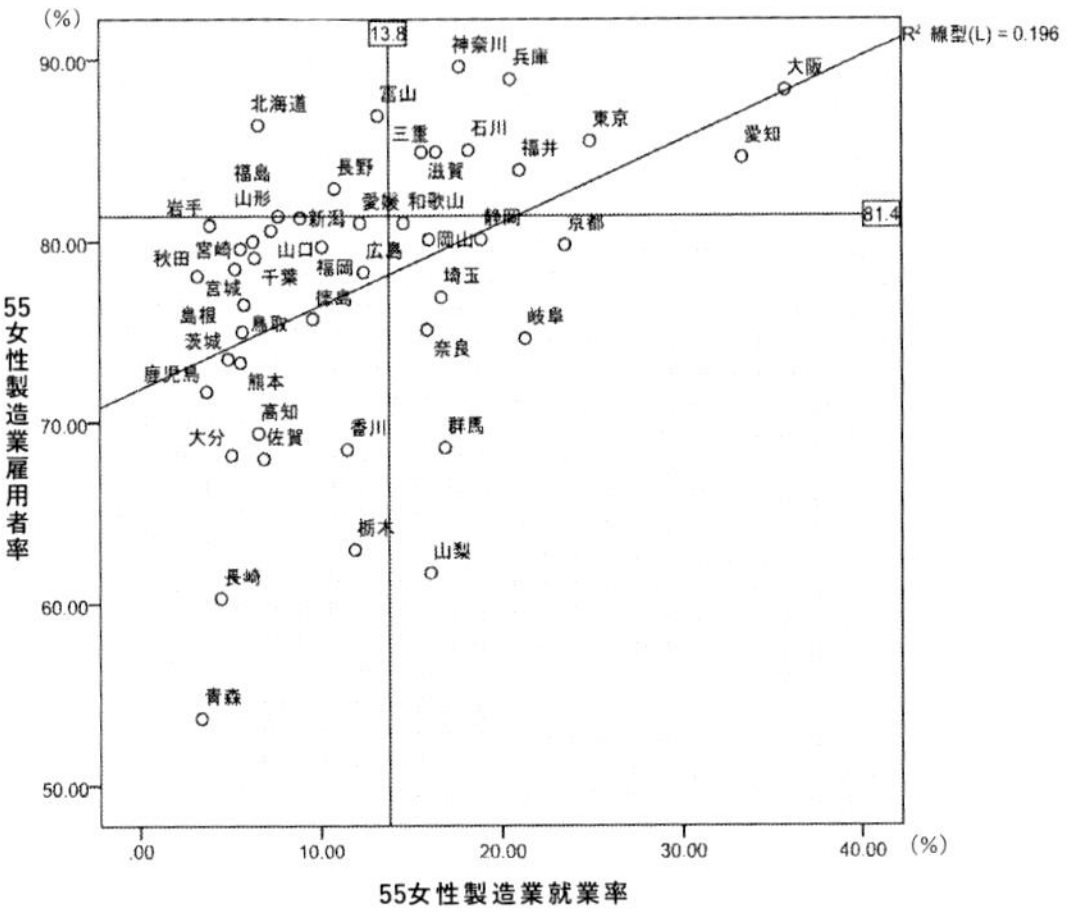

図 4-4　女性製造業就業率と女性製造業雇用者率の散布図（1955 年）
出所：前田（2018、図1-5）

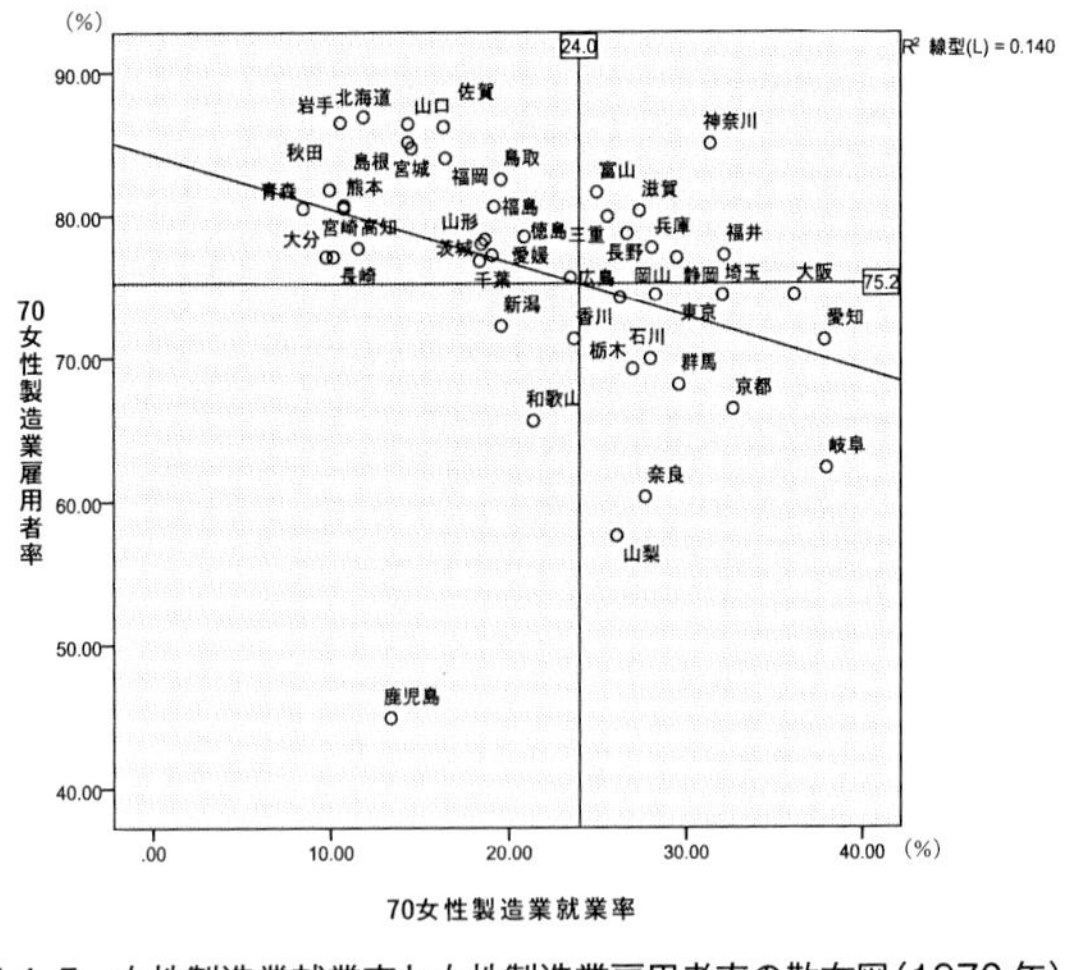

図 4-5　女性製造業就業率と女性製造業雇用者率の散布図（1970 年）
出所：前田（2018、図1-6）

のが（図４－４）、一九七〇年には逆転して、右肩下がりになっています（図４－５）。すなわち、製造業で働く女性の多い地域ほど、雇用労働ではなく、家内労働として働いている女性が多かった。図からわかるように、その筆頭として挙げられるのは岐阜です。そのほか、山梨、群馬、栃木といった中央日本の内陸部が含まれます。このように、中央日本は高度経済成長期に女性の家内労働者化が進んだ地域で、中でも岐阜県はそうした特徴が際立っていた地域です。

　岐阜県において女性の家内労働者が進んだ背景には、岐阜市と周辺地域が婦人子供用の既製服産地として、東京、大阪に並ぶまでに発展をして、その生産工程において、女性の家内労働力を徹底的に活用してきたということがあります。そこで、岐阜産地を事例として、地域の産業変動と家族の関係を見ていきます。これは一九七五年の国鉄岐阜駅前の問屋町の地図です（図４－６）。小さな製造問屋がびっしり千四百軒、これが二〇〇〇年には四百軒になり、空き家率は五〇％を超えます。その理由は明らかで

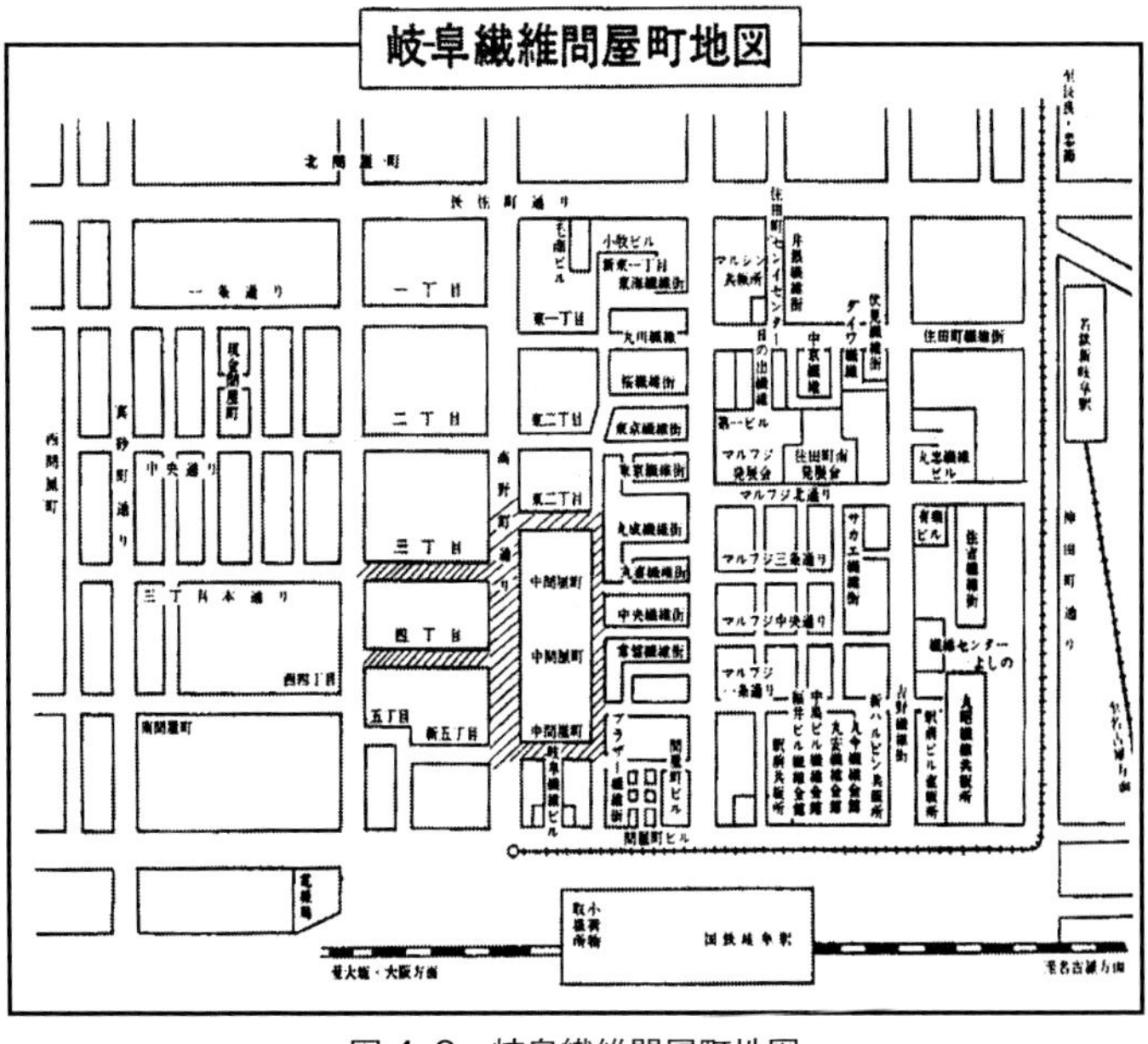

図 4-6　岐阜繊維問屋町地図

出所：『岐阜市既製服産業の実態調査』（岐阜市中小企業経営問題研究会編、1975、P.4）

す。一九九〇年代前半に、生産工程が海外に移転してしまったのです。こうした大きな産業変動と家族の関係をこれから見ていきます。

日本における既製服産業の展開

今日の報告の構成ですが、最初に、日本における既製服産業の展開と岐阜産地の変遷を簡単に見ておきたいと思います。そのうえで、岐阜産地における縫製業の盛衰と家族の関係を、二世代の女性、娘世代と母親世代の女性のライフヒストリーを軸として、家族戦略論という視点から見ていきます。そして、三世代同居率は比較的高いにもかかわらず、女性の有業率は深いM字型という地域特性を、ここに暮らす人々が、地域の産業変動に応じて積み重ねてきた戦略的対応の帰結として説明します。最後が「むすび」です。

最初に、日本における既製服産業の展開です。日本で既製服産業が本格的に始まったのは戦後のことです。戦前の既製服といえば、学生服とか軍服、あとは下着ぐらいでした。都市部では男性の洋装が広まっていましたが、それは注文服だったし、女性の場合は和服で、その多くは家で縫っていたからです。戦後まもなくから、女性も洋装化が進んでいきます。高度成長期になると、婦人用の既成服が急速に発展していきます。それは所得水準の向上を追い風として、着ることが生活の手段というよりもファッションという自己表現の手段となって、お金をどんどんそこに注ぎ込むようになったからです。

既製服産業の抱える構造的問題としては、労働力不足が挙げられます。既製服産業にも、さまざまなプロセスがありますが、その主軸を成すのはミシンで縫っていく縫製工程です。縫製業の特徴は、ミシン一台からできる手軽さと、労働集約性の高さです。中でも婦人服は、季節的変動のみならず、流行による変動も多いので、どうしても多品種少量生産、労働集約的になってしまいます。高級品ならばともかく、大衆的な衣料品製造の現場では、低賃金労働力の確保に頭を悩ませることになります。

岐阜産地の変遷

岐阜産地は、スーパーマーケットの衣料品部門向けの婦人服・子供服の産地として成長していきます。大衆向けの製品だったので低賃金労働力の確保が常に至上命題化しており、それが全国に先駆けた海外移転へとつながっていきます。以下では、産地の歴史を、形成期と興隆期と縮小期の三つの時期に分けて見ていきます。

まず、形成期です。これは戦後直後から一九六〇年代中頃までです。岐阜産地のルーツは、戦後直後の国鉄岐阜駅前の闇市の古着商にあります。それが、**図４－６**のような、大規模な問屋町を形成するまでに発展していくわけなんです。その強みというのは、早さと安さにありました。その安さは、生産工程を徹底的に分業化して、女性の家内労力を活用していくというところにありました。

生産構造の特徴を見ていきたいと思います。これ

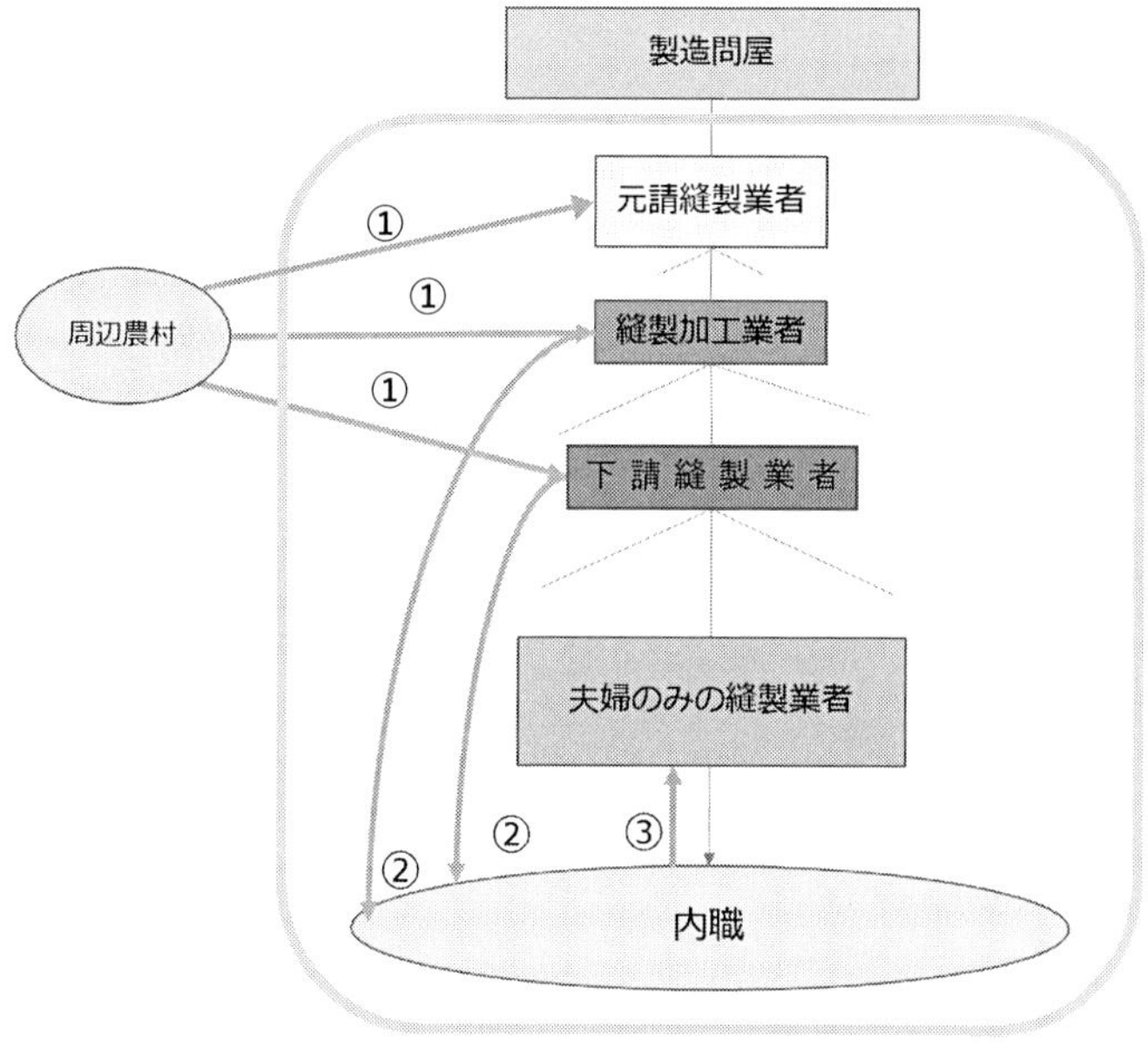

図 4-7　形成期（戦後直後～ 1960 年代前半頃）の生産構造
出所：岩坂（2007、図3）を参考に報告者が作成

は形成期の生産構造です（図4‐7）。産地は、卸売業と製造業の二つの業種から成り立っています。まず、製造問屋、略して問屋と言ったりしますけど、製品の企画、委託生産、卸売りを行う卸売業です。その下にある元請縫製業者は、委託を受けて裁断・縫製・プレスを行う縫製加工業で、こちらは製造業です。まず、製造問屋が商品を企画して、生産を元請縫製業者に委託します。元請縫製業者が縫製加工過程を細分化して、複数の縫製加工業者に委託して、さらに下へ下へと委託していくのですが、その中には夫婦のみの縫製自営業があります。岐阜産地で聞き取り調査をされた岩坂和幸先生の論文を見ると、「洋間の父ちゃん、母ちゃん」と呼ばれていたそうです。旦那さんのほうが脱サラして、六畳の洋間にミシンを一台入れて始めるケースが多かったからです。ここからさらに内職者へと委託されていきます。内職者もスキルによってさまざまで、たとえば、一人でスーツとかワンピースを丸ごと縫ってしまうのを「丸縫い」と言うんですが、これができる人はかなり良い工賃を得ていまして、もう内職というよりも職人という感じです。そのほかに、袖ばかりとか、身頃ばかりを縫う「部分縫い」もあります。それら以外に、ミシンを使わない作業、たとえば、糸を取るだとか、ボタンを付けるという「マトメ」と呼ばれる作業もありました。

こうして形成された岐阜産地の生産構造は、非常に複雑で、重層的です。面白いことに、製造問屋は自分が発注した製品の実際の加工の担い手を全面的には知り得ないような状況であったそうです。そして、流動的でもありました。問屋と縫製業者との下請け関係は、専属的なものではないんです。固定的、専属的な系列関係ではなくて、縫製業者は複数の問屋と取引し、取引相手の変更がしばしばなされるという、非常に流動的な構造でした。

次に、労働力をどのように調達していたのかを見ていきます。縫製工場で働く人々は、大多数が若い女性です。周辺農村から中学卒業後、岐阜市に出てきて、住み込みで働いています（図4‐7矢印①）。彼女たちは、しばらく働いてスキルを身につけると、結婚退職をするんですが、その後も同じ仕事を内職という形で続けて産地を支えていきます（同②）。それにとどまらず、妻の内職の工賃に惹かれて、夫が脱サラをして縫製業を始めるケースもありました（同③）。先述の「洋間の父ちゃん、母ちゃん」ですね。岐阜産地の関係者に対する聞き書き集『岐阜アパレル産地の形成――証言集・孵卵器としてのハルピン街』という本によると、「お父さん、そんな安い給料で働いているんだったら、私の仕事手伝ってよ」という形で始まったそうです。このように、岐阜産地は家内労働力に大きく依存していたんですけれども、実はこうしたやり方は、この地域に根付いた在来的な小商品生産のあり方を受け継ぐものでした。岐阜市はもともと提灯や和傘の産地で、その周辺の農村部、とりわけ岐阜県南西部の西濃地方は有力な織物産地でしたが、いずれも問屋制家内工業形態だったんです。実証研究の蓄積のある織物業を見ますと、幕末から戦前にかけて、未婚女性は機屋奉公を通じて技能を習得し、結婚後は織機を家に入れて、農家副業として賃織に従事するのが通例だったと言われています。要は、このやり方を縫製業も踏襲していたわけです。

そうした事例を一つ紹介します。のちほど詳しく述べる、縫製自営業のＭ２さんの事例です。この方のお母さんは、若い頃に毛織物工場で技能を習得して、出産後は自宅に小機を三台入れて、ウール着尺、ウールの和服用の生地ですけど、それを織っていたんです。でも、Ｍ２さんが大きくなって高校を卒業する頃には、ウール着尺はもうダメになってたんですね。もう洋装の時代になっていたので、周りの人はみんなウール着尺をやめて、縫製の仕事をしていた。ですから、娘にも高校が終わったら、縫製の会社に勤めなさいと勧めるわけです。Ｍ２さんは、あまり気乗りはしなかったけれど、親はそう言うし、近所の人も結構、縫製で儲けていたので、縫製会社で働くことにして、結婚と同時に夫婦で縫製自営業を始めます。その作業場は、お母さんの織物作業場でした。小機が三台置いてあって、油が落ちるので、土間になっていたんですが、そこを板張りにして、ミシンを入れたんです。品目は、ウール着尺から既製服に変わったけれども、同じやり方をしていた事例です。

一九六〇年代後半になると、産地は興隆期を迎え、それは一九八〇年後半まで続きます。一九七五年には、婦人子供用既製服の出荷額は日本一になります。それを支えたのはやはり重層的かつ流動的な生産構造です（図４－８）。それまでと違うのは、裁断や芯貼りなど特殊工程の機械化が進んだことです。これらの工程は、分離独立して、専門工場化したのですが、それもまた、小規模の家族経営でした。たとえば、裁断機を一台だけ家に入れて、夫婦で働くという感じです。縫製工程は相変わらず重層的な下請け構造です。これらの小規模で多彩な業者を製品ごとに臨機応変に組み合わせることによって、多様な需要に応えることができたのが、岐阜産地の強みです。たとえば、「今度、こういう生地でこういうワンピースを作ります。では、こういう組み合わせでいきましょう」とか、「次は細かいプリーツが入ったスカートです。プリーツが得意な○○さんにお願いしましょう」とか、そういったフットワークの軽さが、産地の強み

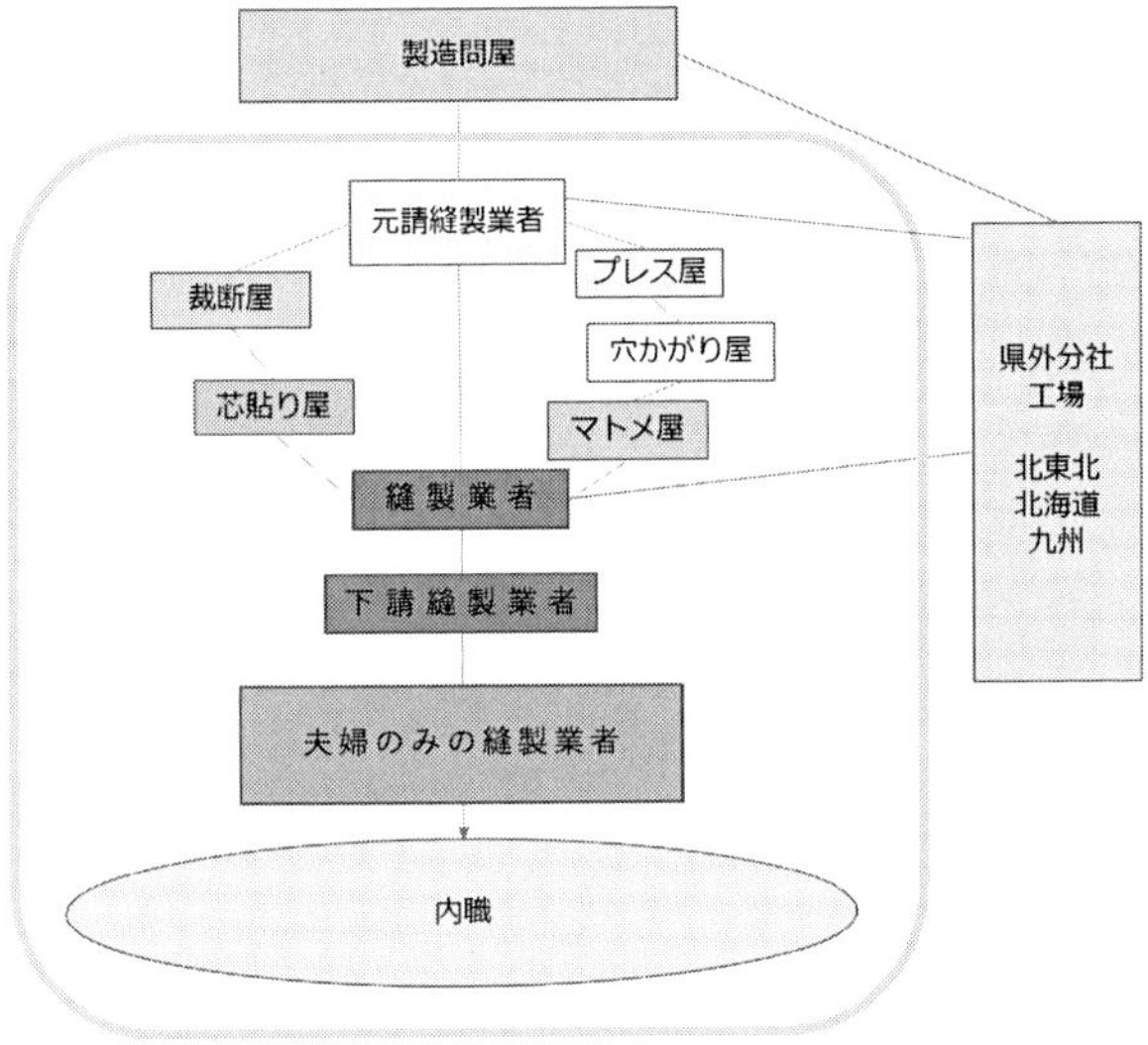

図 4-8　隆盛期（1960 年代後半～ 1980 年後半）の生産構造
出所：岩坂（2007、図3）を参考に報告者が作成

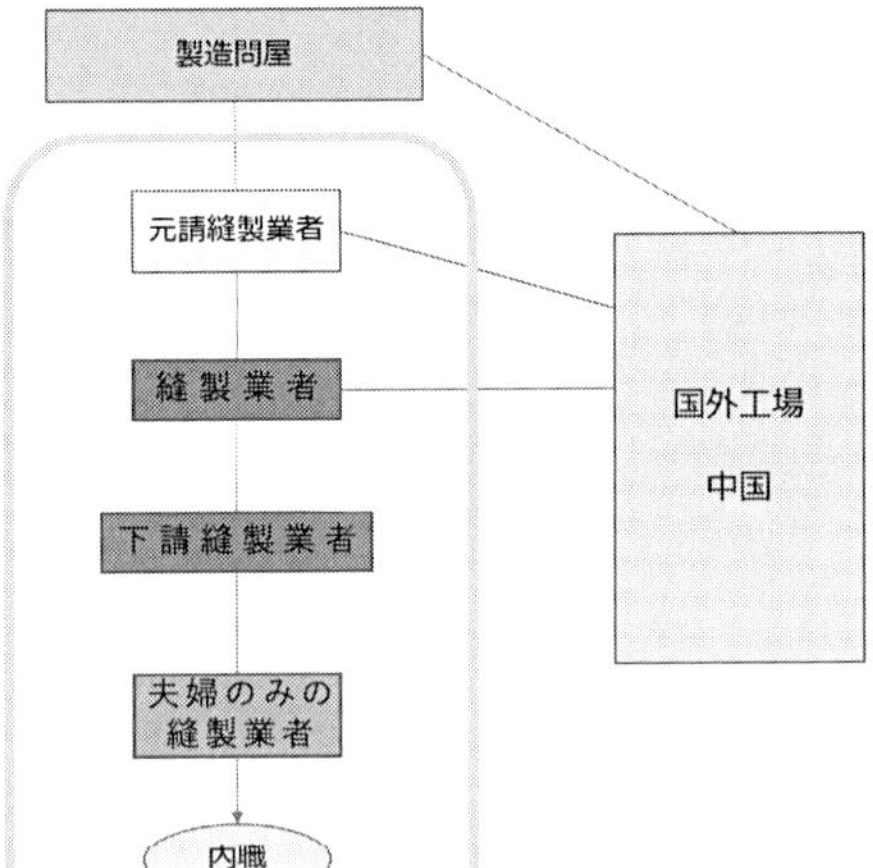

図 4-9　縮小期（1990 年代以降）の生産構造
出所：岩坂（2007、図3）を参考に報告者が作成

だったんです。中でも、安くて融通が利く労働力として産地の発展を下から支えてきたのは膨大な内職層です。一九七二年には、岐阜県は「内職の全国一多い県」（岐阜県内職公共職業補導所『内職だより』百二十二号、一九七二年六月一日発行）と言われるようになります。それでもやっぱり需要に追いつかなくて、大手の縫製業者では、県外に分社工場をつくるという動きもありましたが、これらの地域もすぐに賃金水準が上昇したので、頭打ちになります。そこで、一九八〇年代の終わり頃から、海外へと生産工程を移していくのです。縮小期の始まりです（図４－９）。そして一九九二年になると一気に国外に工場をつくっていく。移転先は主に中国でしたが、最近では、中国の賃金水準の上昇とともに、海外工場を縮小する動きとか、チャイナプラスワンということで、ほかへと移転していくという動きもあります。ごく簡単ですけれども、これが岐阜産地の変遷です。

家族戦略という視点

このように岐阜産地は、短期間に急成長して急速に縮小するという、激しい変動を経験したわけです。ここで暮らす人々は、こうした産業変動をどのように受け止めたのかを、家族戦略論の視点から、データを見ながらお伝えしていきたいと思います。

家族戦略論とは、田渕六郎先生によれば、家族の行動は、構造的な諸条件のもとで家族の経済的・象徴的な利得を高めることを志向した能動的な実践であるということを強調する視点です。いわば家族の持つ適応力とか、能動的な対応力に注目するものです。家族戦略というのは、家族を単位として行う適応的行動ですが、それとは別のものとして、個人の家族戦略についても述べていきます。これは、個人戦略と言ったりしますが、個人を単位として、個人が親族関係という関係的資源を活用して、生活基盤を形成・維持するために行う適応的行動です。以下では、個人を主体とする戦略が、いかにして家族の戦略として作用するのか、産業変動と関連づけて見ていきます。

ここで用いるデータは、「A：育児期女性に対する調査」、「B：その母親世代に対する調査」、の二つです。Aの育児期女性に対する調査、以下では娘世代調査と呼ぶこともありますが、これは二つあって、一つは、岐阜市在住の育児期女性千五百人を対象としたランダムサンプリングの質問紙調査です。これを用いて就業と同居の関係を計量的に分析します。もう一つは、同居して育児に専念する女性、これを同居育児専業女性と呼びますが、こうした女性十七人に対するインタビュー調査です。彼女たちのインタビュー調査から、本人とその母親世代の働き方が縫製業の盛衰とどのように関わっていたかを見ていきます。これらについてはすでに本にまとめておりますので、今回はその要点のみをお話ししたいと思います。それに加えて、二〇二〇年から、Bの母親世代調査を始めています。これは育児期女性の母親世代にあたる年齢の縫製業経験のある女性に対するインタビュー調査です。育児期女性調査では娘から見てお母さんはどう働いていたかを聞いていますが、こちらはズバリ、お母さんたちは実際にどう働いていたかを本人に聞いています。調査を始めてすぐにコロナ禍になってしまいまして、調査を中断しています。母親世代にはご高齢の方が多いので、なかなか再開が難しくて困っています。今回の講演は高度経済成長期の女性の働き方を中心にということでしたので、まだ不十分な内容ではあるんですけれども、こちらに重点を置いて話を進めていきます。そのほか、『内職だより』という、岐阜県労働部の内職公共職業補導所が出していた機関誌の内容分析もしています。

育児期女性の就業と同居の関係

それでは分析結果に移ります。最初に、育児期女性に対する質問紙調査データを用いて、同居と就業の計量分析をした結果について述べます。一般的に、親との同居は、育児期女性の就業を促進すると言われています。ところが、このサンプルでは全然そんな傾向が見られないんです。そこで困り果てて、同居と就業それぞれの規定因を探ってみると、教育歴が就業継続と夫方同居を振り分けている様子が見えてきました。具体的には、育児期女性が四年制大学卒業であることは、正規雇用で働く確率を高め、夫方同居を抑制します。それとは逆に、高校卒であることは、正規雇用で働くことを抑制しますが、夫方同居を促進します。要は教育歴によって、個人の家族戦略が異なるようです。

続いて、夫の職業階層別に同居と就業の関係を分析してみると、夫がブルーカラーであるものに限って見ると、夫方同居と就業率に負の関連が見られます。すなわち、夫方同居するものは、育児に専念する傾向があるのです。これは先ほど見た地域特性と重なり合うものです。そこで、ここにヒントがあるんだろうと思いまして、これを、地域を特徴づける世代間関係と位置づけて、それが成立する背景を探るために、実際にこうした暮らしをしている同居育児専業女性に焦点を絞り、彼女たちのライフヒストリーから、縫製業の盛衰がこの地域で暮らす女性にもたらした経験を母親世代までさかのぼって見ていくことにしたわけです。

同居育児専業女性から見た母親たちの働き方

同居育児専業女性のライフヒストリーの内容に入る前に、彼女たちとその母親世代のライフコースを、縫製業の盛衰と重ねて合わせてみましょう。図４－10は、岐阜市における女性の衣服・その他の繊維製品製造業従業者数、すなわち縫製業に従事する女性の数の推移です。一九六〇年代に急拡大し、一九七〇年代にピークを迎え、その後、緩やかな減少傾向ののち、一九九〇年以降、急速に減っていきます。同居育児専業女性の多くは団塊ジュニア世代でしたので、図には一九七三年出生コーホートの年齢を書き加えています。さらに、その母親世代として、一九四八年出生コーホートの年齢も書き加えています。母親世代が中学や高校を卒業する頃、縫製業は急成長していました。その後、結婚して子育てをする頃も縫製業は盛んでした。しかし、祖母になる頃にはぐぐっと縮小していく。つまり、母親世代は産地の成長を支えてきた世代なんです。それに対して、同居育児専業女性は、縫製業で働く母親に育てられてきた世代で、お母さんが働く姿を近くで見てきたけれども、自分が高校や大学を卒業して就職する頃には、もう縫製業はどんどん縮小していて、お母さんと同じような働き方をしようと思ってもできない世代だったわけです。

では、そういった娘世代は母親世代の働き方をどう見ていたかというと、これはとても面白かったです。まず、「お母さんは、よく稼いでいた」という話をよく聞きました。特に、一人で丸ごと縫えてしまう人は収入が良かったようです。たとえば、「私は音大でピアノをやってました。妹もです。家にはグランドピアノが二台あったんですが、どちらもお母さんがミシンの内職で買ってくれたんです」と言う方がおられました。そのほか、「お母さんは自分の洋服を全部手作りしてくれた。妹とお揃いで全部手作りしてくれた」と、誇らしくおっしゃる方もいました。特に腕のあるお母さんの場合は、凝った洋服、作品のような洋服を娘に作る。「お友だちや近所の人に、いつもお姫様みたいなお洋服着ていいわねって言われたのよ」と。いろいろ興味深いお話を伺ったんですが、今日は、お母さんたちは、主婦として、子どもの都合を優先して働いていたというお話に絞って見ていきます。

たとえば、「母親は私の幼稚園の頃から、ずっとミシンの内職で忙しそうだった。でも、ご飯を作るとかはきちんとやってくれたし、学校行事も全部見てくれた」とか、「お母さんは、ご飯とか家事があって、そこの隙間の時間を使って仕事をしていた感じ」とおっ

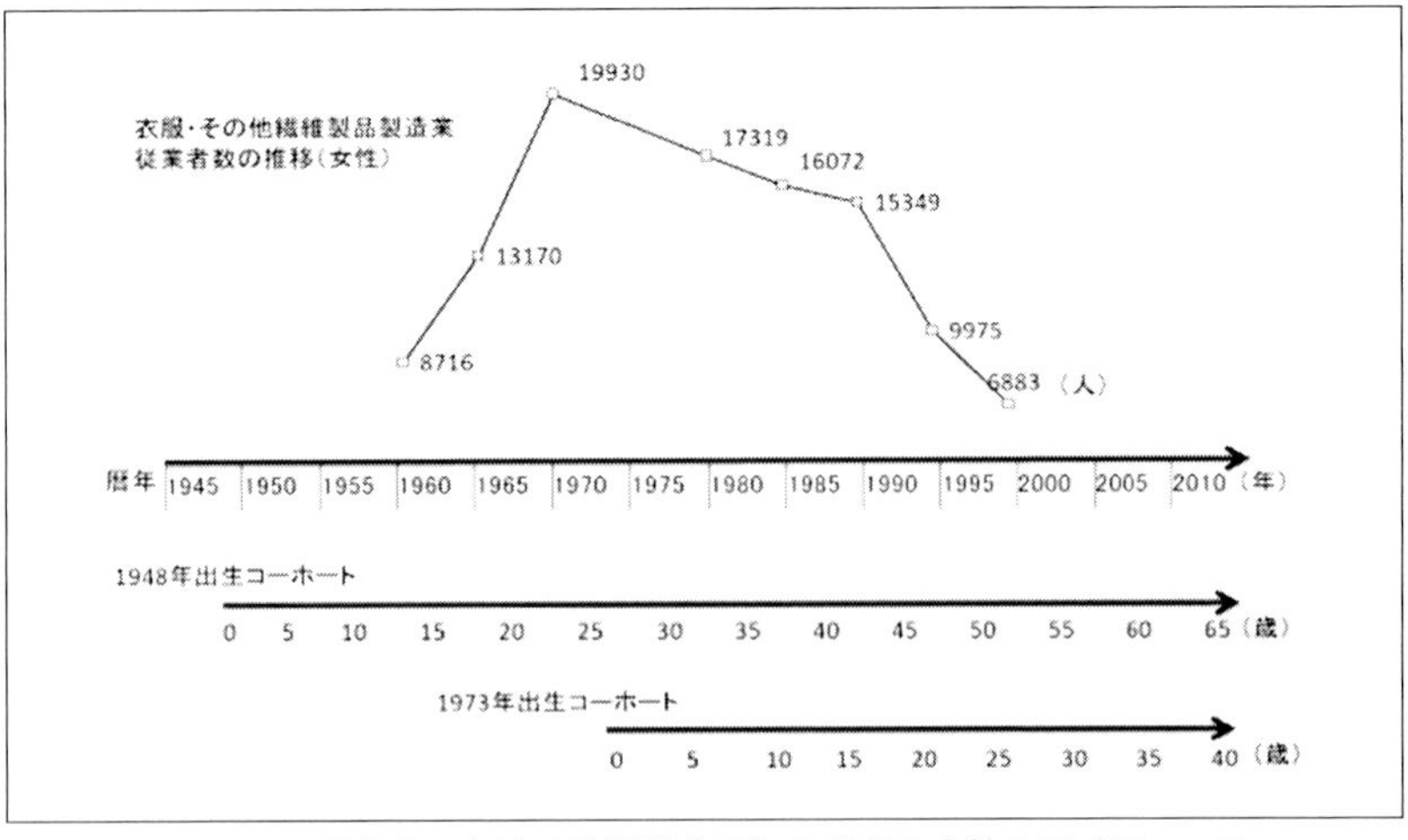

図 4-10　岐阜市における縫製業盛衰と２世代の女性のライフコース

出所：前田（2018、図5-6）

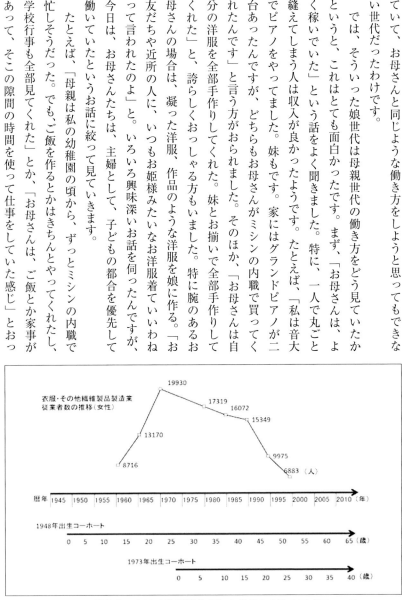

しゃるんです。実際、一九七五年に岐阜県の労働部が実施した内職就業実態調査を見ると、一日当たり就業時間は平均五・五時間、月間の従事日数は平均十八日ということで、もちろん忙しいときとそうでないときの差はかなりあると思うんですけど、平均してみると、ゆとりのある働き方だとは言えます。高度成長期の縫製内職を取り上げた実証研究としては、倉敷伸子先生の香川県の手袋産地、木本喜美子先生と中澤高志先生の福島県のニット産地の研究がありますが、どちらも内職といっても、お母さんは納期に追われていて、生産労働のほうが母親役割よりも優先されていたことが明らかにされています。

主婦内職存立の条件

では、なぜ岐阜産地では、主婦として、子育てを優先して働く主婦内職者が存在し得たのでしょうか。母親世代調査のインタビューから探っていきます。主婦内職存立の条件としては、産地の生産構造の特徴、地域の経済的条件、規範的条件の三つがあると私は見ています。

第一に、産地の生産構造上の特徴として、柔軟で流動的な構造があります。産地ではおびただしい数の女性がさまざまな就業形態で縫製業に従事していましたが、今回は三人の母親世代の女性の働き方を取り上げます。Ｍ１さん（一九四〇年代後半生まれ）、Ｍ２さん（一九五〇年代前半生まれ）、Ｍ３さん（一九四〇年代前半生まれ）です。いずれも縫製工場で雇用労働者として働くことから職業キャリアを開始しますが、その後は違います。Ｍ１さんは結婚と同時に内職に変わりました。Ｍ２さんは先述した方です。結婚と同時に夫婦で縫製自営業を始めました。Ｍ３さんは縫製工場で働いて、子どもが生まれたあとに、グループ内職に転換しています。それぞれ生産構造上の位置づけが異なるので、個々の観点から見ていくことで、生産構造を立体的に捉えることができます。

まず、Ｍ１さんです。この方は内職です。高校卒業後、手に職をつけたいと考えて、縫製会社で働いておられました。

スカートを縫ってらしたそうです。しばらくして、勤め人の夫と結婚して夫方三世代同居を始めるのですが、結婚後も内職として同じ仕事を続けていました。内職の利点を尋ねたところ、「働きやすかった。子どもの学校のことをやりながら働けたのが良かった」と、先ほど見た娘世代と同じようなことをおっしゃるんですけれども、次の縫製自営業のM2さんから見れば、この働きやすさというのが、悩みの種だったわけです。M2さんは、一九七〇年代後半頃、仕事の一部を内職者に外注していました。そのときの苦労を次のようにおっしゃいます。「問屋からもらった仕事全部自分でこなせないから、外へ出して、外注でやってもらっていた。部分縫いの外注とマトメの外注が合わせて四人ぐらい。友だちやご近所さんとか、昔はたくさんミシンやっている人がいたから。自分の同級生、子どもの同級生のお母さんは誘いやすいし、引き受けやすいけど、子どもが怪我したとか病気とかって言って、できないのよ。治ったから仕事ちょうだいって言われたときはないとか。そういうことの繰り返しだった」。問屋と主婦の調整役として、ずいぶん骨を折っておられたわけです。さらに続けてM2さんの語りに耳を傾けていくと、工賃と働き方の自由度がトレードオフ関係にあったことが見えてきます。下請け関係は長く伸びており、もちろん下になるほど工賃は低いんですけど、それだけじゃなくて、働き方に融通が利いたようです。ちょっと見ていきたいと思います。

最初に問屋から依頼を受けた元請縫製業者は別名「振り屋」と呼ばれるんです。その品目に合わせて、複数の事業者に仕事を割り振って、出来上がったものをとりまとめて納品します。その下の縫製業者は振られた仕事をさらに割り振っていく。委託した業者が不測の事態に陥った場合には、他に回して納期に間に合わせます。M2さんは岐阜駅前の問屋町にあった縫製業者Aから仕事を受けていたんです。ところが、このAが廃業してしまいます。その後、そこに仕事を卸していた元請縫製業者Bから直接仕事を受けるんです。それをきっかけにして、趣味のスポーツ（バレーボール）をやめています。なぜかというと、「この仕事をきっちり自分のとこにやるようになって、怪我をしたら、誰も引き受けてくれないじゃない、この仕事。以前だったら、主人の体調が悪くなって無理なんやって言うと、うちの親会社があって、そこがうちを助けるっていうのがあったけど、もう直接になったら誰も助けてくれないので、スポーツはやめた」

と。縫製業者Ａは、親会社ではなく別の会社なんですけれども、Ｍ２さんにとって、そこはもう親会社だったんですね。

岐阜産地は、家族経営の小規模業者の相互連関によって成立していて、品目に応じて、いくつかの事業者を臨機応変に組み合わせて多種多様な既製服を作っていくという柔軟性が特徴ですが、実は、事業者に不慮の出来事が生じた場合のリスク管理という点でも、そうした柔軟性が発揮されていたのではないかと思います。仕事を委託する側は、複数の事業者と流動的な取引関係を結んでいて、品目に応じて仕事を割り振っていくのですが、各事業者は小規模ゆえに、不慮の出来事に対して非常に脆弱です。そこで、こうした脆弱性をカバーするために、すなわち、仕事を落とさないためにも、日頃からいくつもの業者と関係をつないでおいたのだと思います。受託側から見れば、家庭内で不慮の出来事が生じたとしても、ほかに仕事を回してもらえるので、とりあえずは経営破綻を回避できるだろうと。

そして興味深いことに、おびただしい数の縫製業者がいたんですけど、その一部は仲介専業化しているんです。この仕事はあちらに回し、あの仕事はそちらに回しという具合に。こうした、柔構造ではあるけれども、その中で、仕事を落とさないようにするような、クッション的な役割を組み込んだシステムができていて、そうした下請け関係の末端にあるのが、内職者だったわけです。とりわけ、岐阜産地は、大衆向けの衣料が主だったので、すごく仕事が丁寧じゃなきゃいけないというわけではないので、割と参入しやすかったし、当時はどこの家にもミシンがあったし、戦後まもなくの洋裁ブームもあって、縫える人が結構いて、潜在的な層も含めると、かなり厚い層を成していた。その中には子育てを優先できる働き方をしたいという人がいて、そういった働き方を受け入れるような余地があったんじゃないかというのが、現時点での私の考えです。これからまた調査を再開して、このところを詰めていきたいと考えています。

そうした中で、才覚を発揮する方もいました。Ｍ３さんです。この方は、一九六〇年代初めに兼業農家に嫁ぎました。すでに機械化が進んでいて、農繁期以外は手が空いていたので、近くに縫製会社ができたときに、そこで働き始めたんです。本当に小さな会社だったんですけど、だからこそ、Ｍ３さんは自分で何でも縫える、丸縫いの技術を身につけることができました。一九六〇年代の中頃になりますと、会社は急成長して、社会保険の適用事業所になります。それをきっかけとして、M3さんは働き方を見直します。いろいろ考えて、自分の家でやることにしました。なぜなら家でやったほうが収入がいいから。ご主人に相談したら、ご主人もそれがいいと言った。自分の家でやって、稼いで、生活費をお姑さんに渡して、残りは自分のものにして。お姑さんもそれがいいと言った。お姑さんもお小遣いが増えたから。要は、世帯全体の経済戦略として、雇用から内職というか、自営に変わったわけです。同僚三人で辞めて、直接仕事を受けて、三人で相補的に働くようにしたんです。三人で相補的に働くことによって、高い工賃を維持したまま、家庭の事情に応じた働き方をするという才覚を発揮された事例です。

次に第二の地域の経済的条件について、簡単に触れたいと思います。こういった子育てを優先して働く主婦内職が成立した条件として、高度経済成長期の岐阜市では、性別分業を支える経済的条件が成立しつつあったことがあると思います。居神浩先生は、家計調査を用いて、全国の勤労者世帯一世帯当たりの「世帯主収入家計充足率」(「実支出」を「世帯主収入」で除したもの)を算出し、それが「一」を超える(=夫は仕事、妻は家事という性別分業が成立する)のは一九六七年であることを明らかにしました。岐阜市では、それよりも早く、一九六四年に超えていますので、生計維持というよりも、家計補助的に働く層が一定の厚みを成していたといえます。それは、名古屋大都市圏、中京工業地帯の一角であり、県庁所在地であるということで、こういった経済的条件が成立しやすかったのだと思います。先ほどの内職就業実態調査(岐阜県労働部一九七五年)を見ますと、実はホワイトカラー世帯の内職従事率も高いんです。世帯主の職業が「運輸・技能・単純」の世帯の内職従事率は三〇・三%ですが、「技術・管理・専門」の世帯はそれをわずかながら上回る三一・四%です。おそらくホワイトカラー層の妻というのは、娘世代調査でよく耳にした「お母さんは洋裁学校に行って免許持っていました」とか、「縫製の資格を持っていました」というような、教育投資を通じて洋裁のスキルを習得された方々だと思います。子育てが一段落した頃、自分の洋服とか娘の洋服を縫っていたら、近所で新たに自営業を始めた子どもの同級生のお父さんが来て、「縫えるのなら、うちの縫ってくれないか」と言われたので縫い始めて、今に至るという話とかがあったんです。お母さんはもともと洋裁が好きだった、ミシンで洋服縫うのが好きだった、そういう層が結構あったんじゃないかと思います。

第三の条件として、この地域特有の条件として、こうした働き方は近代的な母親規範に抵触しないものとして、地域社会から承認されていたということを挙げておきたいと思います。一九六〇年代の日本では、母親の手による育児がしきりに推奨されていました。少年非行の原因は共働き家庭の増加であるとか、家庭づくりが大切で母親がその責任者だとか、母親はしっかり育児をしなさいという期待が非常に強かった時代なんです。でも岐阜産地では、女性の労働力はなくてはならない存在でした。すなわち、母親たちは育児の責任者として期待されつつ、かつ安価な労働力としても熱い期待を注がれるという、矛盾に満ちた状況に置かれていたんです。そして、こうした矛盾を調停する独自のローカルルールを地元自治体は作っていました。それは母親が働いていたとしても、家で働く場合には、母親自らが子育てをしているとみなすものです。

岐阜県労働部内職公共職業補導所発行の『内職だより』の記事を見ていきたいと思います。一九五九年の創刊号を見ると、既婚女性の家内労働力に大きく期待していることがわかります。たとえば、知事の挨拶では、「昔は内職といえば生活の乏しい者だけが行われると考えられていました。しかしながら、今日の内職は貧富の別なく一般化しています。本県の産業、殊に中小企業を支える力となっています」と述べています。その後、経済部長とか職業安定課長といった県の幹部職員が続々と登場して、貧困とか生活苦といった内職の負のイメージを払拭しつつ、産業発展のために労働力を提供してくださいと訴えます。ところが、一九六〇年半ばになると、青少年の非行防止とか鍵っ子防止といった家庭教育という観点からの記事が出てきます。

図４－11は、創刊号から一九八〇年まで、労働力不足の記事と家庭教育に関する記事の数の変化を見たものです。六〇年前半から家庭教育が、ポンと増えてきます。紙面を見ると、所員や内職相談員が口々に、子どものために内職にしましょうと言う。知事も、内職は鍵っ子問題の解消に役立つと訴えます。一九七〇年代に入ると、こうした主張はさらにエスカレートして、七〇年九月一日発行の『内職だより』は、たった四ページしかないのに、スキンシップとかホ

スピタリズムとかの子育てに関する記事が四本、紙面の半分に及んでいます。内容を見ると、母親は外で働く機会が多くなってスキンシップが不足がちだとか、子ども受難時代だとかと書かれていて、最後は、「いい内職でお母さんを家庭につなぎ留めてあげたいんですね」と結ばれています。そのほか、標語もいくつか作られていました。「良いママは鍵っ子作らず、お家で内職」とか、「内職でいい、豊かな生活、明るい家庭」とか、ちょっと苦しいですね。

ここからわかるのは、岐阜県労働部では、地域に根付いた在来的な働き方である既婚女性の家内労働を、近代的な母親規範に適合的なものとするローカルルールを作成し、その普及に努めていたということです。その背景には産地の労働力不足があります。これを緩和するために、一つには、ホワイトカラー層ですね。洋裁学校を出てミシンの資格を持っている人に、どんどん入ってもらいたい。一方で、スーパーマーケットなどでパート労働者として働く女性が増えていて、そうした人たちをなんとかつなぎ留めたい、家内労働力の流出を阻止したいという強い思いがあったわけです。

では、実際にお母さんたちは、こうしたローカルルールをどのように受け止めていたのでしょうか。M1さんに、内職のいいところはどこですかと伺うと、「子どもを鍵っ子にしなくて良かった」とおっしゃるんですが、すごく面白い話が続くんです。当時小学生だった息子さんの友だちが鍵っ子で、鍵を胸にぶら下げているのがすごく羨ましい。「かっこいい」と言

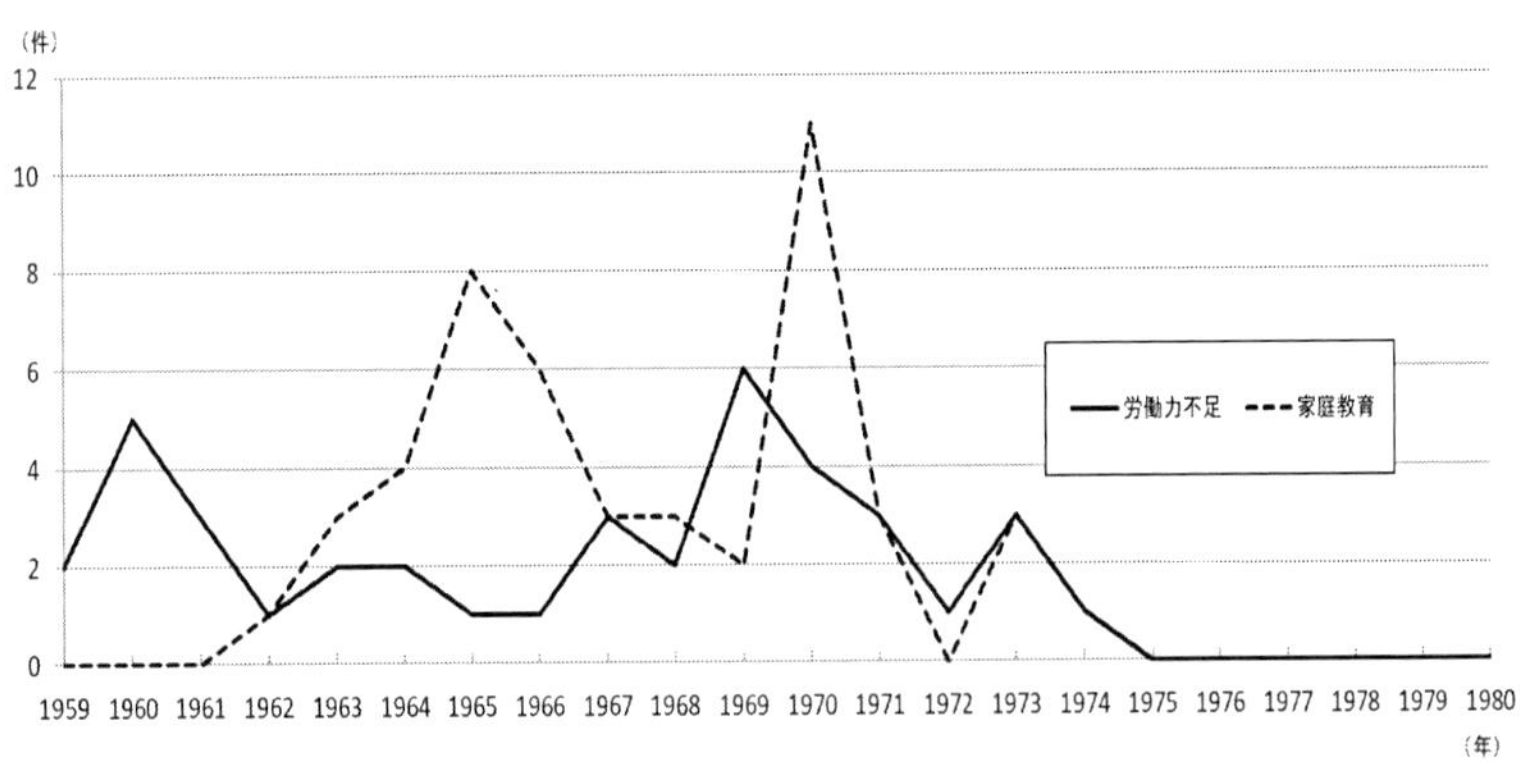

図 4-11 『内職だより』における労働力不足に関する記事数と家庭教育に関する記事数の推移
出所：前田（2018、図5-10）

って、羨ましがるんです。「僕も友だちみたいに鍵が欲しい」とねだるんです。それに対して、「何を言っとるの？あんたのために家におるんだからねって言って笑っとったんだよ」と。ここから、Ｍ１さんは子どものために家で働いていたことがわかるのですが、でも、子どものために勤めを辞めたというわけではないんです。結婚前は、縫製会社でスカートを縫っていたのですが、結婚を機に家に工業用ミシンを入れて、同じ仕事を続けていたんです。それは姑さんも旦那さんもみんな外で働いていて、お米も作っていたので、家を空けられなかったからだとおっしゃるのです。「オイルショック後、スカートの仕事はなくなったんだけど、ビニールロッカーとか、クーラーボックスとか、座椅子カバーとか、もうミシンで縫う仕事がいっぱい来た。特に座椅子のカバーなんかはファスナーを二個付けなきゃいけないので、すごく工賃が良かった。だから、自分は外に働きに行く気がなかった」とおっしゃいます。「主人が働いて、給料があって、私は内職のお金を全部貯金して。だから、子どもたちも潤って、みんな大学に行かせました」とおっしゃるわけです。要は、結婚後、環境適合的な働き方として家内工業に従事されて、出産後も外に働きに行く気のないまま、内職を続けてこられたんです。グループ内職のＭ３さんも「内職の良さ？やっぱり子どものために家にいるのが良かったね」とおっしゃるんです。確かにＭ３さんは子どもが生まれてから勤めを辞めて、グループ内職に変えられたんですが、その理由は、家でやったほうが良かったという世帯全体の経済戦略だったわけです。こうしてみると、Ｍ１さんやＭ３さんにとって、「良いママは鍵っ子作らず、お家で内職」というローカルルールは、そうした働き方に社会的承認を与えるものとして、受容をされていたのではないかと私は考えています。

以上が高度経済成長期から一九八〇年代の終わりぐらいまで、岐阜産地で育児を優先しながら働く主婦内職が成立していた条件だと私は考えております。

娘世代の働き方と世代間分業関係

次は娘世代のライフコースについて、簡単に要点だけお話しします。娘世代が高校や大学を卒業するときにはもう、産地は縮小期にありましたので、インタビューをした十七名の同居育児専業女性のうち、縫製の仕事に就いたのは一人だけです。それ以外はさまざまな業種です。彼女たちは、均等法以降の世代で、女性の社会進出がうたわれていたけれど、実際には、女性を取り巻く労働環境がどんどん厳しさを増していく中、あれこれ思いを巡らせた結果として、育児に専念する暮らしへと至っています。そこまでのプロセスについてお話を伺うと、「特に資格もなかったし、次に生かせるような仕事でもなかったし、それと子どもは自分も見たいかな」とか、あるいは「そこまでしてやる仕事でもないし」と言います。私が、「ご主人のお母さんに育児に専念したほうがいいよとか言われたんですか」とお伺いしたら、「それもあったかな」と。「そう言われて、それに便乗したという感じかな、仕事する気ないよ、みたいな」というふうにおっしゃるわけです。

最後に同居育児専業主婦と、彼女たちが同居する義母との関係を見ていきます。同居する二世代の女性の分業関係を見ると、十七事例のうち八事例に、子どもの発達段階に応じて、二世代の女性が相補的に働く事例が見られました。図４－12には、Ｄ４さんの職歴と同居するお義母さんの職歴を記しています。Ｄ４さん

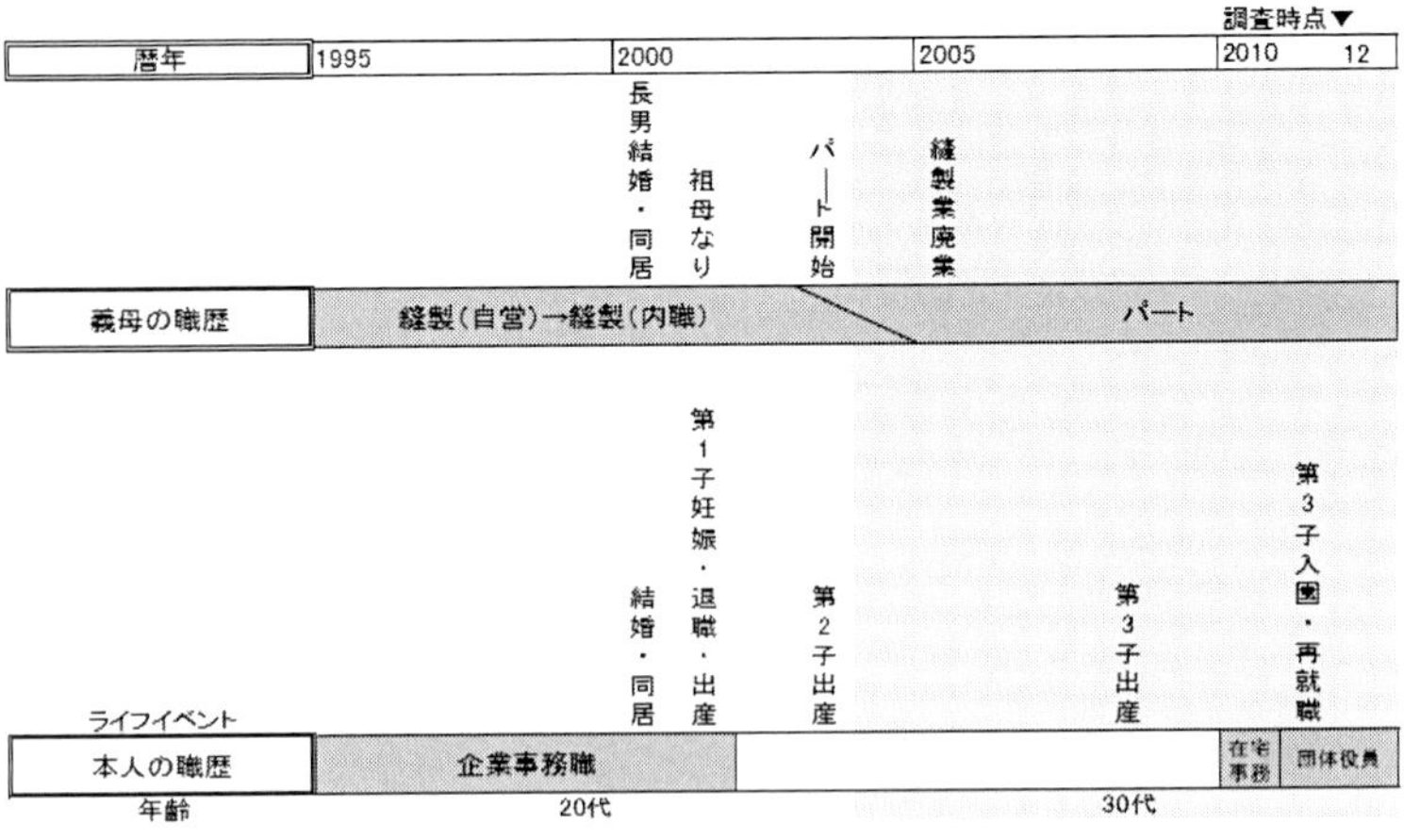

図 4-12　D4 さんと義母の職歴

出所：前田（2018、図6-3）

は結婚と同時に同居します。子どもが生まれるまでは共に働いていますが、子どもが生まれるとお嫁さんであるＤ４さんが育児に専念して、お姑さんは働き続けます。子どもが三歳になると、Ｄ４さんが働き出して、その後、世代交代をしていくわけです。こうした八事例に注目して、相補的な分業関係が成立する背景を見ていくと、次のような構図が浮かんできます。

まず、同居育児専業女性個人の家族戦略として、労働環境の厳しさから、就業継続よりも育児に専念することを希望します。これは人的資本の蓄積がない場合に特に当てはまります。とはいえ夫の収入のみで経済的安定を確保することは容易ではないです。さらに、婚姻関係における社会経済的地位の同質性を踏まえると、育児に専念したい人ほど育児に専念できないというパラドックスがあります。けれども、直系家族制が存続している地域では、相続を前提として、夫方同居、同居分業により、育児に専念することが可能になります。本人も特に意識しないままです。同居育児専業女性十七人に、「同居したのはなぜですか?」と伺うと、皆さん即答です。「夫が長男だから」と。地域の家族慣行に倣って同居したんです。でも結果として、同居してみると、岐阜は結構、敷地面積も広いので、二世帯住宅ができたり、敷地内別居だったりすることができるわけなんです。相続を前提とするので、住宅ローンもないし。お姑さんも働いて、何かと援助してくれるので、結果として、育児に専業できるという感じです。これに対して、姑世代は多くの人が生涯を通じて働いてきたんですけども、多くは家内労働で、「良いママ」として、社会的承認を得ながら働いてきた世代なので、自分の手で子どもを育てたいという、嫁の思いに理解を示してくれます。さらに高度な技能を持つ場合には、産地縮小後も、ミシンの仕事を続けて良い収入を得ていました。フォーマルウェアのような高級品、黒いワンピースとかアンサンブルは、工場が海外移転した後も、信頼のできる内職さんに、これまでどおりお願いしていたんです。これは内職というよりも職人さんで、高い工賃を取っている例もありましたので、そうした場合は、こういったやり方は、直系家族単位で見ても、経済的に有利になることもあったんじゃないかと。つまり、こうした相補的分業は、条件がうまくかみ合った場合には、育児期女性のみならず、直系家族単位で見ても理にかなった戦略となり得るわけで、結果として直系家族制に支えられた性別分業家族が成立するというのが、私の現段階での結論ということになります。

最初に見た三世代同居率が比較的高いにもかかわらず、女性の年齢別有業率は深いM字を描くという地域特性は、地域の人々が産業変動への対応を図るために同居戦略、さらには同居分業戦略を展開していく中で形成されたのではないかというふうに考えています。

むすび

最後に一点だけ申し上げます。かつての日本の家族には豊かな地域性があったと言われていますが、現在の日本でもやはり家族と労働のあり方には地域性が見られます。こうした地域性は、地域の産業変動に応じて人々が積み重ねてきた対応を、空間的・時間的文脈と関連づけながら見ていくことによって初めて、理解可能になるのではないかというのが私の考えです。これを「むすび」としたいと思います。長時間にわたりご清聴いただきましてありがとうございました。

【質疑応答】

堀口（司会）：前田先生、貴重なご報告ありがとうございます。実を言えば、私自身も修士論文で、大阪泉北地域の泉大津や岸和田などで展開している「毛布製造業」のことを書いた経験がありますので、今回の前田先生のご報告を大変興味深く聞かせていただきました。感想ですが、やはり六〇年代が一番のピークで、中国の話も出てきましたけれども、九〇年代以降は、低賃金労働力を求めて、生産拠点の一部を海外に移転するという、そういう六〇年代から九〇年代の製造業、特に農村工業の盛衰というものに着目されたということ。もう一つ重要な点は、近代化の波というのが、均質に広がったというよりも、地域差を伴って展開したということなど、そういったものを詳細に調査・分析され、家族がそれに対して、どういうふうにして対応したのかについても、実に細かく分析されていたことを知ることができました。

この内容は、二〇一八年の『地域産業の盛衰と家族変動の社会学』に詳しく述べられていますので、よろしければ、ご参照いただければと思います。では、自由討論に入りたいと思います。

李：興味深いお話、ありがとうございます。実は、いろんなことについてお伺いしたいんですが。まず一点目は、主婦がつくられたのか、それとも、岐阜地域の女性たちが主観的に主婦を選んだかという質問です。なぜこの質問をしたいかというと、ご研究の趣旨から、何か自分で主婦を選んだというように聞こえるからです。先生のご意見をお伺いしたいです。また、先生は個人戦略とか家族戦略という言い方をお使いになり、特に、「直系家族制に支えられた性別分業家族が成立する」とおっしゃいましたが、性別分業家族というより、世代間の分業構造のイメージが強く……。たとえば、先生がお話しになった、四十歳以上の姑世代の女性たちが、実際には若い女性の主婦を支えてきたことがこの研究から判明しました。ジェンダー分業家族というより、世代間分業、拡大家族の戦略のイメージが強かったではないかと感じました。

前田：まず一点目は、「自分で主婦を選んだのか」ということですね。それはつまり、女性が主婦として生きたいと自ら志向して、主婦を選んだのかというご質問でよろしいでしょうか。

李：いわゆる新しい一九七〇年代から始まる「新国際分業」の影響を受けた女性が、やはり経済的な環境で、主婦という働き方（家事労働を一つの労働と見なすならば）を選ばざるを得ない状況になったのか、この点をお伺いしたいです。

前田：おっしゃるとおり、選ばざるを得ない状況にあったと思うんです。けれども、それぞれみんなが自分の人生に納得をして生きていくために、自分の生き方に意味を与えるために、主婦規範が動員されたというふうに考えています。もう一点は、これは性別分業戦略というよりも、世代間分業戦略ではないかという質問ですね。そうですね、どちらに重点があるかというよりも、一定の条件のもとでは、これらを組み合わせた役割関係が、育児期女性個人にとっても直系家族にとっても合理的な選択になり得るということに注目しています。

岩島：ご報告ありがとうございました。私は農業のジェンダー史が専門なんですけれども、高度経済成長期の京都府の旧久美浜町のことを少し調査したことがあって、そこも高度経済成長期に機織りを始める所なんです。ですから、そこの場合だとすごく長時間労働で、本当に一日中働いて、もうご飯も食べずに働いているみたいな状況だったので、今回、内職の人たちが、子どもを優先しながら働いているみたいな話で、そういう所もあったんだなあと思いました。

それと関連してなんですけど、内職の下請けがどんどん下に行くほど、結構、子どもの都合で融通ができて、その元締めというか、そこを差配しないといけない人は、その都合に振り回されて、結局、自分は長時間労働になるみたいなお話があったかと思うんですけども。それがすごく興味深くて、これは女性の中での階層性というか、階層によって、主婦規範みたいなことを重視できる人たちと、それよりも生産労働に振り回される人がいたという理解でいいのかということをお聞きしたい。もし階層性だとすると、一般的には多分階層が低い人ほど、貧しくて、働かなきゃいけないから、主婦規範とか言っていられないというふうになるわけです。今回の場合、下請け構造が低いほど、融通が利いて子どもの都合に合わせられるというのが、すごく興味深かったし、この解釈で合っているのかをお聞きしたいなと思います。

前田：大筋としてはそう考えています。でも、まだ現時点では、データが少なくて、確たることは言えないんです。内職といっても、すごく稼げる人もいればそうでない人もいて、また、夫がどのくらい稼げるかどうかによっても、家計における内職の重みにはかなりの幅があるので、階層と主婦規範についてはもう少しデータを集めて考えてみたいです。それから、岐阜産地でも、自営業では、やっぱりもう働くことが中心です。かなり働いていた。でも、子どものために家に居られたのはよかったとおっしゃるんです。自営だからＰＴＡの仕事も全部できたしと。今の子は保育園に入れられてかわいそうだともおっしゃるんです。人々が、それぞれの暮らしがある中で、主婦規範と自分の生き方の間の距離を、どう埋め合わせて、折り合いをつけていたのかというのは、もう少しデータを集めて、主婦規範の内容をもう少し分節化して、見ていきたいと思っているんです。

それから、働き方の融通性については、生産構造と関連づけた議論がもっとできると考えています。機械工業の下請け関係の研究を見ると、都市型と農村型という類型が示されていて参考になります。都市型は、小規模企業が密集し、それらは複数の受注先を持っていて、自分の所でこなしきれない仕事を近隣同業者のネットワークに下請けに出してさばいていく。これは、「仲間取引」とか、「応援生産」と呼ばれているように、フラットで柔軟な関係で、互いに融通を利かせ合っているわけです。これは少量多品種生産に向いています。これに対して、農村型は、一つの受注先と垂直的・専属的な下請け関係を結んでいる、タテの系列構造です。岐阜産地は都市型の同業者ネットワークを何層も重ねたような構造でしたから、既製服がすごく売れていたときには、ともかく縫える人が強い立場にあったこともあって、内職者は結構、融通を利かせることができたのではないでしょうか。同じ既製服でも、学生服とか作業服のような量産型の産地では系列化が進んでいます。先行研究で取り上げられた産地はどうだったのか、関心があります。もしかすると農村型に近かったのかもしれません。

波平：前田先生、本当に興味深いご報告をありがとうございます。私が五十年前に学んだ社会学とはずいぶん違う家族社会学だと思って、本当に勉強させていただきました。まさに個人戦略と家族戦略との組み合わせの中で、いろんな働き方、しかもそれが縫製業という業態の大枠の中で、丁々発止と繰り広げられているという非常に面白いご研究だと思いました。

現在、子持ちの主婦の働いている割合がどんどん上がっているんですけれども。その中でも、非正規雇用が非常に高いんですが、それがやはり、今、先生のご発表のパターンの中にうまくはまって説明できるかなと思って考えておりました。夫との関係、それから舅・姑世代の関係、それと、もう一つは、やはりその子どもの成長過程の変化というもの、特に学年齢との関係で、どのように女性が戦略的に働き方を決めるかということのご発表が、このまま現代の二〇二二年に当てはまるような気がいたしまして、大変面白く勉強になりました。

そこで、新しい現代的な個人戦略、家族戦略、それと子どもと母親との関係の三つ巴の中で、これから先の働き方について、何かお考えになってらっしゃるのかなと思って、お尋ねします。

前田：岐阜市の育児期女性のお話からも、非正規雇用で働く女性の増加傾向がうかがえます。嫁世代だけではなく姑世代もです。世代的に見て、ミシンの腕を持つ、家で働く職人さんというのはもうかなり高齢になられて、最近では、お姑さんはパート、お嫁さんも働くとしたらパートという組み合せがたくさん出てきているようです。縫製の仕事がなくなってしまったので、もうみんな家で働けないから、パートに行くわけです。そういったケースが二つあって、そこでは、どっちが働こうかと考えた場合に、保育料が一つのポイントとなっていました。インタビュー調査は二〇一二年と二〇一三年、保育無償化政策が始まる前に行ったんですが、その時点での岐阜県の保育制度では三歳未満児の保育料は三~五歳児よりも高かったんです。平均すると月額で一~二万円くらい。保育士の人員配置を厚くしなくてはならないからです。保育料を考えると、何のためにパートで働いているかわからないので、「それだったら、私は育児に専念して、おばあちゃんがパートで働く」というケースが二つありました。どちらも比較的晩婚だったために世代間の年齢間隔が開いていて、孫が三歳になる前におばあちゃんがパート定年を迎えるのですが、それでもママは働かずに子どもが三歳になるのを待つんです。これも家族戦略の一つと言えるかもしれませんが、結果として保育制度がM字型就労に与するという皮肉なことが起きていました。新しい働き方のヒントを見つけていきたいのですが、これまでこの地域で起きてきたことが家族社会学の通説に当てはまらないことばかりなので、それを理解することで今は手いっぱいの感じです。

堀口：前田先生は、すごくいい研究をされている。そのポイントはいくつかあると思うんですが。一つは、大学で学生と接していても、彼女たちが実際に暮らしているレベルから、その生活状況や関心を理解していくのは、すごく重要な感じがします。以前、私も宮崎県の農業大学校で教えていたとき、授業中に全員寝ているんです。それを解決するためにはどうしたらいいかと考えたとき、いったい彼らはどういう視点で生活を見ているんだろうかということに、やはり研究者も目を向けていく必要があるのかなと感じたことがあります。一方、前田先生の研究の独自性もそういった学生の目線から、縫製業や地元の人々が暮していく中での困難さや生きがいを理解していく点から出発しているような気がします。報告を聞いていて、そう感じました。

江口：前田先生、貴重なご報告を頂きまして、ありがとうございます。私からは二点ほど質問させていただきます。一つは、最初に堀口先生がおっしゃられたように、日本の近代化の過程を見ると、各地域の地域性に大きな影響を受けており、その結果、近代化は画一的に進むのではなく、むしろ多様に展開していることがわかります。この点について、岐阜の事例はそれを証明しており、その中でも、下請けから自立していくM３さんの事例がとても興味深かったです。女性の自立の過程はその働く環境を改善し、社会的地位を高めていくことにもつながりますが、こういう事例は、全体の中でどの程度の割合を占めるのかをお聞きしたいです。

もう一点目は、一人の女性に求められるイメージとそこに内在する矛盾が気になりました。つまり、当時の社会では、育児の責任者としての母親と、安価な労働力という二つの役割が期待されていましたが、ある意味、これを引き受けるということは、大変な労力が課され、女性として大きな重圧も感じたのではないでしょうか。その結果、こういう期待というものに対して、やはり反発もいろいろとあったのではないかと想定されますが、この点に関してご教示いただけたらと思います。

前田：一点目は、M３さんの事例ですね。どのぐらいあるかということは、今のところ、見当がつかないんですけれども。コロナ禍が収束して調査が再開できたら、考えてみたいと思います。

また、もっといろんなパターンを見つけていきたいとも考えています。もっとあったと思うんです。柔軟な生産構造の中で、家族の中の誰がいつどのように働くかには、いろんなパターン、創意工夫の数々があったはずです。そして、こうした才覚というか、全体の構造を把握し、時代の流れを読みながら、より良い方法を見つけていくという柔軟な対応力は、労働以外の場でも発揮されていたと思います。

実は、M３さんは、兼業農家にお嫁入りし、近所の縫製工場に勤めたのちに独立されたんですが、勤め人だったご主人が若くして亡くなってしまうんです。その後は、自営のような内職で、舅・姑さんを養いつつ、三人の子どもたちを育ててこられたんですが、そこで大きな柱になっていたのは、亡くなったご主人の遺族厚生年金でした。日本では、戦後になっても雇用のほかに自営という働き方をする人も多くて、それを反映する形で、一九六一年にできた国民皆保険・皆年金制度は、雇用は職域保険、自営は地域保険に分かれて、職域は家族単位、地域は個人単位という形で始まりました。制度としては雇用と自営にきっちり分かれているんですが、現実はそんなに簡単には割り切れない、曖昧さというかグレーな部分があります。M3さんの場合は、農家という自営業家族の一員であり、勤め人の妻であり、ご自身は内職とも自営とも言える形で縫製の仕事をしていたわけです。こうした曖昧さというか、制度との距離をどう埋めるかを自分で考えて、結果として制度を自分の味方に付けることで人生の危機を切り開いてこられたわけです。こうした曖昧さやグレーな立場性をうまく取り込んでいくという柔軟な対応力は、あらゆる生活の場に見いだすことができると思います。これと関連して興味深いお話を思い出しましたので、紹介させてください。ラジオのお話です。

M3さんはこれまでの人生を振り返って、「いろんなことがあったけど、仕事も家のことも時代の流れに沿ってやってきただけです。時代の流れに合わせて生きてきた。政府の言うようにやってきて良かった」とおっしゃる。私が、「時代の流れをうまくキャッチして良い方向に舵を切ってこられたのですね」と返したら、「ラジオのおかげです」と。ミシンの内職をしてらっしゃる方は一日中、ラジオをつけっぱなしにしています。ただ聞き流しているわけではなくて、気に留まることがあれば、ちょっと書き留めておく。そういうふうにして世の中の動きをキャッチして、生活者として、労働者あるいは経営者として、選択や決断をしながら、人生を乗り切ってこられたのです。

二つ目の矛盾ですね。反発はあると思います。私の研究の最大の弱点は、県外に行った人を追いかけていないことなんです。研究仲間からは、それを補うために、進学校卒業生の調査をしたらどうかと言われています。進学校を卒業した女性の中には、東京とか大阪や京都の大学に行って戻ってきてないという形で反発を示しているケースもあると思われるからです。このようなお返事しかできなくて申し訳ないです。実際に、今も地元で暮らし続けている人の中にも、「こんな無茶ぶり」ということで、反発をしていらっしゃる方はいるのですが、私はまだそうしたところまでお話を聞けていないんだと思います。以前、地元の子育てＮＰＯ法人の理事長さんが興味深いことを言っておられました。「この辺りはすごく難しい所だよ、子育てが。なぜかというと、お母さんは育児に専念しなさい、保育園に入れるのはかわいそうだからって言われる一方で、働かないで育児をしていると、あなた遊んでいていいわねって言われるから」と。内職時代の働き方や子育ての仕方でうまくいったという地域の規範みたいなものが、産地が縮小してしまってそういう働き方ができなくなったあとでも、まだ地域の中にじんわり残っていて。「育児に専念しろと言われて専念していると、今度は遊んでいていいわねって皮肉を込めて言われる」と、ママさんたちはぼやいている。軽い反発かもしれません。

江口：母親たちの反発について、さまざまな形で行われていることが理解できました。また、内職に関するお話では、そのイメージと現実がいい意味で異なっており、非常に興味深かったです。内職と聞くと、家の中に閉じられた仕事環境を想定していましたが、ラジオを聴くことにより社会の変化の情報収集だけでなく、さらにはマネジメントの世界まで足を踏み入れており、単純にすごい世界が展開していると感動した次第です。

前田：本当に学ぶことが多いです。自営で仕事をするということには、勤めとは違った厳しさがあるとも感じました。

南：私自身は、中国の農村を中心に、地域の自治のようなことをやっております。この家族社会学の分野は、それ自体は自身で研究はしておりません。本当に門外漢のような質問になってしまうかもしれません。その時代の産業構造があり、それがその地域でどうだったのか、そしてそれを背景に家族戦略と個人戦略が非常にダイナミックに動いていますよね。そのあたりが本当に興味深く、社会学として、勉強にもなりました。私からは、本当に小さな質問になってしまうのですけれども、やはり家族のことを考えると、子育て以外に、介護という問題も出てくると思うのです。そういう部分をどうやって、ここの人たちは乗り越えてきたのかということが、第一点目の質問になります。

二点目は、これも小さな話ですけども、『内職だより』というものがどういう人たちに向けたもので、どう読まれていたのかということもお伺いしたいなと思います。『内職だより』の内容もご紹介いただいたのですけれども、それはもしかしたら、そういう内職をしている人たちに対して、「あなたたちの生き方に自信持っていいのよ」というようなものであったのか。「今、世の中が、母親とか専業主婦規範のようなものを言っているけれども、政府がそうやっているけれども、後ろめたく感じずに働いてよい」ということを鼓舞するような雑誌だったのか。それとも、もう少し広く、内職以外の層にも訴えるようなものであったのか。雑誌の性格をちょっと教えていただければと思います。

三点目ですが、今日出てくる事例のお話を聞いていると、すごくいろいろな資源を使いながら、家族戦略、個人戦略をうまく組み合わせていかれた方々ばかりです。ただ、おそらくこの中でうまく動けなかった人たちが、無数にいるんじゃないかと。先ほどの江口先生の反発の話とも似ているかもしれませんけれども。やはり、こういういろんな条件がうまくかみ合った人と、一方で、かみ合わせる機会や力がなかった人とか、いろいろ出てきそうな気がします。そういう裏側というか、そういう層の人たちの存在についても、お話を聞いていて、ちょっと気になったということがあります。

最後はちょっと感想じみたものになります。私は中国の農村で、農家民宿をやっている所に、最近までよく行っていました。その農家民宿を始めた女性たちの話を聞くと、やはり、収入がプラスできるということと、どこかの工場とかに働きに行くよりも子どものことを近くで見ていられるということを言っています。ある意味、母親になったときの子どもとの関係性というのは、かなり地域を越えてというか、時代を越えてというか、何か共通した課題のようになっているのではないか、などということを思いながら、先生のお話を伺わせていただきました。

前田：まず一つ目の介護をどう乗り越えてきたかですね。このテーマでは調査をしていないのであまりお話を伺っていないんですけど、母親世代に関しては、子育てと同じように自分が家でやってきたというご経験を話される方が多かったように思います。育児期女性の場合には、介護保険をうまく使っておられるようです。岐阜には、「嫁タクシー」という言葉があるんです。交通の便が悪いんですね、岐阜は。お姑さんが病院に行ったりするようになると、嫁がタクシー代わりに乗せていく、これが嫁タクシーです。介護保険ができてからは、皆さん同居しているんですけれども、住民票は別世帯にしているんです。すごく面白いんですけど、ＮＨＫが来ると、うちは一世帯と言う。なぜかというと、二世帯分の役員の順番が回ってくると大変だからです。だけれども、住民票だけは別にしてあって、介護保険を利用するときには、うちは別世帯と言う。同居か別居かというのもきっぱり分けることはできないですよね。そこもグレーです。敷地内同居とか二世帯住宅のこうしたグレーさというのを、その状況に応じて、使い分けていらっしゃる。これも家族戦略なんですね。そうした中で、かなり介護保険はご利用されているんだけれども、最終的にはお嫁さんがあっちこっちという形で介護をコーディネートしつつ、かつそのアクセスを保証するというのが、「嫁タクシー」の意味するところかなと思います。

二つ目のご質問の『内職だより』ですが、これは、県労働部の内職公共職業補導所が月に二～三回発行していた、Ｂ５判で四ページくらいの小冊子です。「こんな内職があります。工賃はこのぐらいです」とか、「こういう内職保護の法律ができましたか」とか、「工業用ミシンの講習会をやっています」とかのお知らせをする、本当に事務連絡的な小冊子なんですけど、そこにスキンシップ特集とかの記事が入ってくる。行政から県民に対する伝達文書の中に、家族についてかなり踏み込んだ、規範的な言説があるということです。それが彼女たちをどれだけ支え、鼓舞したかについては、まだ確かめられていないのですが、さっきラジオのお話をしているときに気づいたんですけれど、ラジオ放送の内容もそうした観点から分析してみるとよいかもしれません。

というのは、Ｍ３さんから、こんなお話を伺ったからです。Ｍ３さんは、今でもミシンの仕事をしておられます。高校生の部活のジャージを縫ってらっしゃいます。多品種少量生産の極みですね。八十歳くらいなのでもう五十年以上縫ってらっしゃるのですが、一時期、働いているのが恥ずかしくて、「まだこんな歳になっても働いているのか」と近所の人に見られるのが恥ずかしくて、カーテンを閉めて縫っていたんだそうです。けれども、最近になって「人生百年時代」とラジオで言うようになって、カーテンを開けて胸を張って働いているとおっしゃる。政府や行政が求める生き方や働き方というものが、ラジオを通じて耳から入ってきているんですね。子育てや家族のあり方も、そうした経路で内職者たちの意識の中に入ってきていたのかもしれません。

三つ目です。うまく動けなかった人もいます。そうした話はたくさん聞いていますが、今回は挙げませんでした。同居育児専業女性に対する調査は、子育てNPO法人の協力を得て実施しました。そのNPOが、「mixi」みたいなSNSを運営していて、そこに「同居の嫁コミュニティ」っていうのがあるのを知って、インタビューさせていただいたんです。その後、安倍政権になって、同居支援政策が打ち出されたときに、NHKがそのコミュニティを見つけて取材の依頼があって、グループディスカッションの様子が放映されたんですけど、そのときにしみじみと感じたんです。皆さんすごく人間力が高いというか、周りの人とうまくやりつつ、状況に応じて発言すべきことは発言して、いかに婉曲に、言わなきゃいけないことを誰も傷つけないような形で言えるかとか、そういう意味で、やはり同居できるパーソナリティというか、同居するスキルを持った方だと思いました。でも、世の中はそういう人ばかりではない、というか、そうでない人のほうが多いです。

実は、ここで計量分析に用いた育児期女性に対するランダムサンプリングの質問紙調査は、もともと育児ストレスとネットワークの調査として始めたんです。どういう人が育児ストレスを抱えているのか、それをネットワークの関係から分析してみたんですけど、そもそも岐阜の家族のあり方自体が家族社会学の枠組みには当てはまらないことがわかって、回り道をあちこちして、最後に産業変動と家族戦略という研究に落ち着いたんです。その計量分析だと、やっぱり夫方同居している人の育児ストレスは高いです。ですので、本の最後のほうには、こうした家族戦略は限られた条件のもとで成立するものであって、すべての人に万能じゃないということを強調するためにも、「計量分析ではこういった結果が出ている」と、書いたわけです。今回は、産業構造との関連ということで、そこにはちょっと光が当てられなかったということです。

堀口：ラジオ放送とか、そういういろんなお便りの資料は、すごく貴重ですね。結構、少なからず影響を受けているんじゃないかなということで。岩島先生が研究されている生活改善においても、『生活改善だより』が発行され、そこでは結構、「このようなことをしましょう」とか、「健康に生活するためにはこうしましょう」とか、「子育てはこうしましょう」とかというのが出てきていて、少なからず視聴者の方々の生活に影響を及ぼしていた。だから、こうした資料を分析するのはすごく重要ですね。

松木：どうもありがとうございました。岐阜市を対象に、家族の地域性がどういうプロセスで形成されてきたのかというご研究だと思います。そのプロセスを明らかにすること自体がものすごく大変な作業だということは、もちろん前提にしたうえでの質問なのですが、「中央クラスター」のような地域性がどういうふうに生まれるのかというところから話が始まっていて、岐阜市についてては、その点がとても説得的に示されていると思います。でも、これは岐阜市ならではの特殊なプロセスなのかどうかということがお伺いしたいポイントです。というのも、割と歴史的なタイミングとか地域的な特性があったからこそ、こうなっているということを岐阜についてすごく詳しく明らかにされたと思うんです。他方で、このクラスター分析のデータを見ると、岐阜県以外の長野県だったり、群馬県だったり、栃木県だったり、それこそ、岐阜市にはなかった条件を抱えているだろうほかの地域にも同じような地域性が現れていて、このことをどう理解すればいいのかなという点が自分にはうまく整理できないというか。岐阜についてここまで描き出すこと自体がすごいお仕事なんだということはあくまで前提にしたうえで、現段階での前田先生のお考えがあればお伺いさせていただきたいと思います。

前田：おっしゃることはよくわかりますし、そうお考えになるのはもっともだと思います。大学院時代の指導教官だった先生からもそうしたコメントを頂きました。「ナタで切ったような地域分類だね、もうちょっと細かく、ほかの産業も見たら」と。確かに、もっと細かく見ればよりクリアな分析ができるし、同一クラスター内の他地域に目を向ければまた違ったものが見えてくると思います。たとえば、同じ「中央クラスター」でも、岐阜県の隣には愛知県があって、その三河地方にはトヨタ自動車があって、その周辺地域でも内職が盛んでした。自動車部品の内職です。同じ内職でも、岐阜みたいにお母さんが内職の端切れで私のスカートを縫ってくれたというのとは、近代家族規範との相性の良さみたいなものが違っていたと思います。つまり、就業形態が同じだったとしても、それに対する意味づけは産業特性によって異なっていたかもしれません。共通点とともに相違点もたくさんあるのに、クラスター分析では同じような特徴を持つ地域としてくくられるのはなぜか。これに答えるには、どこか別の地域に腰を据えて、じっくり見ていくしかないのかなと思います。でも私にはもう、ほかの地域に、岐阜と同じくらいのエネルギーを注ぐほどの体力が残っていないので、どなたかがやってくださったらいいなと願っています。

とはいえ、他の地域のことはすごく気になっています。ここで用いた分析枠組を使って地域比較をしてみたいです。そこで、時代はさかのぼりますが、今、一九三一年から一九四一年に農林省が実施した農家経済調査のパネルデータを用いて、個別農家の事例分析を道府県別に行っています。これは簿記調査で、農家の経済収支に関するデータと労働時間に関する詳細なデータがあるので、調査期間中の世帯内分業関係の変化から農家の家族戦略を析出し、各地域の産業経済の動向と関連づけて見ていくことで、その地域的多様性を描き出してみたいと思っています。

松木：まだたくさん謎が残されてるという言い方もできるのかなと思います。どうしてほかの地域でもこういうふうになるのかということは、すごく不思議といえば不思議なことで、まだまだ研究される余地が、ほかの研究者にとっても残されているのかなと思いました。

前田：岐阜でもまだやり残していることがあるんです。今までは、岐阜で生まれ育って、今も岐阜で暮らしている女性に注目してきましたが、これとは対照的に、ライフコースの一時期だけを岐阜で過ごされた女性もたくさんいます。毛織物工場や家電工場で働いていた女性です。

岐阜市を含む岐阜県西南部と一宮市を中心とする愛知県東部にまたがる「尾州」と呼ばれる地域は、日本有数の繊維産地で、「糸へん」が付くものは川上から川下まで全部あります。綿毛や羊毛から糸を紡いで、撚って、布に織って、服に縫い上げるまでの工程を、産地内の数多くの企業が分業・協業して担っていたのです。岐阜既製服産地は、尾州という総合的な繊維産地の一角だったわけです。

尾州産地の主軸を成していたのは毛織物です。日本一の産地として、戦前から一九七〇年代初め頃まで隆盛を極めたのち、長い構造不況の時代に入りますが、最近はまた、高級毛織物の産地として世界的な注目を集めています。最盛期の一九六〇年代には、全国から若い女性が働きに来ていて、「織姫」と呼ばれていました。彼女たちの多くは三年経つと故郷に帰るという形で働いていたんです。私が勤めていた女子短大でも一九六九年から、繊維工場で働く女性を勤労学生として受け入れていました。四十社近くの繊維工場と提携して。これらは資本集約型の産業なので、機械を止めたくないんです。だから二交代制で寄宿舎に入ることが条件です。そこで、定時制高校と連携して勤労学生を受け入れていたのですが、進学率の上昇に応じて、地元の短大との連携も始めたのです。学生たちは毎日、会社のマイクロバスで工場と短大を往復します。朝番だと、六時頃から工場で働いて、お昼に終わって、そこから短大に来て勉強します。遅番のときは、午前中短大に来て、午後から働きます。それを一週間交代でやるんです。尾州には、こうした短大がいくつもありました。私が働いていた短大には一部、二部、三部がありました。このうち、昼間二交代制を取っていたのは三部で、これは三年制です。学生は、日本全国から来ていたんですが、とくに西南九州の、内藤莞爾先生が言うところの「末子相続ベルト地帯」出身の人が多かったです。「お兄ちゃんは福岡や大阪で働いている。私は幼稚園の先生になりたい、岐阜の短大に行けば、すごくしんどいけれども、三年働けばなれるよ」と。

二部は、サンヨーやソニーの家電組み立て工場で働く女性を対象とした二年制の夜間部で、一九六六年に開設されましたが、工場の移転や縮小により、一九九〇年に廃止されました。こちらにも、日本中から学生が来ていました。昼間は工場で働いて、夕方になるとマイクロバスで短大にやってくる。卒業後は郷里に戻って幼稚園や保育所で働いています。

一部は、二年制の昼間部で、幼児教育のほか、衣料服飾コースや企業の事務職を想定したオフィス情報のコースも含む学科構成となっていました。学生のほとんどは地元出身で、親御さんが縫製関係の仕事をしている人もいましたし、卒業生の中には、ここで見たような同居して育児に専念している人もいます。彼女たちの話に触発されて、私は今の研究へと向かっていくわけです。

こうしてみると、一部、二部、三部は、それぞれ地域の産業と密接につながっていたことがわかります。このうち学生数が最も多かったのは三部です。繊維産地の尾州では、地元の教育機関がそれらの働き方に合わせた学び方を提供していて、そうした制度が繊維以外の工場も惹き付けた結果として、全国から勤労学生が集まってきていたのです。人の移動というと、東京や大阪といった大都市圏に地方から吸収されているというイメージがあるんですが、地方と地方の間でもかなりの人の流れがあって、そうした重層的でダイナミックな人の流れが、ここで見た繊維産業のほかにも、さまざまな産業の発展を支えてきたからこそ、高度成長が達成されたのではないかと思います。機会があれば、二部と三部の卒業生にインタビューして、彼女たちの家族について話を聞いてみたいです。特に、末子相続地域における人の移動のメカニズムを、家族戦略論の視点から読み解いてみたいと考えています。

松木：家族社会学の中で、家族の地域性みたいなことは、すごくメジャーなテーマではないにしろ、ずっと綿々とあって、また結構いろんな研究があるけれども、何でその地域差が出てくるかということについて、いまいちよくわからないような研究も結構あったりすると思うんです。前田先生の研究のすごいところは、やっぱりその地域差、地域的多様性というのが、いかに生まれてきたのかということを、説得的に理解することができる。そこは本当に面白い研究だなと思って、今回、僕も拝読させていただきました。

李：私は中国農村女性の労働についての研究を読んだことがあります。特に九〇年代以降、先生がおっしゃっていたように、日本の企業が中国に進出しました。特に、二十歳くらいの中国農村出身の出稼ぎ女性が主要な労働者となりました。その女性たちが三十歳とか、二十歳の半ばになると、農村に戻っていきます。ごく一部がサービス業とかに残っていました。最近になると、多くの女性労働者はサービス業に残って、働きながら結婚して、子どもを産んで、子どもを農村の上の世代に残して、都市で働き続けるんですけど。

中国の改革開放以降になると、女性が土地を持たなくなりました。女性が再生産労働を上の世代と一緒に協力しないと、再生産労働ができなくなります。日本のような拡大家族の議論も、実際、中国で二、三年前に盛んになっていました。つまり、上の世代が孫世代のケアをしないと、家族の再生産労働が続けなくなることがあります。以上、感想をちょっと述べさせていただきました。

もう一つお伺いしたいんですけど、嫁姑問題は岐阜県ではどうなっているんでしょうか。日本の高度成長期で女性たちが家を出て、いわゆる独立して、お金を手に入れることができたんです。二〇〇〇年代前後になると、姑になった女性たちは孫が三歳になるまでは働かないといけないと先生はおっしゃっていたと思いますが、そうすると、姑が四十歳、五十歳まで働かないといけません。結構、つらいのではないかと思います。そして、姑が苦労して稼いだお金を拡大家族にプールしないといけないということになるんです。そうすると、結構、嫁姑問題が発生しやすいのではないかと思いますが、いかがでしょうか。

前田：そうだな、そういう声を拾いきれていないなと思いながら伺いました。確かに姑さん世代は、割を食っていると思いながらやっているかもしれないですね。こうした家族戦略に巻き込まれることを姑世代はどう見ているかは、重要な課題です。また、新たな課題を頂いたので、そういった観点からインタビューをしてきたいと思います。

ただ、今、お母さん世代にこういう話を聞こうと思っても、なかなかそこまでいかないことが多くて……。それはなぜかというと、まだ息子も娘も結婚していないとおっしゃるケースがあるからです。もっと早い時期にインタビューしなきゃいけなかったかなと思ったりします。家族と社会は絶えず変化を続けている。すでに、新たな家族戦略が展開されているのかもしれません。あるいはそもそも家族戦略という視点の有効期限が迫っているのかもしれません。大きな研究課題です。

――二〇二二年十月二十九日、Zoomにより収録――

【参考文献】

速水融（一九九八）『江戸の農民生活史――宗門改帳による濃尾の一農村』日本放送出版協会
居神浩（二〇〇四）「家計構造からみた性別役割分業――経済の高度成長と日本型家族システムの確立」玉井金五・久本憲夫編『高度成長のなかの社会政策――日本における労働家族システムの誕生』ミネルヴァ書房、百三十三―百五十四
岩坂和幸（二〇〇七）「洋間の父ちゃん・母ちゃんの組織化と岐阜アパレル産地の復権」『中小商工業研究』九十一：三十八―五十三
木本喜美子・中澤高志（二〇一二）「女性労働の高度成長期――問題提起と調査事例の位置づけ」『大原社会問題研究所雑誌』六百五十：一―十五
倉敷伸子（二〇〇七）「近代家族規範受容の重層性――専業農家経営解体期の女性就業と主婦・母親役割」『年報日本現代史』十二：二百一―二百三十五
前田尚子（二〇一八）『地域産業の盛衰と家族変動の社会学――産業時間・世代・家族戦略』晃洋書房
内藤莞爾（一九七三）『末子相続の研究』弘文堂
中澤高志（二〇一二）「ニット製造業の地域労働市場と女性のライフコース――職歴を中心に」『大原社会問題研究所雑誌』六百五十：四十九―六十三
荻久保嘉章・根岸秀行（二〇〇三）『岐阜アパレル産地の形成――証言集・孵卵器としてのハルピン街』成文堂
田渕六郎（二〇一二）「少子高齢化の中の家族と世代間関係――家族戦略論の視点から」『家族社会学研究』二十四（一）：三十七―四十九

第五回

戦後日本の農村生活改善と「女性の人生」

小國和子

はじめに

小國と申します。本日は貴重な機会をいただきまして、ありがとうございます。では、「戦後日本の農村生活改善と『女性の人生』」というタイトルにて、お話しさせていただきます。

流れとしましては、今日初めてお会いする先生も多くいらっしゃいますので、私がこの農村生活改善というテーマに、いつどんなふうに出会ったのかということを最初に簡単にお話をして、そのあと、戦後、日本の生活改善普及事業がどういうものであったのかという内容に入ってまいります。中でも、今日の話の中心となります生活改良普及員、「生改さん」と呼ばれる方々のお仕事を概観し、こちらの研究会に関連すると思われる取り組み事例をいくつかご紹介します。そして、生活改善自体の意味が、時代の流れの中でどんなふうに変わったのかを確認し、最後に、Ｉさんという元生活改良普及員の方の実体験から、特に、最近私が関心を持っている月経衛生対処に関連して新たにお話を伺った際に教えていただいた、当時のなまなましい語りに触れて、「おわりに」という流れで、少々盛りだくさんとなります。というのも、私がこのテーマでお話をするのは、本当に十年ぶりぐらいなんです。ですので、久しぶりに資料をひも解いたら、懐かしくなって、あれもこれもというふうになってしまいました。

まず、私がどのような経緯で戦後日本農村の生活改善の調査研究に関与することになったか、その経緯をお話しします。私は文化人類学を専門にしておりまして、中でも開発人類学と言われる分野で、農村開発の研究をしております。そのきっかけが学部生時代のインドネシア留学だったんですけれども、それから国際協力の実践に関わるようになり、インドネシア、カンボジアでも仕事をしておりました。そうした東南アジアの農村現場において、現地の農家さんから、「日本の農民はどのようにして今のように豊かになったのか。そもそも日本に今、村はあるのか」などと、日本の農業や農村の歴史や現状について質問を受けることがよくあったのですが、そういったときに、いかに自分が知らないかということをとても恥ずかしく感じました。国際協力の仕事で現地の農村生活が良くなるように、というお仕事をしているのに、心もとないと言いますか。たとえば、「日本の農家は車を持っているのか」と質問されて、不便であればあるほど公共交通機関が発達していなくて、結果として自家用車の必要性が高くなるという日本の地方事情があるから、「農村部の住民はたいてい車に乗っている」と答えることになるわけです。すると、「一家に何台もあるなんて、やっぱりすごいなあ」なんて言われてしまって……。きちんと説明しきれなかったもやもやが残るといったことが何度もありました。

このように、自分が東南アジアで農村開発実践に関わる中で、日本の農村はどのような歴史的な経緯があって今に至っているのかを学ぶということ、特に、戦後の貧しかった時代の日本の、言ってみれば、農村開発の経験を学ぶということは、その後に海外で農村開発に関わる者にとってとても重要なことではないかと、そういうふうに考えるようになりました。それがちょうど今から二十数年前でした。そしてちょうどその頃に、アジア経済研究所（アジ研）の佐藤寛さんや、当時は農水省の研究所におられた水野正己先生が、手弁当で始めてくださった、戦後日本農村の生活改善の関係者に対する聞き取り調査に、運よく参加させていただく機会を得ました。関係者の方々の高齢化が進む中で、「今聞かないと、もう話が聞けなくなってしまう」という危機感を持って全国を回っておられて、私はそのうちの何か所かの聞き取り調査に参加いたしました。聞き取りの対象者は、全国の生活改良普及員さんの中でも、草創期と呼ばれる、事業初期の昭和二十年代から三十年代にかけて活動していた方々と、実際に各地で生活改善に取り組んだ生活改善実行グループの女性たちでした。沖縄から東北まで、だいたい二〇〇〇年からの二、三年の間に各県に参りまして、お話を聞くということをいたしました。

ですので、私が当時、関心を持って耳を傾けたことは、戦後から現在に至るまでの普及事業など、何十年間もの動きをカバーするものではありませんでした。あくまでも草創期に焦点を当て、「貧しかった農村の開発経験」という観点から、昭和二十年代後半から三十年代のその時期の話をお聞きしたということです。もう一つは、当時の私自身の関心が、農村開発援助の実務の一環として「普及」を捉え直すとどのようなものだったのかということでしたので、本日のこの研究会の趣旨であるジェンダー研究という観点から言うと、極めて情報収集が薄かったと痛感しております。どうかその点はご理解いただき、ジェンダー研究として捉えた生活改善の議論につきましては、ご専門の先生方が別途さまざまに論文を書いていらっしゃいますので、ご関心のある方はご参照いただければと思います。

「生改さん」とは

私自身が、ジェンダー専門家でもないのに、今回のタイトルに「女性の人生」という言葉を付したのには理由があります。国際協力機構（ＪＩＣＡ）が派遣しているＪＩＣＡ海外協力隊に『クロスロード』という月刊誌があり、そこにちょうど二〇〇九年から二〇一〇年にかけて、先述の佐藤寛さんをはじめ、生活改善の共同研究をしていたメンバーの何人かとコラムの連載を持たせていただいていたんです。その中でも特に思い入れが強いコラムの一つが今日、最後にお話しする滋賀県のＩさんの語りをもとに執筆したものでした。彼女の語りがなぜ、とてもインパクトがあったかというと、まず、Ｉさんという方は、公私の両方にまたがるご自身の人生をずっと緻密に数字とともに覚えておられる方でした。それまでにも多くの県で生活改良普及員さんのお話を伺ってきたのですが、Ｉさんは、単に普及員としての活動の話にとどまらず、子どもの頃からのエピソードに始まり、働くようになってからや、結婚してからのご自身の生き様を、とても丁寧に細やかに語ってくださいました。そういったお話を聞いてコラムを書いたときに、自然と、「女としての人生」という言葉をタイトルとして付けたくなってしまったのでした。そういうことがありまして、今回もＩさんについてのコラムを読み返し、つい嬉しくなって、「女性の人生」とタイトルに付したというだけであり、実のところ、女性研究、ジェンダー研究としての専門的な含蓄があってこのタイトルにしているわけではございません。

というわけで、各地での聞き取り調査のお話に戻りますと、実際に戦後の生活改善普及事業がどのようなものであったのか、まずは理解を深めようということになりました。中でも私たちは、農村開発研究の一環で同事業に関心を寄せておりましたので、当時の普及員さんが、いわば現場をめぐる開発ワーカーとして、農村現場でどんな仕事をしたのか、農村で女性たちとともに何をしたのかということに関心を持って調べることになりました。

こちらの研究会では、生活改善を専門的に研究しておられる方もいらっしゃるということなので、釈迦に説法のようなことで恐縮なのですが、当時、生活改良普及員、いわゆる「生改さん」のイメージというと、広報媒体で見かける典型的なものとしては、スカートを履いて洋服を着て、そして少しちらりと後ろに見えているのが自転車でした。つまり、スカートを履いて自転車に乗っているという、まさにその当時の農村にはなかった「近代的な」新しい女性の姿を農村に持ち込むイメージがあったと思います（**写真5－1**）。

事業の背景としましては、敗戦後の日本農村において戦勝国のアメリカGHQから求められた大きな変化として、民主化と近代化がありました。直接の生活改善普及事業の背景となりましたのは、三大農業改革のうちの一つである農業改良助長法で、これは一九四八年に制定されました。それがベースとなって、農業改良と生活改良の二本立てにて、当時の普及事業が農林省において始まりました。ですので、農業と農村の民主化と近代

写真5-1　スカートで自転車に乗る女性普及員

出所：農村生活改善協力のあり方に関する研究会編資料（2006a）

化を進めていった背景には、戦勝国アメリカの普及というものがあって、それを、言ってみれば輸入するというような流れがあったわけです。ただ、全国を回ってお話を伺ったときに、行われていた生活改善の取り組みに、アメリカの普及が直接的な影響を及ぼしていると説明されることはほぼなかったように記憶しています。他方で、各県の草創期の生活改良普及員さんにお話を伺ったときに多くの皆さんが言及しておられたのは、農林省で最初に同事業を先導した、初代生活改善課長の大森（山本）松代さんという方のことです。この大森松代さんという方が、自身はキリスト教の家庭の裕福なご家庭で育って、当時の文部省の出身で、家政学を学び、アメリカ留学もされていて、英語もできる等ということで着任されたと、当時の関係者の方から伺いました。山本松代さんご本人の回想録などを見ておりますと、奉仕の精神、といったキーワードが出てまいりました。たとえば、ご本人は裕福な家庭で育ったけれども、今の日本はまだまだ貧しい農村のほうがマジョリティで全般であり、そのような中で彼女が、生活改善課長として、「人を育てる」普及事業へ、「奉仕の精神」を持って取り組んだというようなことが書かれています。ですので、これは結果論としてなんですけれども、その後を見ていましても、この頃の生活改善普及事業の「人づくり」へのこだわりは並々ならぬものがあると感じます。一方で、当時から現在に至るまで、農水省の基本的な事業は、やはり技術の発展であるとか、生産性をいかに上げるかというところが中心だと思うのですが、他方で、この生活改善普及事業、「生改さんの仕事」というのは、本当にその中で突出して、「人づくり」、特に農村女性自身の変化にこだわった事業だったということは言えるかと思います。そういった背景があって、昭和二十三年に事業がスタートし、農業改良普及員と生活改良普及員が全国に配置されました。

事業の概観としましては、今日お話しするのは、だいたい昭和四十年に入るぐらいまでのものです。戦後と表される時代がその中心であり、ＧＨＱの指示のもとで、いかにして、貧しく、敗戦で疲弊している農村の生活を民主化するか、いかに近代化するか、合理化するか、科学的に考えるかといったような方向性を持っていた時期でした。富田（二〇一一）によれば、当時の、特にこの時代の生活改善というのは、より「都市的・欧米的な生活様式を目指」し、「変えなくてはならない」活動として位置づけられていたとのことです。その前提には、今という状況が貧困で、明らかな問題状況にあるので、変えなきゃいけないというのがあったということになります。ここで言う、「都市的・欧米的」といった方向性は、その後、日本が経済成長を遂げて新たな農村課題に直面する中で見直され、このあたりは反省の対象にもなっていくのですが、そこはまた別の機会にと思います。

アメリカから持ち込まれた制度ということで、市田（一九九五）によりますと、アメリカの普及制度の根拠法と、農業改良助長法の冒頭部分が非常に似ているというような指摘もされています。実際に、初期の資料では、アメリカの普及員が視察をしているような様子も残っておりまして、私がそれを最初に見たのはインドネシアやカンボジアの農村開発現場で仕事をしているときでしたので、「ああ、そうか、自分も、現地でこんなふうに見えているかもしれない」と思いました。本当に示唆深い資料でした。そして、**写真5－1**の、「スカートで自転車に乗る女性普及員さん」の姿は、男性の農業改良普及員さんとセットで広報媒体に登場することが多く、象徴的なイメージを提供していました。当時の農村に変化をもたらす近代的でハイカラな存在であったということが言われています。

また、基本的な普及アプローチとしましては、生産力の向上や技術移転ということが最終目的ではなかったというところが、非常に特徴的なんだと、先ほど申し上げましたように、「考える農民」というのがスローガンにありました。初期の頃の農業改良局長さんの講演でも、「従来の農政がもっぱら働く農民を想定してきた」のに対して、これからは、「生きる農民」「考える農民」「夢見る農民」を想定すべきだといったようなことも言われています。ですので、おのずと普及事業にあたっては、農民の自主性の確立というのが重視されたわけです。当時は、それ以前の家父長制に対し、「日本の農村社会は非常に封建的だ。それを解体すべき」というようなGHQの強い後押しがありましたので、そういった後押しのもとで、民主的な農村社会を作り出す事業として、普及事業が展開したということになります。

普及事業の中でも「生活」にフォーカスした生活改良普及は、農村女性を主な対象としますが、「考える農民」というコンセプトを共有していましたので、おのずと女性たちに対しても、受け身で何か与えられてやるということではなくて、農村の女性たちの中でも一番力がないと言われていた「若嫁さん」と言われる人たちが、いかに自らが自分の問題を考えて、気づいて、課題解決するかという、そのプロセスをすごく大事にする、そういった事業になっていきました。

草創期と言われる初期の最初の十数年頃、どんな人が生活改良普及員になったのかと言いますと、家政学や教員経験のある者というふうに言われていますが、最初は本当にまだ戦後の時期ですので、資格を持ってる人は非常に少なかったということでした。各地で話を聞いておりますと、女学校を出ている人、言ってみれば、学がある女性で、戦争未亡人になってしまったというような人に声がかかったというようなことを聞いております。

事業としての側面と運動としての側面

生活改善の調査をしている中で、気をつけないといけないと思ったことが一つあります。それは、事業としての側面と運動としての側面があるということでした。先ほどは、どちらかというと、当時の農林省ベースの事業としての側面に着目してお話をしてきました。中央省庁で取り決められた全国展開の改良普及事業であったという側面です。よって、各県での実施に向けて、中央でさまざまなマニュアルを作って、それら共通資料をもとに、各県での普及事業が実施されたわけですね。この点で一つ特徴的なのが、生活改良普及に関わった元普及員さんに各県で話を聞くと、「東京で研修を受けた」という話がよく出てきたことです。実際に、全国津々浦々から普及員さんを呼んで研修をして、そこで、各県で頑張っている普及員さんたちが、他県の取り組みを互いに知り、知識と人脈を増やして、地元に戻っていくということが行われていました。また、そういった研修機会で各県から吸い上げられた現場の取り組みが、その後に展開する教材や資料に生かされていました。このようにして、知識や人が中央と県、農村の現場との間で循環していたのが、東南アジアで農村開発に関わってきた私などにとっては、非常に大きな特徴として感じられました。つまり、全国的な事業としてはトップダウンの側面を持ちつつ、個別の経験を吸い上げていくボトムアップの機会があるというようなところです。

そういったダイナミズムについて別の見方をすると、市町村、県のほうでは、独自のいろいろな草の根レベルの工夫が行われていて、そういった話を、実際にグループでの活動に取り組んだ農村女性の方々に伺ったりすると、「事業」としてよりも、どちらかというと生活改善「運動」として語っておられる、というのが印象的でした。当時の農林省で事業に従事された方等にもお話を伺う機会があったのですが、そこで説明される「普及事業」としての側面との語り違いというものを、農村現場でお話を聞きながら興味深く感じました。

たとえば、このあと、何度も出てくる『図説　農家の生活改善』は、絵が中心の、まさにわかりやすい図説で当時の生活改善の具体を示した資料であり、昭和三十年代に出されたものなんですけれども。たとえばこの図（写真5－2）のように「古い習慣にしばられていないか」みたいなメッセージ性を含むものが、この教材の中に入っています。近代化、民主化を目指す事業として、中央省庁でこういった教材が作られ、全国でこういったものを使って普及がなされたという説明が一方にあるとする

写真 5-2 「古い習慣にしばられていないか」
出所：『図説　農家の生活改善』(1954)

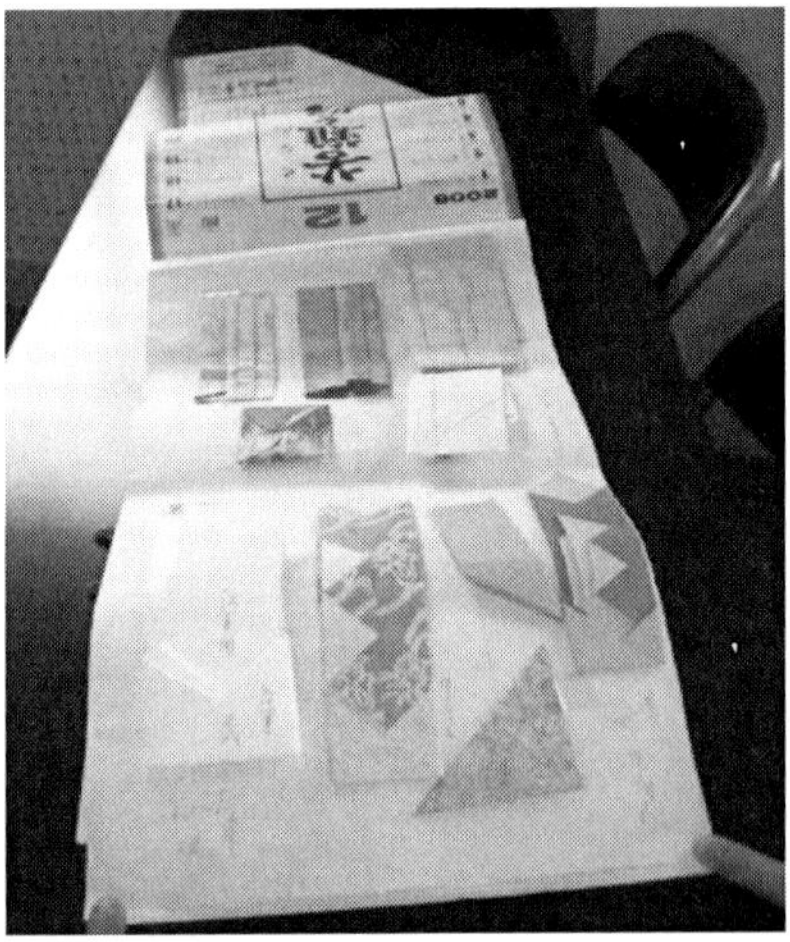

写真 5-3　箸袋のデザイン
（カレンダーの裏に箸袋のデザインが貼られている）
出所：滋賀県元生活改善普及員Ｉさんインタビューより

と、他方では、各地域の普及員さんたち一人一人が、目の前の現状を前提に、何かしらできることをと、工夫して取り組んだという、とてもローカルに生み出された実践としての側面もあります。たとえばこの写真（**写真５－３**）は草創期の活動ではなく、だいぶあとになってからの新しい例ですけれども、滋賀県の元普及員Ｉさんが実際に取り組んだ活動例の一つとして見せてくださったものです。カレンダーの裏にいろんな箸袋のデザインが貼ってあるんですね。いろいろな箸袋を作ったからといって、別に何か経済的に変わるというわけではないんですけれども、時代を超えて普及員さんが大事にしていた生活改善のスピリッツというのは、たとえばこういったささやかなもので、自分の今できる生活を少しでも華やかにしたい、明るくしたい、豊かにしたいということだったと感じています。「今」をより良く、ということで何か工夫はできないかっていうのを常に生改さんが考えて、目の前にいる女性と向き合っていたから、その延長線上で、たとえばこの箸袋みたいなものも出てくる。この次元での個々の取り組みは、中央で整備されたマニュアルに出てくるというよりは、現地の実践を通じて生まれたさまざまなエピソードとして、各地で耳にしました。

全国各地の事例

事業の紹介と私自身の当時の関心の持ちようについてざっくりとお話しいたしましたが、ここからは実際に各県で、どんなことをしていたのかということの中から、農村女性の家庭内外での立場であるとか、あるいは関係性の変容に関係しそうなことに着目して、いくつかの例をお話しさせてください。

まず、生改改良普及員（生改さん）が基本的にどこでも行っていたことの一つが調理実習だったと思います。基本的に衣食住を取り巻くいろいろな活動をしたんですけれども、中でも調理実習というのは、「食べることはどんなに貧しくても、どんな地域でも、必ず毎日することなので」と言われ、最初の時期から各地で実施されていました。

ただ、面白いのは、この調理実習というのも生改さんによれば、いくつかの戦略や目的を含むものであって、ただ料理を作るためのものではないということでした。たとえば、一つには農村女性といってもいろいろな立場があって、そこでの壁や確執があるわけです。そこで、生改さんがまず農村に入っていったときに最初に誰にアプローチしたかということです。最終的に一番アプローチしたいのは、家庭内外で最も立場が弱かった「若嫁さん」なわけです。ですが、「最初から若嫁さんに直接アクセスしてしまうと、結果としてうまくいかない、周囲から総スカンを食らってしまう」と言うのです。ですから、生改さんは、まずは村長さんや村長夫人の所に行きます。あるいは、他村へ嫁に行かずに婿を取って出身村に残っていた「婿取り娘」と呼ばれる女性たち、そのほかにも、地元で比較的力がある女性、たとえばお寺の奥さんであるとかといったような、その村で、比較的、発言しやすい立場にある女性たちにアプローチをして、またお姑さんたちの理解を得ながら、やっていくことに注力したのだそうです。

当時の農村社会で相対的に脆弱な立場にある若いお嫁さんたちが活動に参加していけるように、できるだけ周囲の理解を得やすい取り組みから始めていく、そういう点でのきっかけとして、調理実習が「使いやすかった」ようです。たとえば、お寺で調理実習をして、まずはお寺の奥さんや村長さんの奥さんに声をかけて、自分のところのお嫁さんをその場に参加させてもらい、「この活動はいいから、次もまた出るといいわよ！」みたいなふうにして理解を得ていたそうです。それ以外にも、調理実習に参加した人たちがその場で食べて帰るのではなくて、調理したものを、必ずお土産に持たせる。そうすると、これに参加すると、何かおいしいものを持って帰ってくるんだなということで、なかなか外に出られない若嫁さんも行けるようになるといったようなこともあったそうです。さらに言えば、生改さんにとって調理実習などの活動の場で観察したい重要な目的の一つは、その後、農村女性の中でグループ形成をしていく際に中心になれるような、リーダーシップをとれる人がどこにいるんだろうかと、つまり、リーダーを発掘するというのがあったそうです。調理実習に集まってきたバラバラの人たちの中で動きを観察して、潜在的なリーダーシップを持っていそうな女性に目星をつけたというようなことも言われています。

このいった詳細な活動の記録がどういった資料に残っているかということで言うと、このあとにご紹介する滋賀県の

Ｉさんが使っていた毎年の記録簿もその一つです（写真５－４）。たとえば、昭和三十四年だともっと大きいものなんですけれども、その後、三十六年になりますと、よりポケッタブルで、常に持っていられるようなサイズになっていました。そして、開きますと右の写真にありますように、当時、彼女が普及員として巡回していたエリアについての地図が貼ってあります。これまた違う年のものから引っ張ってきているんですが、そこにはこのようにしるしが付けてありまして、衣食住のどういう活動をしていたかとか、健康であるとか……。これは、生活管理ですね。その地図上に、人のマークが描かれていて、「凡例」に「よいリーダーがいるところ」などと書いてあります。

たとえば、これを見てみますと、「よいリーダーがいるところ」というしるしがあって、そこにはたくさんの食の活動であるとか、衣類や住居の活動も行われているといったような記録がなされています。このようにして、生改さんは、常に調理実習であるとか、衣服のことなどという活動をしながら、その女性たちの中で連帯＝グループ化して動いていくうえで、どのような場を使って、どのような人を中心に置けばいいのかということを考えながら、動いていたということですね。そういった細やかな観察眼を持った取り組みが、こういった記録に表されているということになります。

調理実習以外にも、初期は小さな活動がたくさん行われたというのが

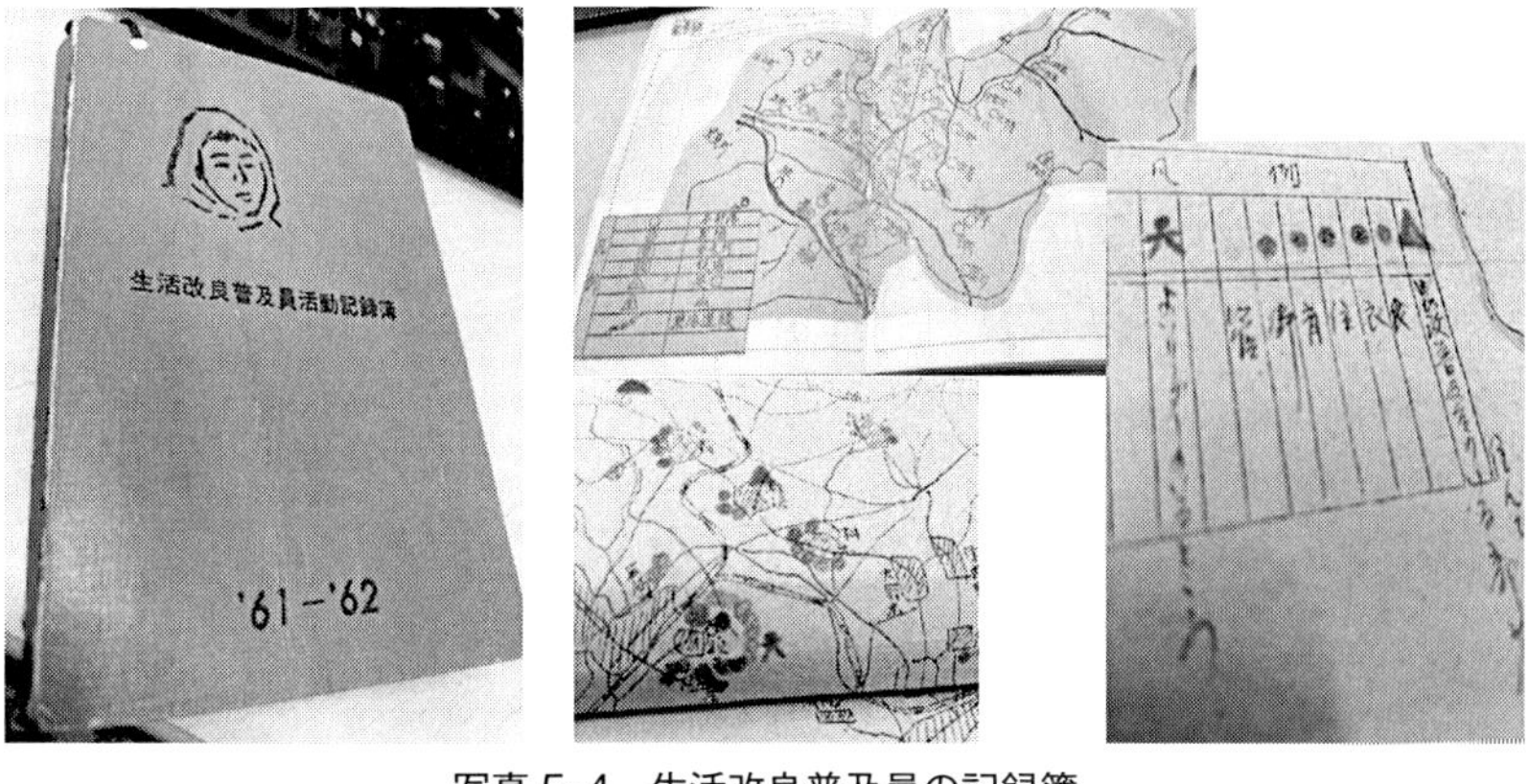

写真 5-4　生活改良普及員の記録簿

出所：滋賀県元生活改良普及員Ｉさん提供

印象深いことでした。特に農村の中でも、豊かな方と貧しい方がいらして、村内の経済格差がありました。そこで、全国で聞き取りを始めた最初の頃、「本当に貧しくて何もできなくて、グループに参加できない人はどうするんですか」と、各県に行くたびに質問していたんです。それは、私自身が東南アジアの農村でお仕事をするうえで悩んでいたことでした。そうしますと、「その時々にできることを見つけてやってみる」「必ずしもグループだけではない」といった具体的なお話がいくつも語られました。たとえば、鹿児島県の生改さんが、活動には全然参加しに来られない女性の家を巡回訪問したら、おうちの中は狭くて真っ暗で、かまどの隣の床にお玉が転がっていたと。そこで、そのお玉にひもをつけて、壁に釘を一本打って、「これは壁にかけるといいんじゃない」と声をかけたとのことでした。目の前にいる女性ができることで、どんなに小さくても生活課題は自分で自分の問題が解決できるんだよという経験を、生改さんは女性たちに何か一つでもさせたかったと。さらに言えば、一人ではできないことについては、グループを形成して、共通の問題を解決できるんだというふうに指導したということでした。こういった生活改善の取り組みが目指すところは何かという点について、全国津々浦々で聞かれたこととして、「状態と態度の変化」を目指すものと言われていました。現在の国際開発における農村開発の文脈から見ると、ここで言う「状態」というのは、いわゆる物理的に良くなる、比較的可視的な意味での改善として捉えられます。それに対して、「態度の変化」ということが、特に非常に重要な側面として伴っていました。

ちなみにこの写真（**写真5－5**）は右が布団干しです。お布団を干しましょうということで、これは健康改善の一環での取り組みです。左は、シャツを真っ白にする洗濯の仕方をデモンストレーションしているところだそうです。戦後の農村生活改善というと、かまどや台所の改善や農作業衣の改良などが思い浮かぶことも多いと思われますが、そういった時間とお金がかかる改善活動に至る前には、いわば一発芸みたいな小さな取り組みをたくさん積み重ねて、そうした機会に人が集まってきて、その時点ではすぐに個人でできるようなことをたくさんされたんだなということが、私としては印象深く、開発実務者としてはとても参考になりました。

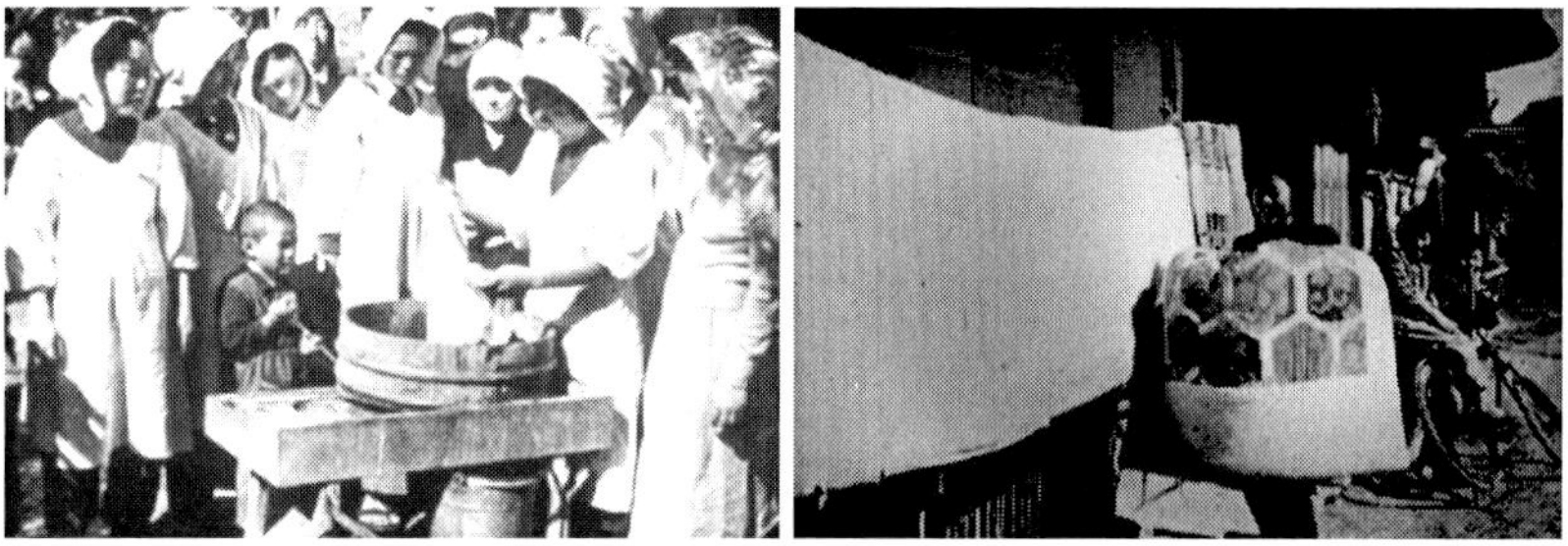

写真 5-5　生活改善の小さな取り組み

出所：農村生活改善協力のあり方に関する研究会編資料（左：2006b、右：2006c）

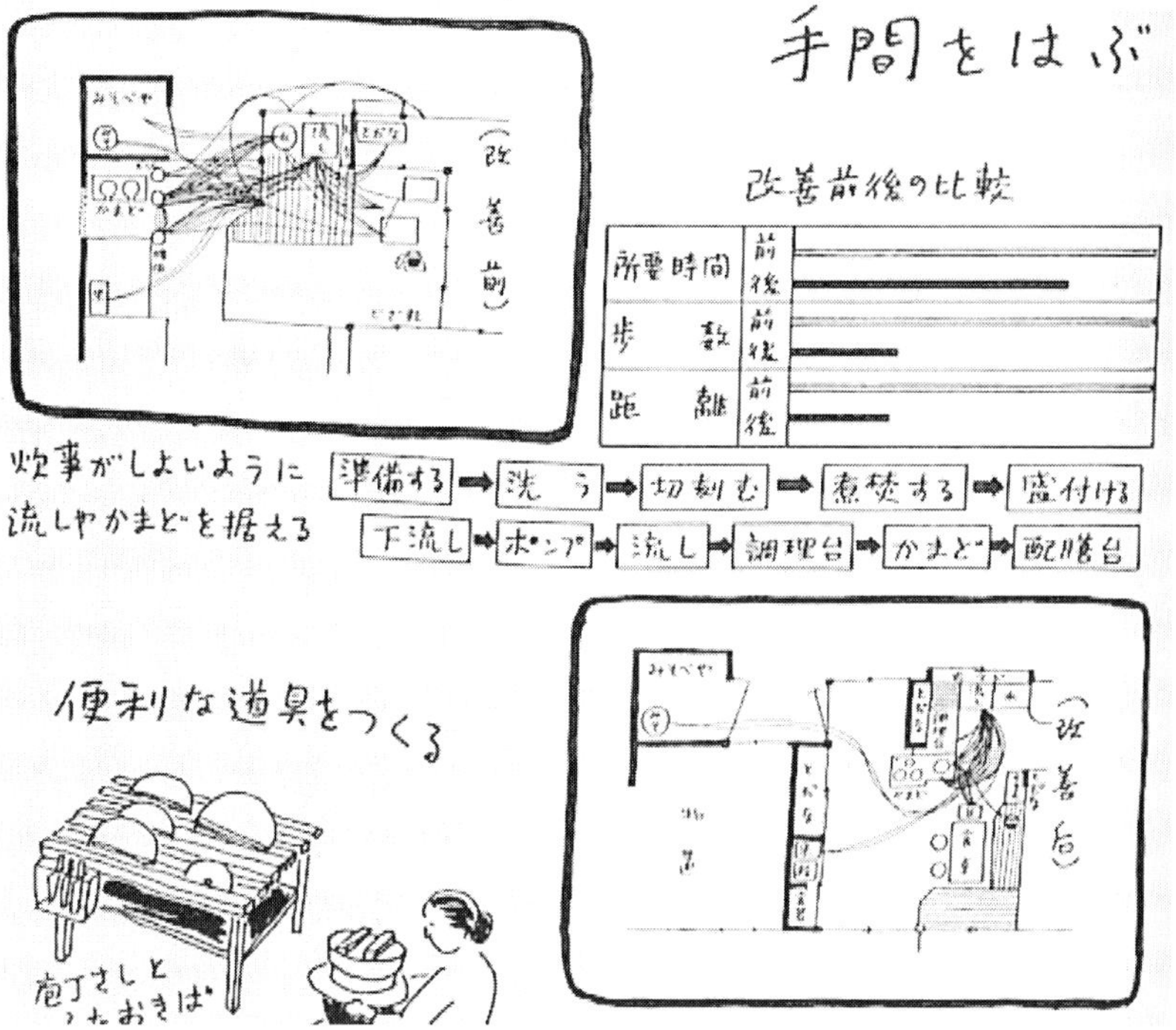

写真 5-6　台所の動線

出所：『図説　農家の生活改善』（1954）

そういった小さく多様な取り組みの先に展開した活動の一つが「かまど改善」です。「生活改善といえばかまど」、みたいなイメージを持たれる方も多いんですけれども、最初から「かまどありき」ではなかったわけです。そのことを申し上げたうえで、かまど改善や台所改善を取り上げてみます（写真5－6）。ただ、本日の関心は、生活改善そのものというよりは、そこからジェンダーイシューとしてどのような論点が見いだせるかということだと思いますので、少し違った説明の仕方をさせていただきたいと思います。かまど改善の説明としては、女性の長時間労働を軽減する、薪消費の効率をアップする、煙による眼病を回避する、台所の労働環境を改善するといった事柄が、その目的として挙げられています。これは、『図説　農家の生活改善』からの抜粋ですが、台所周りの改善の必要性や意義を周りの人に理解してもらうために、実際に動線調査と言って、現状としてはどのぐらい無駄な動きがあるか、動きを可視化して見せたのだそうです。この図は、台所で女性がどのぐらい動いているかという線なんですね。このように、日頃見えないものを可視化する、目に見える形で動きを見せて、たとえば滋賀県だとお寺の奥さんみたいな人にモデル的に実証していただいて、その効果を周囲に見せて説得していくというようなことをしたそうです。

ただ、かまどという場所をめぐり、ほかの視点からの議論もございました。たとえば、古くて非効率な暗いかまどは、煮炊きに時間がかかるから、日頃から全然休む場所がなく、もちろん自分の部屋もない農家の若嫁さんが、実はかまどの前で一休みしていたといった側面であるとか、暗いかまどの前でそっと涙をぬぐっていたのが、改善された台所では逃げ場がないといったお話があったことを、各県で調査されたお話を聞く中で耳にしました。ですので、物理的な施設の効率化は、単に建物や設備が整備されるだけでなく、加えて、女性が堂々と休めるような社会に向けて、当事者や周囲の人々の意識の変化が伴わないとダメなんだなということも、こういったエピソードからは学ぶところでした。

「休む」ということの難しさに関して言えば、私も実際にインドネシアやカンボジアで開発援助実務者として活動している中で、なかなか「休むという活動」を奨励するということは考えつかない、やりにくい、ということを実感しました。支援する側もしっかり仕事せねば、ということもあり、結果として現地の農村女性をどんどん忙しくしてしまうような仕事ばかりつくってしまうわけです。ですから、自分に対する戒めもあって、実際に、生改さんがいかに休むということを女性に実現させたかという例を、協力隊機関誌のコラムで書かせていただいたことがあるのでご紹介します。

　これは愛媛県の資料ですが（写真5－7右）、牛の夕涼みに女性たちも浜辺に寝転んで共に休む。休むということこそ、一人ではできないので、女性グループをつくって生改さんが先頭を切って、牛を連れていくという名目で、浜辺に行って横に転がっているという、非常に象徴的なお話でした。当時、計画的に休むということは、計画的に働くということ以上に、難しか

写真 5-7　休む活動
出所：『クロスロード増刊号』(2010)

写真 5-8　個人でできること、グループだからできること
出所：『図説　農家の生活改善』(1954)

ったんだということが示唆されると思います。

先ほど、特に貧しい所では、いきなりグループではなくて、個人個人で、現状でもできることをやっていたんだという話をしましたが、その点を踏まえたうえで、今度はグループ活動に目を向けてみます。実際のところ、生改さんたちの仕事は、このあと、女性たちがグループでできることに比重が置かれていきます。それは制度としても、対応しなければいけない担当地域が広くなっていったというような流れもございますけれども、今回取り上げている草創期と呼ばれる事業初期に関しては、個人でできる改善と、グループだからこそできる改善を分けて説明されていたことが、やはりこの『図説　農家の生活改善』からも見て取れます。

たとえば、こちらの左側は、個人で自分の生活を見直しましょうというのがメッセージです（写真5－8）。これに対して右側は、一人ではできない共同購入であるとか、お金を生み出す「にわとり・たまご貯金」のように、組織化することでできることもあるよというのを見せながらやっていました。ただ、実際には住民間で格差がありましたので、少なくとも初期は何でもかんでもグループ化するというよりは、できるだけ巡回をして、きめ細やかにやるというようなことも気を使っておられたのだろうと思います。

保健婦（注一）さんとの連携や、地域としての取り組み

次に、他機関等との協力の一つとして、保健婦さんとの連携について取り上げさせていただきます。実際に、初期の生改さんはご自身が何らかのセクターの専門家ではなかったので、それぞれの専門のワーカーさんと一緒に仕事をしていることが多かったです。農業技術については農業改良普及員さんですが、保健分野に関しては、県の保健婦さんと、市町村の保健婦の両方との協働があったというふうに聞いています。住民参加による保健活動ということで、家族計画の指導を保健婦さんがしているビデオが残っていますが、そういったときに同じ場所の隣で、生活改善指導をするとい

うことを話されていました。

もう一つは地域における協働です。個人ではなく、グループができていきまして、生活改善の動き自体が、村に認められていったうえでの段階になりますが、より組織的な活動がなされるようになってきます。その象徴的なものの一つが共同炊事であり、あるいは共同保育であったと思います。実際には、たとえばお寺などが場所を提供して、託児をしていたとか、あるいは、一番忙しい農繁期に農家さん以外の人たちの協力を得て、共同炊事をしたというお話もありました。特に有名な例では、愛媛県の例があります。山のほうはみかん栽培、平場のほうは稲作中心という地域があり、農繁期が異なりますので、こちらの忙しいときにあちらから人に来ていただいて共同炊事をしたというのが生活改善の全国大会で優勝したというようなお話を、当時の生改さんからお聞きしました。

時代による生活改善の意味の変遷

以上のようなことで、いくつか活動の具体例をご紹介させていただきました。ここまで見てきたような生活改善の数々の実際の取り組みに関して、聞き取り調査を始めた当初は、ただただ圧倒されながら調べていました。インドネシアやカンボジアの農村で働くうえでも、たくさんの実践的な示唆を頂きました。ただ、そうなんですけれども、その先にどのような農村像が目指されるのかと考えたときに、都市的な生活、近代化を目指す方向性は、その後、見直されていくことになりました。今になってみれば、「変えていくこと、しかも欧米化、都市化の方向での変化を目指す」という姿勢は、高齢化、過疎化が進み集落維持が危機的に困難な時代を迎えている現代社会の文脈に置き換えるとすごく問題で

（注一）：当時の表現に準ずる。

もあるわけです。ですので、いつ頃から反省に転換したんだろうというところを少しだけ見ておきたいと思います。生活改善における、農村地域の伝統や慣習的な物事の扱いについてです。

先述の昭和三十年代に出された『図説　農家の生活改善』は、一九六九年（昭和四十四年）に違った形で『図説　生活改善』で出されているのですが、目次などで変化が見られました。出されていました。それを少し比べてみたいと思います。昭和三十年代のものでは、「ムラ社会というのは本当にそれ自体が問題だ」「封建的な農村は変えないといけない」という発想でメッセージが出されていました（写真5―9）。だから、ここでは農村のしがらみを否定し、都市の生活を肯定するような描かれ方になっています。つまり、近代化、民主化、都市化というのを前提に農村の現状を問題視することで解決策を探るアプローチだったということが言われていました。たとえば、先ほど例に出した調理実習でも、結構、洋食メニューが多いんですよね。パン作り、クリスマスケーキ、カレーなど、新規性があって都会的なメニューを作ったよというのは、各地でよく聞かれたエピソードです。

昭和三十年代に出された資料と、一九六九年（昭和四十四年）に出された資料の目次を比べますと（図5―1）、三十年代のものでは、「古い習慣にしばられていないか」というところがストレートに出ています。それが、昭和四十年代のものになりますと、すっと消えているんですね。より科学的に見ていくという、問題の見方、目線の変化が見られます。三十年代は、「とにかく封建的な農村社会を変えていかないといけないんだ、今、それが問題だ」ということだったのが、経済成長下で、「物事をより科学的に、定量的に見ていきましょう」という方向転換があったのではないかなと考えられます。たとえば、「疲労と健康について考え、栄養のバランスを取って、貧血を改善しましょう」、そして、「経済的に良くなるようにやっていきましょう」というような動きが見られます。さらに言えば、今の農村課題への取り組みに直接つながるような、地域資源を再評価して地産地消を目指すといった動きは、さらにその先の昭和五十年代からの話になります。そういった関心を持って、関係者の方々の振り返りの資料というようなものを見ていきますと、やはり、同普及事業を進めていた人たちの中でも、だんだんと変化が見られます。事業が開始された当初は、貧しさからの脱出が大きな目標だったから、その当時の文脈では、無駄をなくし、しがらみにとらわれず、より民主的な生活を目指そうという方向性は非常に妥当であったと思われます。それが二十年経った頃には、すでに農村の良さをもう一度見直さないといけないんじゃないかというような声が出始めているという変化が見られます（農産漁家生活改善研究会一九七九）。

　つまり、生活改善の対象となる問題は、特定の時代背景のもとで

写真 5-9 「図説　農家の生活改善」（1954）にみるムラ社会への批判的視点

1954年『図説　農家の生活改善』目次	1969年『図説　生活改善』目次
生活を考えてみましょう	くらしのバランス
⑴　農業のために生活が圧しつぶされていないか	食生活の工夫
⑵　気づかない所に無駄はないか	私たちのくらしと貧血
⑶　古い習慣にしばられていないか	主婦の疲労について
⑷　みんな楽しく働ける工夫をしているか	生活の予定をたてよう
生活改善の進め方	農家の経済について
生活改善のさまざま/ 生活改善には目的をもって	農村の生活共同施設と自宅改善（個室化の工夫）
さて私の家で改善しなければならないのは	
生活改善はみんなで/ 生活改良普及員は	
誰でも出来る改善の工夫	
衣　食　住	

ポテンシャルを探すより、いかに「今という問題状況」を変えるかが課題視された

経済成長下で、より科学的に、定量的に

地域資源の再評価が主流となるのは、その後（S50代～）

図 5-1　資料目次の比較

出所：『図説　農家の生活改善』目次（1954、左）、『図説　生活改善』目次（1969、右）より小國作成

設定され、それが、時代の変遷と大きな社会の変化に即して見直されて、変更されてきたということが言えます。ですので、注意すべきなのは、初期の生活改善が近代化、都市化、欧米化志向だったからといって、それを今のこの時代から振り返って、あれは単なる欧米化であったというふうに単純化して批判するのは間違いであるということです。どの時代の取り組みも、その当時の文脈の中で理解しないといけないというのが、私の考えです。

以上が、戦後日本農村の生活改善普及事業と、現場で展開した生活改善の取り組みから私自身が学んできたことです。では、ここからは、最近の私の関心である月経研究とも関連づけて、滋賀県の元生改さんIさんの語りを紹介することで、生活改善と女性としての人生を併せ見るようなことができたらなと思います。

堀口（司会）：すみません。ここで波平先生に簡単な質問をしていただきます。

波平：はい。大変恐縮です。網羅的ではありませんでしたけれども、山口県内で生活改善の調査をしてまいりました。でも、こういうふうに、小國先生は日本全体の動きの中で、滋賀県の生活改善の運動、あるいは普及員の方の活動なんか論じてくださって、大変勉強になりました。「私、こういうことを知っていたら、自分の調査地で、もうちょっと違う調査がやれたんではないだろうか」と、しかもまだ生活改善の影響がそのまま残っていて、人々の記憶が非常に鮮明なときに調査を始めていながら、自分の調査の足りなかったところをもう本当に悔しい思いで、振り返っております。どうも今日はありがとうございました。

堀口：波平先生、ありがとうございます。では小國先生、続いてIさんの事例をご紹介いただけますでしょうか。

滋賀県の生改さん（Iさんの事例）

では、最後のパートに移ってまいります。なぜ最後にたった一人の人の話を入れようとしたのか、その理由を申します。まさに先ほど波平先生がおっしゃってくださったように、全国的な動きとして見ていると、生活改善普及事業としてどうだったかという評価的な話にどうしてもとどまってしまうんですね。そうではなくて、農村で暮らす女性たちが実際の一人一人の人生の中で、社会の変化の中でどんなふうに苦労しながら努力したかであるとか、どんなふうに翻弄されたかであるとか、ジェンダー関係をどんなふうに変えようとしたのかであるとか。そういう具体的なストーリーが重要ではないかと思いまして。たった一つではありますが、生き生きしたストーリーがお伝えできればということで、入れさせていただきました。

Ｉさんは、昭和三年に岐阜県で生まれた方で、女学校に通っておられた時期に、岐阜県で戦災に遭われました。これは本当に偶然なんですが、私の調査地であるインドネシアのスラウェシ、――当時はセレベスと言いましたが、Ｉさんのお父様は軍属として、セレベスに出ておられた方で、戦争が終わったときには、まだセレベスにおられて、身寄りがなかったので、岐阜を離れて疎開をしたのだそうです。ですから、学校から遠くなってしまって、中退をしたと。短大ができたから転校するように、先生もＩさんに勧めてくれたそうなんですけれども。自分は長女だったから、働かねばならなかったと。では、なぜ生改さんになったのかといえば、当時、疎開先の町役場で、農地改革の台帳の写しのアルバイトをしておられまして（これも時代だなあと思うんですが）、それを見た町長さんから、ちょっと変わった奴がいるということで声をかけてもらって、教えてもらったのが、生改さんの試験を受けるきっかけだったそうです。その後、無事に合格したあとに必要な研修を集中的に受けて、生改さんとして仕事を始めたのだそうです。ですので、Ｉさんの自分のイメージとして、「自分は農家育ちではないので、最初、農家のことはあまり知らなかった」ということだそうです。

仕事をするようになってから、今度は生改さんの大先輩からの紹介で、役場で働いていたけれども、元は農家であるという兼業農家さんに嫁ぐんですね。生改さんとして、農村の大変なところをずっと見てきたので、農家は嫌だなあということもあったということなんですけれども。嫁いだときの話としては、結婚にあたり、普及員の上司から仕事を辞めろと言われたのだそうです。ただ、辞めたら百姓しないといけないけれど、百姓はできないので勤め続けたいということで認めてもらった。その後、昭和三十一年に結婚して、長女、長男を産んでおられるんですけど、出産時には、産前、産後の育児休暇を八週間取っておられます。お医者さんに交渉して少し長めにもらったといったようなエピソードもありました。お腹が大きくなりながら外回りの巡回の仕事をしておられた頃には、臨月に近くなると、お腹がつかえてガリ版に手が届かなくて困ったといったようなエピソードも聞きました。

今回、私はこのお話を伺った際に自分が書いたフィールドノーツを見直して、自分で愕然としたんですけれど、Iさんは、最初のインタビューで、「妊娠しているときは生理がないので、自転車に乗るのは便利だった。自転車の巡回では、生理がみんなの悩みだった。途中で取り返えることもできず、捨てることもできず……」といったストーリーを語ってくださっているんです。生活改善と月経という、今の私にとってはとても貴重なお話が深められるチャンスだったにもかかわらず、そこで全く深掘りをしないで、次の質問に行ってるんです。調査する側が関心を持っていないと語りを引き出すことはできないんだなあ、こんなにダメなのかと、今になってショックを受けました。余談ですが。

今度はお仕事の話として、具体的なリアルを一つでも伝えたいと思います。当時の女性が外で働くことのリアルです。イメージとしてはスカートで自転車に乗るということで、ほかの県で聞きますと、そんなの実際スカートなんて履いているかよという人のほうが多かったんですが、Iさん曰く、スカートを自転車に乗ったときにひらひらしないよう、ひだの真ん中を縫って、実際に乗って使ったという話を聞きました。また、女性として、現場の農村で話をする難しさを象徴するエピソードもいろいろありました。たとえば農業改良普及員は男性ですね。一緒に歩くとき、神社、境内、運動場などで啓発活動をして、まずは男性の農業改良普及員さんが技術の説明をして、そのままおまけみたいな感じで「今日、こういう人が来てね」と、女性である生改さんを紹介するという形で入っていたということです。話を聞いてもらう、受け入れてもらううえでのそういった難しさを持ちながら、生活改良普及員としての仕事を進めていたということだと思います。

「特に、Ｉさんが農村で話を聞いていて印象深かったことはありますか」というふうにお話を聞く中で、出てきた話の一つとして、農家の嫁さんと思しき人にいろいろと話を聞いていたときに、「お嫁さんですか」と聞いたら、「いや、私は足入れです」と言われたというエピソードがありました。これはいわゆる「足入れ婚」のことだと思いますが、三か月ぐらい、仮のお嫁さんとして来ていて、実際に自分が嫁に来れるかどうか、自分は決められないままに、そこにいる状態だったと。ですから、Ｉさんが、「台所改善、どう思いますか」なんてその方に聞いても、「とても私には無理です。いつまでもここにいられるのかわからないから」みたいな切ない話があって、こんなことが今でもあるのかと憤っておられたのだと。自負を持って農村女性と向き合っていた方でしたので、「農水省の偉い先生の話」を聞いても、何よりも、まずは実際に農家の周りを歩いてわかることからやっていたとのことでした。ただ、他方で、「自分たちの時代は、やっぱり洋食をどんどん導入した時代であった」ともおっしゃっていました。Ｉさんから聞いたのは、「お母さん休め、母危篤」で、生改さんというのは全国どこで聞いてもこういう駄洒落、あるいは農村女性が覚えやすいような語呂合わせがすごくお得意です。「お母さん休め、母危篤」は、オムレツ、カレー、サンドイッチ、焼き飯、スパゲッティ、目玉焼き、ハムエッグ、ギョーザ、トースト、クリームシチューなんですね。このようにハイカラなものが流行った時代だったんだとイメージが湧きました。

さらに保健婦さんとの協働で、実は、こんな話がありました。その町の保健婦さん、村の保健婦さんと一緒にＩさんは地域を歩いていたと。ただ、その頃、県の保健婦さんから受胎調節というのが「降りてきて」、子どもをできるだけ産まないようにしましょうと。兵士だった方が帰還して、ベビーブームが来るんだけれど、まだまだ食糧難だったので、受胎調節をしましょうと。子どもができたら産婦人科で下ろしてもらいましょうということまで、本当に言っていたというような話だそうです。実際に、襖を挟んで向こう側に座布団二枚置いて、ペッサリーを装着するということをやると。こちらの手前側で自分は生活改善の指導していたんだけど、女性に対して、一方的にそれをするということはどうなんだろうという憤りを感じたこともあったとのことでした。それをその後見ていくと、そのお子さんの世代が晩婚世代になって、どんどん少子化が進んだ。だから、こういったことをやったのは、私たちの世代の責任だったのかもしれないというような反省も語っておられました。ただ、別に保健婦さん批判をしたわけでは決してなくて、生改さんとしては、保健婦さんの行事に一緒に行って、お仕事をさせてもらったということで、いろんなセクターで現場に入っておられる方との横の連携はとても大事だったということもおっしゃっておられました。

それからトイレの話ですね。これはIさんが当時、実際に農村女性と一緒に田んぼの横に立てたという「田んぼトイレ」の設計図です（写真5－10）。そもそもIさん自身が巡回時にトイレが悩みの種であったと。トイレがない所も多いので、風呂敷を自転車に結んで、その陰で用を足していたと。自転車が倒れないか、ヒヤヒヤしながらも「新緑の頃は緑色、秋は茶色、雪の頃は白い色の風呂敷を持って村に行ってました」とのこと。素敵な方ですので、素敵な言い方をするんですね。それで、そういった自分の不便さを農家の若嫁さんと共有して、本当に簡単に風呂敷と竹で、要するに囲んでいるだけなんですけれども、自分たちでもできることで安心を得るっていうようなことをやっていたということを聞きました。当時、おっしゃっていたのは、食べることと出すことは人間としての基本的な行為だから、やはり生活改善の中心にあったということです。

もう一つ、本日のタイトルに付した「女性の人生」というところに関係するIさんの動きとして一番大事かもしれないところとして、Iさんは、生活

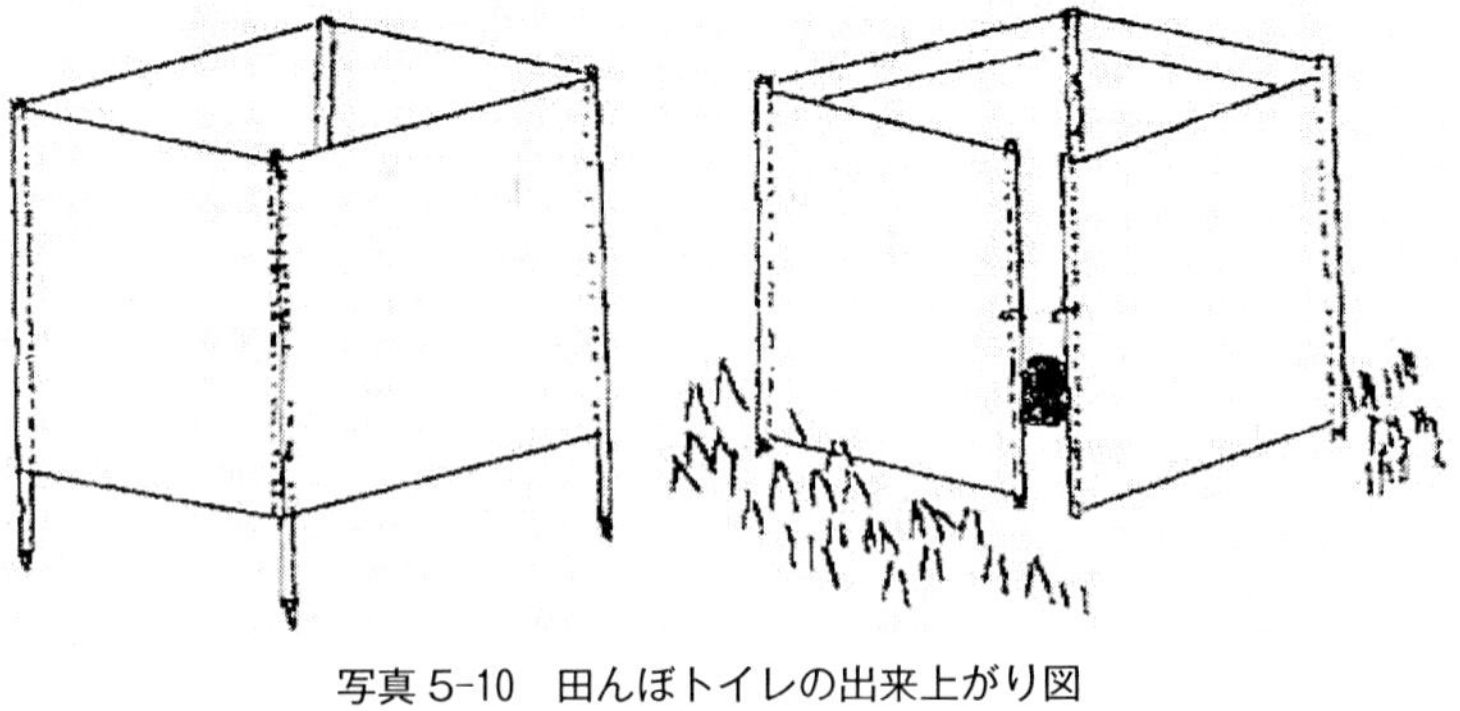

写真 5-10　田んぼトイレの出来上がり図
出所：滋賀県元生活改良普及員Iさん作成「田圃トイレット」設計図

改良普及員として実績を積んで、先輩となっていた時代に、農林省へ陳情書を提出したことがあるそうです。それは何かと言いますと、産休が取れても代理が補充されないので、産休が取れるようにしたのはいいけれど、補充してくれという陳情書です。実際にその手書きの陳情書を見せていただいたんですけれども、これがまさに達筆で美しい。とても丁寧な文章で書かれているんだけれども、書いていることはすさまじい。

たとえば、こういう部分です。普及員の仕事は、料理講習会や農産加工などが活動のすべてではなくて、「複雑な仕事の手続きと内容というのを、お上がご理解くださっているのであれば、一人の生活改良普及員に三千五百から六千八百戸もお与えくださり」と書いてありますが、要はこんなにやっているのだと。それを能率や効果の物差しの目、つまり、それを数値で測れと言われているんだと思うんですが、そんな一面的な物差しの目はとうてい「おあてになれないと私たちは思っております」という陳情書なのです。ですから、実際には、個々の現場事情に合わせて手厚くやらないといけない。社会の変化の中で、生活改善の普及の仕事が変わってきているんだから、産休、病気などの長期欠席者が出るときは、その補充をすること、そしてその待遇と身分を保障することという陳情書を出したというのが、Ｉさんの資料から残っています。

月経について

最後に、Ｉさんからお聞きした月経衛生対処のお話をいたします。先ほど、Ｉさんは何度も排泄の話、トイレの話、月経の話にも触れておられたのに、私が一切聞いていなかったと申し上げました。その反省から、今から一年ほど前の二〇二一年に電話であらためて月経のことについてインタビューをしました。そのことをお話しします。

ここでのポイントは二点あります。一つは当時のＩさんの実感から言うと、今と違って月経自体の経験が少ない。今と同じではないという話ですね。なぜなら一つは戦争だったので、そもそも栄養不足で月経がなかなか来なかった。来たとしても少しだったという話ですね。「たくさん食べて裕福な人は生理が来る」とのこと。いい話ではないですが、結果として月経自体の問題としては非常に頻度が少ない。

もう一つが、今度は戦後ベビーブームで、「お母さんは妊娠しっぱなし」で、やはり月経頻度が少なかったのだということでした。彼女たちの時代に、月経対策の生活改善の話が出てない一つの背景は、「女性同士でも触れない時代」だったことが影響していると思われますが、もう一つの理由として、おそらくこういった事情があって、月経自体の経験、頻度が非常に少なかったからだろうということが、Iさんの話から読み取れました。普及員になった頃、「十四人きょうだい」といった話もあったのだとか。

普及員になってからのエピソードとしては、最初にお話しした「自転車」との絡みで、ただでさえ、「女の子が自転車で走っている」と注目されるので、月経処理に使ったものをうっかり捨てて帰るわけにはいかなかった、外仕事では捨てる場所がなかった、といったことをお聞きしました。

おわりに

最後に、ここまでお話ししてきたことを簡単にまとめさせていただきます。生活改良普及員に関して言いますと、「スカートで自転車に乗る女性」として、新たな女性像を象徴する存在であったということがあります。普及員は農村女性にとって変化をもたらす存在であったということ（一点目）。とはいえ、女性が前に出ることは、当時の農村では考え難く男性である農業改良普及員の口利きで村にアクセスできていくパターンが多かったと考えられること（二点目）。三点目、農村女性と一口に言っても姑と嫁、婿取り娘などの違いや経済格差があることを踏まえて、生活改善のアプローチが異なっていたということ。四点目、初期は家父長制など農村の封建的な悪習を排して近代化、民主化を進めようという方向性が強く、それは欧米化合理化に向けて地域にもともとあった慣習を総じて「問題」視することでもあったこと。ただ、それが二十年、三十年後に反省の対象になっていたということですね。最後に五点目として、個人でできることとグループだからできることがあったこと。特にその格差がある中での生活改善ということでは、小さくてもそれぞれの生活事情に合わせて、自分で自分の問題が解決できるという機会を提供することが大事だった。そして同時に、これは事業として成り立つために必要だったということもありますが、より目に見える形になるために、グループ育成に力を入れて、自分たちで共通の問題を解決できるという経験を重ねていくことが目指されたということで、その両方を束ねるキーワードが「状態と態度の変化」という表現に立ち現れています。

以上が、私の報告なんですが。最後に、今関心があることについてつぶやいて終わります。二〇〇〇年から二〇〇三年頃にかけて、沖縄県から岩手県まで全国各県を回って農村女性と生改さんにお話を伺ってきたのに、月経に関しては何も聞けていなかったことは、月経研究を始めて、大きなショックでした。特にIさんは、「生理がみんなの悩みだ」と語ってくださっていたのに、深掘りしていなかったわけです。じゃあ今の時代に月経を語ることはどうかといえば、今も、日本では月経を語ることはとても個人的で、やっぱりその深掘りはこっちからしていかないと出てこない。それほどオープンになってきていない。これが更なる衝撃ですね。ですから、当時から今に至るまで、日本における月経の語りというのは、聞こうとしなければ知らないままになるけれども、深掘りすると生活改善に絡めて女性の人生を理解する必須のパーツとなる気がしています。ということで、できれば再び生改さんを訪問し、今度は、「子宮目線」での聞き取りをしてみたいと考えています。昨年、『月経の人類学』（注二）の執筆に参加したときは、中学生、初経が来る時期にフォーカスしたんですけれども、その後、閉経期、更年期に至るまでのプロセスというものを考えたら、それは女性の人生を子宮目線で初経から閉経まで見ていくことになるのではないかなと。子宮目線での聞き取りをやっていくと、

（注二）：杉田映理・新本万理子編（二〇二二）『月経の人類学――女子生徒の「生理」と開発支援』世界思想社

生活改善の話の中でもいろいろな深みが出てきて、女性の人生を理解していく手掛かりになるのではないかなと考えている次第です。

以上、本当に堀口先生には今回貴重な機会をいただきまして、ありがたく感じております。私からの報告は以上になります。ご清聴ありがとうございました。

【質疑応答】

堀口（司会）：小國先生、ありがとうございます。六十分間のエネルギッシュで非常に興味深い報告で、私も歴史的に十年ほど前に、生活改善のことを少し知って、本当にわずかなんですが、その後、小國先生ともお会いして、いろいろと見て回る中で、農村の女性が、こういうように工夫しながら生きてきたことに気づきました。たとえば、生活改良普及員の女性が、一種の黒子に徹し、当時、農林省当局・中央政府が、具体的に何をすればいいのか、十分に把握できていない中（まさしく現場任せであったんですが）、普及員の女性たちが奮闘し、活動していたこと。もう一つは工夫ですね。工夫するための環境がいかに整えられ、男性（農業改良普及員）との関係であるとか、また上司との関係であるとか、表向きは民主化、男女平等といった雰囲気がある一方で、現実には、従来の規範や慣習が残る中で、農村女性たちがどのようにして、生活の問題を解決したのか。一方、中国の同じ領域のことと比較してみると、共同炊事であるとか、共同食堂、共同保育というものが、同じ時期に中国の農村でも実践されていました。それは人民公社化といった上からの制度設計と同時に、女性の下からの解放という試みであったわけですが、つまり、解放の意味というのは果たしてどうなのか。

それからもう一つは、最後にIさん自身の報告（状況）などを拝聴していると、とても人間関係で苦労しながらも、いろんな工夫をされたなという印象を受けました。

それでは、他の先生とも議論をしていきたいと思いますので、よろしくお願いいたします。

杉田：あらためて講演していただいて、私自身、大変勉強になりました。トイレとか、生理というところもそうなんですけれども、先ほどの、「休むことを取り入れる」というところで、最近、授業で、月経や生理休暇について議論したときの生理休暇の取りにくさみたいな話をちょっと思い出しながら聞いていました。最近は、ピルや痛み止めなどがあって、コントロールできてしまう。仕事ということから考えると、仕事の効率化のためには、そういうものを飲んで、仕事ができてしまう。けれども、そうできない人もいるので、そういう人はすごく休みづらくなっている。ですから、「牛を連れて、休ませる」というところ、そういう面があったというところを聞かせていただきました。

堀口：今、杉田先生が言われた牛の話ですが、一〇〇％男性に立ち向かうのではなく、牛を連れていくといった口実をうまく活用しながら、女性たちが休みを取るという、直接男性に立ち向かうのではなく、でも遠慮ばかりするのではなく、その中間的な方法で休みの時間をつくっていたという点は、とても面白いなあと思いました。

岩島：そうですね。普及員の方が自転車に乗るのに、生理で困っていたというのは聞いたことがなかったので、また、当時の生理用品の状況とかもあんまり知りませんでしたので、今、お話をお聞きして、確かに困ったかもしれないなあと。トイレの話とかは、少しは聞いたことがあったんですけれども、そうそりゃそうだよなあという感じで、すごく勉強になりました。

南：興味深く聞かせていただきました。歴史的な流れ、特に、第三段階ぐらいのところで、その地産地消で農家レストランをつくったとか、その前段階のことが大変よくわかりました。一つ、細かなことで質問させていただきたいのですが。やはり人民公社時代との関係での質問となりますが、共同炊事のお話が途中にあったと思います。そこで農家以外の人たちとの協力で、共同炊事、事例としては、山と平場での農繁期のずれのことをお話しされました。そうすると、農家以外ということの意味は、村内非農家を想像していたのですけれども、村外の人という意味で理解したほうがよろしいでしょうか。

小國：すみません。誤解を与えてしまいました。先ほどの愛媛県の例は、あまり一般的な例ではなかったからこそ注目されて、全国で優勝したんだと思うんですね。村を超えて、地域を越えてまでやっているというのが評価されたのであって。ですから、他県で聞いた一般的な話としては、やはり基本的には同じ村の中の非農家さんです。公務員であるとか、学校の先生であるとか、その同じ時期に忙しくなくて、休みを取れる人にお手伝いをしていただいたということだと思います。

南：また、グループ形成が大変だったということは、私自身は興味深く関心があるところです。ご報告の中でも何度か、村の中は均一ではない、いろんな立場の人たちがいるとのことで、グループをつくるときに、同じグループ、同じ階層なり立場ということによって、グループづくりをしたのか、それとも何かそれを超えるようなもので、グループづくりをしていたのか。グループづくりのやり方、あるいは戦略というのをちょっとお教えいただきたく思います。もう一つ、申し上げますと、生改さんご本人が、どのような研修の機会とか、スキルをつけていく、エンパワーメントする機会があったのかというところも教えていただければと思います。

小國：もしかすると、岩島先生のほうが詳しいのかもしれないんですが、実は、私も二〇〇〇年に話を聞き始めたときに、一番興味を持っていたのが、グループづくりのプロセスだったんですね。というのも関心の持ちようが、私も実践者としてだったので、真似したいと。何をどうすればできるのかという思いで聞いていました。そこで、ご質問に関連して、メンバーが同質的かというところで言いますと、私の率直な理解としては、そうだと思います。当時、アジ研の佐藤寛さんが編集された『援助と住民組織化』という本では、生活改善実行グループは、基本的に目的を同じくする人たちが自主的に集まるグループであるというふうに特徴づけていました。私もそのように理解しています。それは強制的に村組織として入る婦人会のようなものとは全然違うものであって、共通の目的意識によって参加している、という点では同質的であったのではないかと。逆に言えば、「グループに入らない、入れない人たちがいるんじゃないですか」という質問に対して、「いた」というリアルな話を生改さんからも聞いています。たとえば、家計簿付けをやるとすると、それはお金がなくてもできるかもしれないけど、計算もできないといけないし、学が要りますよね。文字が書けないといけないことですし。何かしら活動を同じくできる人たちで集まるという部分が生活改善の普及員の活動の中であったのではないかなということで、その後、私自身がカンボジアの農村開発援助事業に従事したときに、そのことを念頭に置いてグループ組織化のサポートを行いました。と同時に、グループ組織化から漏れてしまう人たちがいることも念頭に置いて、そこへは異なるアプローチ、たとえば、より福祉的なアプローチが必要だというのを考えつつ仕事をしていました。ここまでが一つ目のご質問へのお返事です。

二つ目のご質問が、普及員の研修機会がどのようなものであったのかですが。私は、生活改善普及事業の素晴らしいところの一つが、この普及員の研修の仕組みにあると思っています。一つには県で採用されるんですけれども、その普及員さん自身が県で受ける研修があるというのと、何年かに一回、順繰りで、中央省庁のある東京で研修を受ける機会を、率先して提供していました。そうしますと、各県からきた普及員さんが全国で知り合いになれるチャンスが提供され、県は違うのに、お互い困っていることが共通しているということが、そこでわかってくる。グループづくりの難しさであるとか、たとえば調理実習をやるにしても、どういうふうにすればいいのかとか。当時は六本木に研修所がつくられていまして、そこに研修に行った際のエピソードを、各県の中心的な生改さんは皆さん、懐かしくお話しになるんです。六本木の研修で、ほかの県の誰々さんに会ったというような話がすごく出てきました。また、中央での研修以外に、県のほうでも、生活近代化センターといったような名称で研修施設が整備されており、福井県でも、その時期はありました。その近代化センターという所に行きますと、いわゆる改善台所、モダンな台所設備が備えられていて、そこで実際の実践もできるし、悩みも打ち明けあって、どうやって解決できるかといったような、ファシリテーションのようなことも教わるということであったようです。ですので、全国の普及員さんたちは、こういった研修を通じて、大変なのは自分だけじゃないとか、ほかの県でも同じことに苦労しているというようなことが実感できたということと、自分の仕事は意義があるものなんだと思えたことで、やりがいや特別感を得られたのではないかなと思います。さらに、実施している六本木研修の中央省庁側から言えば、そうやって各県から集まった人たちの話を集約して、その後のマニュアル的な教材作りに生かしていくことで、言ってみればトップダウンの事業なんだけれども、ボトムアップ的な情報を吸い上げて使うということができたということにもつながったのではないかなというふうに考えています。

新本：面白いポイントがたくさんあって、すごく興味深く聞かせていただきました。住民間にも格差があって、個人が行える生活の見直しと、グループだからできることが違っていたというところを、関心を持ってお聞きしました。それで住民間の格差というときに、沖縄から岩手県まで訪問された中で、その格差のあり方も、もしかしたら地域ごとに違ったのじゃないのかなと思いました。

小國先生が聞かれている範囲で、地域ごとの格差のあり方の違いみたいなものを、もしも感じられていたら教えていただきたいのと、その地域ごとに、それぞれの普及員さんたちがそこを考えた対応をされていたんじゃないのかなと思って、ちょっとそのあたりのことをお聞きしたいと思いました。また、保健婦さんとの連携というところで、避妊具を普及させていくところの説明だと思うんですけれども、もう少し深く聞いてみたいと思うので、説明していただけたらありがたいです。

小國：最初のご質問にある、住民間の格差のあり方の地域ごとの違いについては、正直申しまして、聞き取りしていた頃は、各地に共通するエピソードがあることに興味を持って聞いていたということもあり、そういう目線で考察してきておらず、残念ながらぱっと思い浮かぶ好例がありません。他方で、地域の中での格差、という話ではありませんが、そもそも地域の違いによって生活改善の前提が違っていたのでは、ということは、各県を回って感じたことがあります。たとえば、波平先生が調査に入られていた山口県は、全国の中でも一番遅くまで、生活改良普及が大事だと位置づけて「生活」部門の普及員採用を続けた所なんですね。

一度、そういった山口県における生活改善普及事業の取り組みの歴史について学ぶために、私が暮らす地元福井県の現役普及員さんと一緒に山口県を訪れて、現地の普及員さんからお話を伺ったことがあるのですが、そのとき、山口県の普及員さんが、「福井はいいわよね。平場で米がいっぱい採れて」とまずおっしゃって、「確かに」と今更ながら腑に落ちるところがありました。つまり、中山間地を多く含む山口県のような地域は、福井県の中でも私が住む福井市のような稲作中心の平場地域とでは農業の前提が異なり、さまざまな工夫が求められる。そういう土地柄だからこそ、小さな工夫を積み上げていくような、生活改善の取り組みが重視もされ、生かされた、という側面があったのかもしれないと。

それから、もう一つ留意すべきこととして、結局、かつて私たちが調査訪問でアクセスした人たちというのは、個人であれグループであれ、いずれも生活改善に「アクセスできた人たち」なんですね。ですから、先ほどの南先生とのやりとりのところで言いますと、家計簿付けのように文字が書けることが前提になるような活動の場合は、「学校に来れない人たちは来れないだろう」みたいなところで、漏れる人たちが出るというのもあったのではないかと思われます。関係者インタビューでは見えてきにくい部分ですね。あとは雪国であるとか、気候的な違いも、先ほどの「山場と平場」と同様の初期条件として、そこでの生活改善の意義がどうなるか、どんな活動をするか、どんな人がアクセス可能であるか、ということに影響していたように思います。ずばりこれだという明確なお答えができなくてすみません。

二つ目の保健婦さんのところに関して言えば、先ほどお見せした『クロスロード』という雑誌の増刊号で、アジ研の佐藤寛さんが担当して書かれたコラム記事の内容をまとめたものになります（協力隊を育てる会二〇一〇）。山形県の聞き取りで、「愛の小箱」というのが出ていまして、それはコンドームなどの避妊具が入っている薬箱を、富山の薬売りじゃないですけれども、隣の家にも知られない形で入手できたということのようです。欲しいだけ取ったら、お金を入れて回すだけなので、誰が買ったのか名前は書かないという匿名性を担保した形で、家から家へ回されたという話でした。ただ、補足情報としては、その場で集まってもらって生活改善実行グループの人に聞いたときに、そのことを知っている人と知らない人がいたというぐらいの状況だったようです。匿名性で回しているから、網羅的でなくてもわからない。どこに漏れがあるかはわからないということかと。ですから、結果として、回っていない所もあったのかなと想像しています。逆に言えば、最後にお話しした月経のこともそうですが、当時の状況としてこのあたりの話はやはりオープンにはしづらく、明確に記録もできないということだったんじゃないかなというふうに思います。

そのコラムに書かれている、「子どもはもう要らない」妻たちの保健所への相談をサポートした例、というもう一つのエピソードは、新潟県の聞き取りで得たものだそうです。保健婦さんと生改さんが協力して、お嫁さんたちはもう子どもは要らないが、夫が協力をしてくれないので、避妊ができないというような問題が持ち込まれたときに、保健所に相談をできるようにしたと。最終的には、その例では、女性たちは自分たちの避妊の処置をしてもらうところまでつながったというようなことでした（佐藤寛二〇一〇）。

前田：内容の濃い面白いご報告ありがとうございました。一点は感想、一点は質問です。私は専門が家族社会学なので、ちょっと感想ですけれども。まず、やっぱり根っこに当時の農村が悪いという前提があったわけですね。それは家族社会学と全く同じ構図で、戦前の家がもうとにかく悪いというところで、もう全否定から始まっている。逆にだからこそ、ものすごい強い介入がなされたということにまず驚きました。家族のことに関して、すごい介入があった。それに比べると、都市部であるとか、私が研究対象としてきたような商工業だとか自営業とか、モノを回す地場産業という所では、そこでもものすごく家族の問題はあったんですけれども、何の介入もなかった。私が知らないだけかもしれないんですけど。それに比べて、農村では、リーダーづくりまで含めて、介入されたということがやっぱりすごいなあとあらためて思いました。

このことに関連して、農村以外の地域では、こういった社会や女性とか、家族に対する社会教育的な取り組みがあったのかどうか、もしご存じだったら教えていただければと思います。圧倒的な価値合理性に基づいて介入がされていくというところがすごいと思いました。それから、たとえば共同炊事に関して言えば、私が調査していた岐阜の縫製業者も、産地でボタン屋さんとか、縫う所とか、プレゼンスをきっちりやる。もう零細企業の集まりなんです。そこでも、やっぱり共同炊事をやっていたんです、この時期に。それは価値合理性でなくて、経済合理性なんですね。住み込みでいろんな所から、うちでご飯を食べさせながらズボンを縫わせたり、スカートを縫わせたりするんだけれども、ご飯が悪いと紡績工場に行っちゃう。紡績工場もあって、そこは東洋紡等の大企業で、福利厚生としてご飯もすごく良かったし、その中でいろんな社内教育もあったけど、いわゆるミシン縫製の住み込みというと、家族と同じといってもろくなものを食べさせてもらえない。ですから、「あそこに行くと、もっといいものを食べさせてもらえるから」と言って、共同炊事をしていた。今でも炊事は残っていてやっていますけれども、それは、経済合理性に基づいてつくられていた。以上は感想です。

二点目、教えていただきたいことなんですけれども。保健婦さんと生改さんとが、手を結びながらやっていた。ここに学校の先生、家庭科の先生がリンクしてくることはなかったかということを教えていただけたらなと思います。もしかすると、生改さんの考え方と家庭科の先生の間にはすごく大きなギャップがあって、たとえば、お母さん世代は、生活改善等を通じて、地域の実情に応じた非常にきめ細かな介入的な指導を受けていた。だけれども、子どもは全国一律のカリキュラムによって、近代的な家族観をバーンと教え込まれている。その中で、親と子の間に葛藤はなかったのかと、ちょっと思いました。よろしくお願いします。

小國：そうですね。地場産業のお話もとても興味深いですね。一つ目の質問では、農村以外では、農村での生活改善のような、社会教育的な方向性での取り組み、介入があったのかどうかということだったと思うんですけれども。私は農村の外へは全く目が向いていなかったので詳しくありませんが、少し関連することとして、農村生活改善を調べ始めたときに、横並びで同じ時代に、どういう情報がどういう媒体で世の中に出されてたのかなという話をしていたときに、「これは都会でいうと『暮らしの手帖』が担った役割かねえ」、みたいな話はしました。農村の場合は、普及事業を介した介入以外にも、たとえば農協でも、生活改良普及員に近い形の現場ワーカーさんが配置されていました。そこでは、たとえば物品の共同購入であるとか、生活全般を扱う雑誌『家の光』のような雑誌も出されました。じゃあ、町のほうではどうやって「生活を良くする」ことに関する情報を得ていたんだろうというと、都会では『暮しの手帖』のような雑誌からだった。あれはやっぱり生活改善ですよね。生活を良くしていく、暮らしを考えるっていうことを全国に向けて発信した媒体だったというのが一つあるかなと、興味深く思っています。

二つ目のご質問として頂いた、学校の家庭科の先生のお話については、お聞きして、「そうか」と、盲点を突かれた思いです。生活改善が展開した同時代に、たとえば高校での「ホームプロジェクト（注三）」の取り組みについては話を伺ったことがありましたが、人々の暮らしの基本的な生活範囲であった小学校区ということで言えば、日本の小中学校で、いつから今のような家庭科室の設備ができたのか自分が全く知らないことに気づきました。ただ、一つには私たちがフォーカスして調べていた昭和二十年代後半から三十年代というのは、生改さん自身もまだ有資格者の採用に至っていないような戦後の時代ですので、その時代性を加味して考える必要があるなと思います。また、私がお話を聞いた草創期の生改さんの話からは、家庭科の先生との連携の話は、少なくとも今、全然思い出せないんですよね。保健婦さんはじめ、教育委員会などさまざまなセクターの専門家やワーカーさんと連携していたので、各地で話題に出ていれば深掘りする機会もあったのではないかと思われますが。たまたま知らないだけかもしれません。ただ、生活改善の流れの中でも、その後の台所改善などインフラ整備への着手の先には、近代化資金といった補助金を使った地域全体のより大きな事業への関わりがあり、そのような中では、地域全体での動きに加担して、たとえば、公民館を建設したというような話もあります。公民館は調理場所にもなったのではないかと思われ、調理設備ということであれば、家庭科教育のために設備が学校にあれば、今であれば、おそらく「調理実習の会場」として使っているはずなので、使っていないということは、少なくとも私たちが調べていた時期と、学校教育における家庭科施設の整備の時期がずれているのかなと思ったんですけれども、もしかして堀口先生はご存じですか。

堀口：多分、だいぶあとかもしれません。でも、今、小國先生がおっしゃっていたように、盲点の一つかもしれません。私は公民館のことを調べたことがあるのですが、公民館活動でもやっぱりそういう料理の勉強とか、子どもの教育とか、いろいろと家族や生活に関わることを行っていたかと思います。そういう中で、家庭科教育とどのように関係をもっていたのか、あるいはどういうふうにそれが入ってきたのかというのは、今、お答えすることは難しいですね。もしかしたら、五〇年代後半から「家庭科教育」の女子必修との関係があるかもしれません。重要な課題なので、調べてみる価値があると思います。

岩島：私も六〇年代ぐらいまでしか生活改善の研究をしていませんので、そのときにはなかったなあというぐらいしかわからないですけれども。学校の先生というのは、結構、村の中でキーパーソンになることが多いので、学校の先生との連携というのはあったんじゃないかなと思います。また、都市でやっていた生活改善とか、家族計画のことでしたら、やっぱり新生活運動は、結構、大きかったんじゃないかなと思っています。私もそちらは専門ではないんですけど、企業の社宅とかで、すごくやられていたりだとか、あとは鉱山労働とかでもすごく家族計画は中心的な課題だったというふうに聞くので、生活改善と比較されることが多いのかなと思いました。

南：私は本当に門外漢なんですけど、一つは都市の話で、前回、前田先生のご報告のときにラジオの話がありましたよね。ラジオを聞いていたという中に、何かそういうものが非常に全国的なものになって、その地域に根差した細かいものではないですけど、ラジオか何かがあったのかなと、ちょっと思ったりもしました。

小國：いろいろと補足していただいたので、さらに思い出したことがあります。岩島先生がおっしゃっていただいたように、学校の先生の存在は、特に子どもに関わる生活改善の取り組みにおいて重要だったと思います。今回は保健衛生と結びつけるために、保健婦さんにフォーカスしたんですけれども。生改さんがよく連携をとった先ということで言う

（注三）：先述の、農林省における初代の生活改善課長であった大森松代氏は、農林省に入省する前、一九四七年版の家庭科学習指導要領の作成に従事していた。これに基づき一九四九年より発足した新制高校の家庭科で導入された「ホームプロジェクト」の初期の内容は、大森氏が農林省において尽力した生活改善普及事業同様に、農村の衣食住の生活の合理化、家族の民主化など、生活改善普及事業と深く関わるものであったことが指摘されている（坂本・福原二〇〇三、柴二〇〇六ほか）。

と、市町村の教育委員会と連携して、子どもたちに向けてアプローチするような話も出てきますので、そういったところで、先生との関わりがあっただろうということも考えられます。また、ラジオの件で言うと、農村生活改善においても、最初はラジオが、そしてテレビ普及後はテレビも、普及媒体の一つであったことは言われています。今、番組名が思い出せませんが、農村生活を直接取り扱うラジオやテレビの番組がありました。各地の聞き取りでは、それらのラジオやテレビの番組を通じて生活改善のことを知った話や、登場した人物たちについての話もいろいろと聞いていました。ですので、先ほどの雑誌もそうですが、同時代に使われた普及や教育の媒体を、生活改善に限らず、横並びで調べるというのもなかなか面白いなと今思いました。さらにそうやって見ていきますと、現在の私自身の月経研究に関する関心に引き付けて言えば、やはり性に関する部分がいかに発信されていなかったのかというのが、明らかになってくるかもしれないという気もしながら聞いておりました。

堀口：先ほどのIさんの事例でも、積極的にメディアを通じて生活改善の情報を流していたという資料が残っていたというのは、私自身も記憶があるので、それもすごく重要ですよね。

李：いろいろと勉強ができました。二つ質問をさせていただきたいと思います。一つ目は、南先生もご質問されたんですが、グループ形成のことに関してです。実際、私も中国農村の土地改革の婦女動員を研究したことがあります。特に一九四六年から四九年に中国共産党が自分の解放地域で土地改革を行いました。その中で女性も動員されて、グループづくりや、自分の今までの苦労を語るストーリー会などが行われました。お嫁さんや、若い未婚女性たちは普段、家事育児から離れられなかったんですけど、その会議を機に、ようやく家（家事）から出る機会を得ることができたんです。

日本では、一九七〇年代にウーマンリブが起きました。草の根の女性グループが、一九七〇年代から八〇年代まで、いろんな所で形成されました。今でも活動をしているグループもあるみたいです。その草の根の女性グループと、さっき先生が報告された、若嫁のグループとの関連性があるかどうかをちょっとお伺いしたいです。

もう一つは、農業改良普及員さんや、保健婦さんなどがそれぞれ役割分担されて、農村でいろんな指導が行われたんですが、結構、ジェンダー分業のように、農改さんはほとんどが男性で、生改さんが女性になっていたことです。農改さんは公務員で、さっき調べたんですけど、生改さんは公務員ではないみたいですが。同じ試験に合格したんですか。待遇の差については、生改さんたちはどう見ているのかをちょっとお伺いしたいです。

小國：シンプルなほうから、先にお答えしますと生改さんも公務員です。県の職員さんなので、基本的に農業改良普及員さんと差はなかったのではないかと思います。ただ、農村現場での仕事において、公平（フェア）であったかというと、先ほどのＩさんの話のように、農村で、生改さんが前に出たのでは「おやじ衆」が話を聞いてくれないというような状況で、農改さんに前に立ってもらって、道をつくってもらったというような話は各県で聞いています。ただ、給与面、待遇という面で言うと、県職員ですから、当時の社会において非常に安定した職だったと言えるのではないかなと思います。

一つ目のウーマンリブ運動との関連性は、私はこれまでその観点での関心を持って調べたことが全くありません。ただ、言葉尻の印象でいうと、ウーマンリブ自体がすごく都会的な印象です。これもまた、フォーカスしている時代性、戦後の昭和二十〜三十年代の話であるというところが関連してくると思います。私がここでお話ししてきたその時代、戦後の疲弊した農村で、とにかく暮らしを立てねば、という状況に直面していた頃の農村の若嫁さんには、そういった社会的なキーワードで自分たちのことを語るような余裕は一切なかったというのが実態ではないかというのが私の抱いた印象です。ですから、もう一つ説明が必要だなと思ったのは、当時生活改良普及員さんたちが、農村女性の立場を少しでも良くしよう、「状態と態度の変化」をうたい、自分たちで自分の課題を解決できるようにしようという活動をしたんだけれども、見ようによっては、ものすごく男性目線を意識した活動の組み方、旦那衆に受け入れられやすいアプローチを模索しているんです。これは、当時の農村では、とにかく受け入れてもらえないと一歩も進まないから、一歩進むためには受け入れてもらわないといけない。リブだと言って権利を主張するのではダメなわけです。ですから、まずは、「おいしいもんを持って帰ったよ」から始めて、旦那さんに気持ちよく、お嫁さんが家の外に出て活動することを許して、応援してもらえるよう、「家族が得するような活動だよ」という見せ方で工夫したのが、特に、初期の生活改善だったというふうに、私は理解しています。それは決して男性に迎合するといった次元のことではなく、その文脈において、最大限、現実的に女性の立場を改善しようとしたら、そうなったということなんではないかなと、私自身は彼女たちの話を聞いて感じています。

李：一つ補足してもいいですか。なぜ、一つ目の質問をしたかというと、たとえば、「岩手の麗《うら》ら舎」という草の根の女性グループに関する研究が最近出たからです（注四）。

小國：わかりました。やはり時代性を意識すると良さそうです。今、私がお話したのは、初期の、本当に貧しかったときの農村女性に対して、どうしていたかという話なんですが。実際に今につながってくるような、昭和四十年代以降の生活改善実行グループの中心だった方、あるいは生改さん自身で、その後、村政に関わったりであるとか、議員さんになったりといった話があります。そういった形で社会参加、政治参加をして、男女共同参画に向けて発言、発信するというような例もありました。そういう流れとして見るのであれば、たとえば農村で生まれた生活改善実行グループの中でも、非常に強い向上心を持ったリーダーのもとにあるようなグループが学習活動、生産活動、経済活動を続ける中で、社会における女性の立ち位置自体を課題としたり、経済力をつけるということでも、年間数百万円単位で加工品を生産して道の駅で売る力をつけて、あとに続く農村の女性の役割について語る例があってもおかしくはないと思います。

ただ、私はそういうふうな関心で追ったことが全くないので、私が見ている例で言うと、今日お話しした次の時代ぐらいの生活改善活動で中心的に展開した味噌造りなど、加工食品を作って売るという、グループでの生産で経済力をつけるという方向にシフトした生活改善の中で、力をつけていった人たちが、どんなふうに女性の立場について発言していったのかというのは、興味深いところです。この点は、岩島先生が補足してくれそうな気がして、待っています（笑）。

岩島：私もちょっと口出してもいいかなと思って、そわそわしていたんですけど。麗ら舎の話に関して言えば、岩手で、読書会などをしながら、フェミニスト的な活動をしていた人たちの本を書かれた方がいて、私も最近、研究報告を聞かせてもらったんです。そういう方たちは多分、各地にいらっしゃったんじゃないかなと思っています。私もお会いした異なる京都の普及員の方で、その人の先輩だった人が本当に初期の人なんですけど。すごくフェミニスト的な活動をされていて（もうそのときには亡くなっていたんですけど）、女性たちが配偶者のことを主人と言うのはおかしいから、夫さんと呼ぼうという活動をされていた人がいて、本当に戦争未亡人で普及員になった世代の人なので、すごく過激だったし、全国の研修所とかで会った人も、「あの人はね、ちょっと違うかな」みたいに名前を憶えられているぐらいのちょっと特別な人だったんです。そういう活動をされてきた人がいて、その方は確か京都府立大学にいた女性教員の人文学研究者か何かの人（その方も私が研究をはじめたときは亡くなっていたんですけど）とつながっていて、一緒に活動していたということもあって、都市の草の根の女性から来たわけではないんですけど、いろんなルート使って、その当時にもだいぶ初期の時にも、フェミニスト的な活動をされていた人たちというのはいたんじゃないかなと思っています。麗ら舎とかの読書会で言うと、おそらくその生活改善のグループとのつながりはなくて。生活改善グループというのは、すごく増えたときでも全農家数に比べると、全国でほんの数パーセントに過ぎないぐらいの人たちしか関われなかったものなので、いろんなルートで、農村でも、フェミニスト的な活動は結構早い時期からあったというふうには思っているんです。でも、生活改善そのものとのつながりというのは、限定的だったんじゃないかなと、今のところ思っています。

小國：ありがとうございました。一口に戦後日本の農村生活改善といっても、どのような関心を持って、どういう課題と関連づけてアプローチするかによって、より幅広く、同時代の社会状況やジェンダー関係を浮かび上がらせることが

（注四）：柳原恵（二〇一八）『〈化外《けがい》〉のフェミニズム――岩手・麗ら舎読書会の〈おなご〉たち』ドメス出版

できるのではないかという新たな気づきをたくさん頂けて、とても貴重な機会となりました。

――二〇二二年十二月二十六日、Zoomにより収録――

【参考文献】

市田知子（一九九五）「生活改善普及事業の理念と展開」『農業総合研究』四十九（二）：一―六十三
協力隊を育てる会（二〇一〇）『クロスロード増刊号――途上国ニッポンの知恵』国際協力機構
国際開発学会（二〇一四）「日本の開発協力における『カイゼンの思想』の在り方と今後の方向性」研究部会報告書
坂本和代・福原美江（二〇〇二）「高等学校家庭科におけるホームプロジェクトの研究（第一報）――ホームプロジェクトのテーマ分析とその背景」『宮崎大学教育文化学部紀要　芸術・保健体育・家政・技術』八
佐藤寛（二〇一〇）「ペッサリーと愛の小箱」協力隊を育てる会『クロスロード増刊号――途上国ニッポンの知恵』国際協力機構
佐藤寛編（二〇〇四）『援助と住民組織化』アジア経済研究所
柴静子（二〇〇六）「占領下の日本における家庭科教育の成立と展開（XX）―「昭和二十二年度学習指導要領家庭科編（試案）」の教科理念の形成―」『広島大学大学院教育学研究科紀要（第二部）』五十五
農山漁家生活改善研究会創立二十周年記念誌編集委員会編（一九七九）『農山漁家生活改善研究会二十年のあゆみ』
全国農業協同組合連合会（二〇一七）「事業承継への取り組み―創造的自己改革の一環として」全国農業協同組合連合会会合資料
戦後日本の食料・農業・農村編集委員会編（二〇〇五）『農村社会史』農林統計協会

富田祥之亮（二〇一一）「農山漁村における「生活改善」とは何だったのか」、田中亘一編『暮らしの革命　戦後農村の生活改善事業と新生活運動』農山漁村文化協会
農林省農業改良局生活改善課編（一九五四）『図説　農家の生活改善』朝倉書店
農林省農政局普及部生活改善課（一九六九）『図説　生活改善』農山漁家生活改善研究会
水野正己（二〇一六）「小規模家族農業の役割と課題　アジアとアフリカの事例」『開発学研究第二十六巻第三号』日本国債地域開発学会
水野正己・小國和子（二〇一八）「総論　農業・農村・農民」国際開発学会編『国際開発学事典』丸善出版
水野正己・堀口正編（二〇一九）『世界に広がる農村生活改善　日本から中国・アフリカ・中南米へ』晃洋書房

第六回
一九五〇～一九六〇年代の社会変動と子どもの生活

広田照幸

はじめに

広田です。よろしくお願いします。私は教育社会学という分野で、歴史を中心に研究をしてきています。最初にやったのが「陸軍将校の研究」で、その後、士族（元武士階級）ですね。明治になって、武士たちがどうなったのかとか。それから「しつけ（躾）の歴史」をやり、「戦前の国鉄労働者の研究」をやり、また、「少年院の調査」をやって、その歴史を調べました。この十年ぐらいは、「日教組の歴史の研究」にはまっています。日教組の倉庫にある非公開で未整理の資料を整理しながら、日教組の歴史の研究をやっています。

「しつけ」の研究については、三十代の終わりに、ひとまとまりの成果を講談社現代新書に書きました。その後も調べたり、しゃべったり、書いたりしていますので、今日は講談社現代新書の『日本人のしつけは衰退したか』というお話をベースにしながら（広田一九九九）、少し違うものも入れながらお話をしたいと思います。

もともと堀口さんからの依頼は、「一九五〇年代から六〇年代のしつけについて話してほしい」ということだったんですが、当時の庶民の生活を考えると、そこだけ見てもよくわかりません。大きな変化の中で、一時期のしつけの問題を取り上げても、文脈がわかりにくいわけです。そうすると、この時期以前の話を少し丁寧に考えないといけないし、そもそもしつけどころではない「子どもの生存」に関わる問題がありましたから、そういう点を理解していく必要があります。そこで、少し話を広げて、お話をしたいと思います。

そもそも明治維新から第二次世界大戦の敗戦、戦前・戦中期までの日本社会を考えると、子どもは簡単に死にました。また、生きるとしたら、どこで生きるかという問題もある。少なくない子どもは親が育てるかどうかという問題に直面していました。つまり、家族は簡単に養育権を放棄しました。そういう社会だったわけです。それは政治的なものというよりも、経済的な要因が非常に強く、「多産多死」社会における、子どもの価値の問題です。つまり、小さな子どもに丁寧に手をかけても、ちょっとしたことで死んでしまうとかっていうことです。そういう中で、核家族で子育てをしようという現代的な考え方では、あまりにも家族の基盤が脆弱なわけです。そういう社会がずっと続いてきたわけです。それが大きく変わるのが、五〇年代、六〇年代の社会変動でした。それまでの慢性的な貧困の状況が急速に改善されていく中で、子育ての考え方や、やり方が変化していく。そこら辺の話をしてみたいと思います。

もう一つ、しつけについて考えてみないといけないのは、何のための「しつけ」なのかという問題ですね。長く、ずっとあったのは、家業を継ぐということです。あるいは家業の周りに、いろんな日雇いとか、住み込み奉公とか、関連するいろんな周辺的労働の世界が広がっていて、そのためのしつけです。そこで生きていくためのしつけという話と、親の日常の生活範囲の外側にある世界、つまり、親が知らない世界に出ていくための「しつけ」というものです。これも「しつけ」として考えられるわけです。むしろ現代的な「しつけ」というのは、家業を継ぐための「しつけ」ではないわけです。そうすると、家業を継ぐための人間形成から親とは違う生き方をするための「しつけ」へと変化をしていくわけです。この問題を考えるためには、進路の構造について理解する必要があります。そういう「しつけ」の外側にある話を整理する中で、一九五〇年代、六〇年代の家族、そこでの「子育て」、「しつけ」がどういう意味を持っていたのかということを今日はお話をしたいと思っています。

少産少死社会への転換

四つの話をします。一つ目は、大きな社会変動としての「少産少死社会への転換」というのが、この一九五〇年代から六〇年代であったということです。二つ目が、「子どもは家で育てる」という社会への転換が起きたということです。よそに預けて、よそで育ててもらうという時代が終わっていくわけです。三つ目は、小さい子どもは放任されてきていたわけですけれど、それが、母親の育児責任へと変化する。そういう変化の時代でもあったわけです。四つ目に、家業中心の世界へ参入していくための子育てや人間形成から、学校を経由した、どこか親の知らない世界に出ていくための

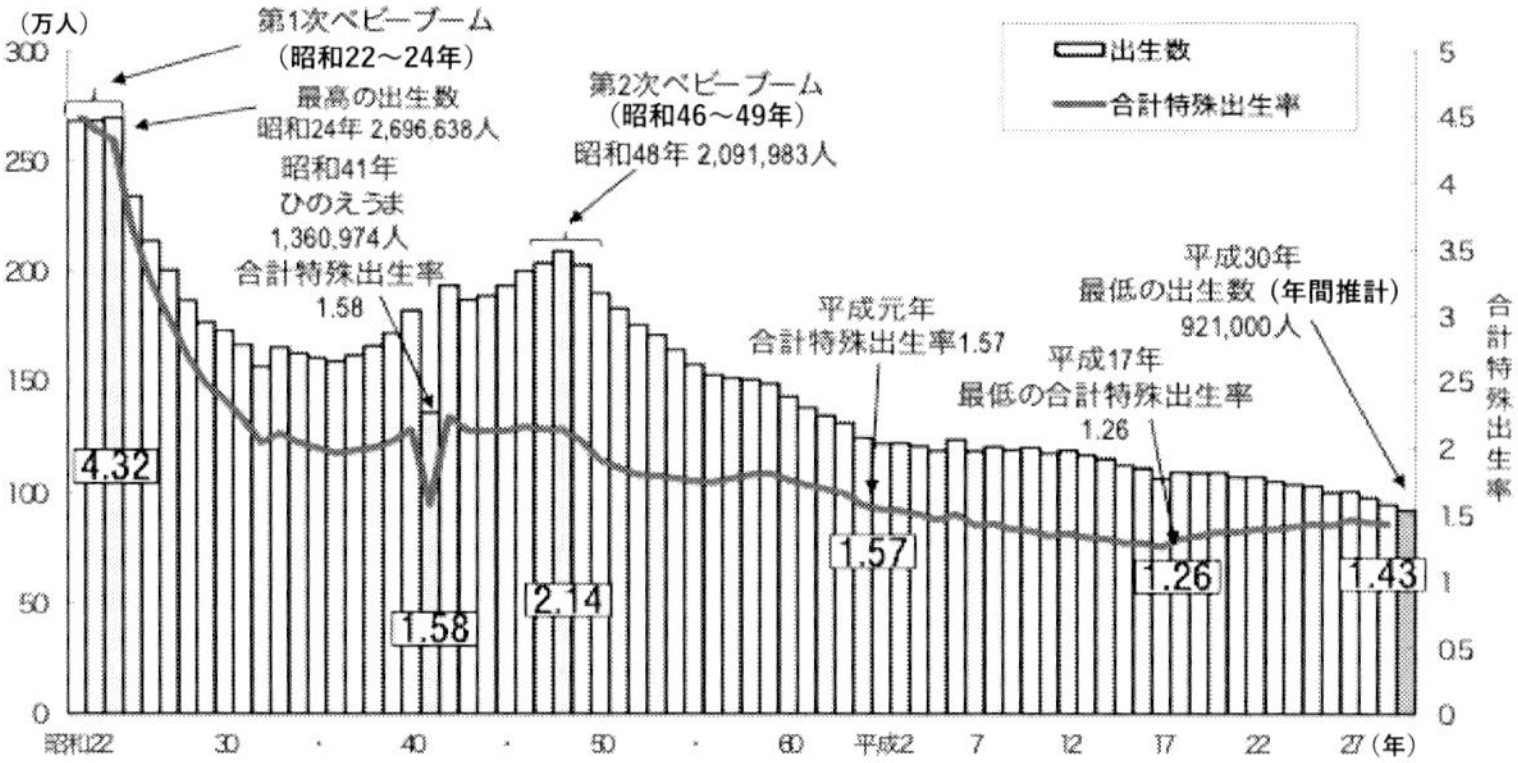

図６-１　戦後の人口推移

出所：厚生労働省「人口動態統計」より

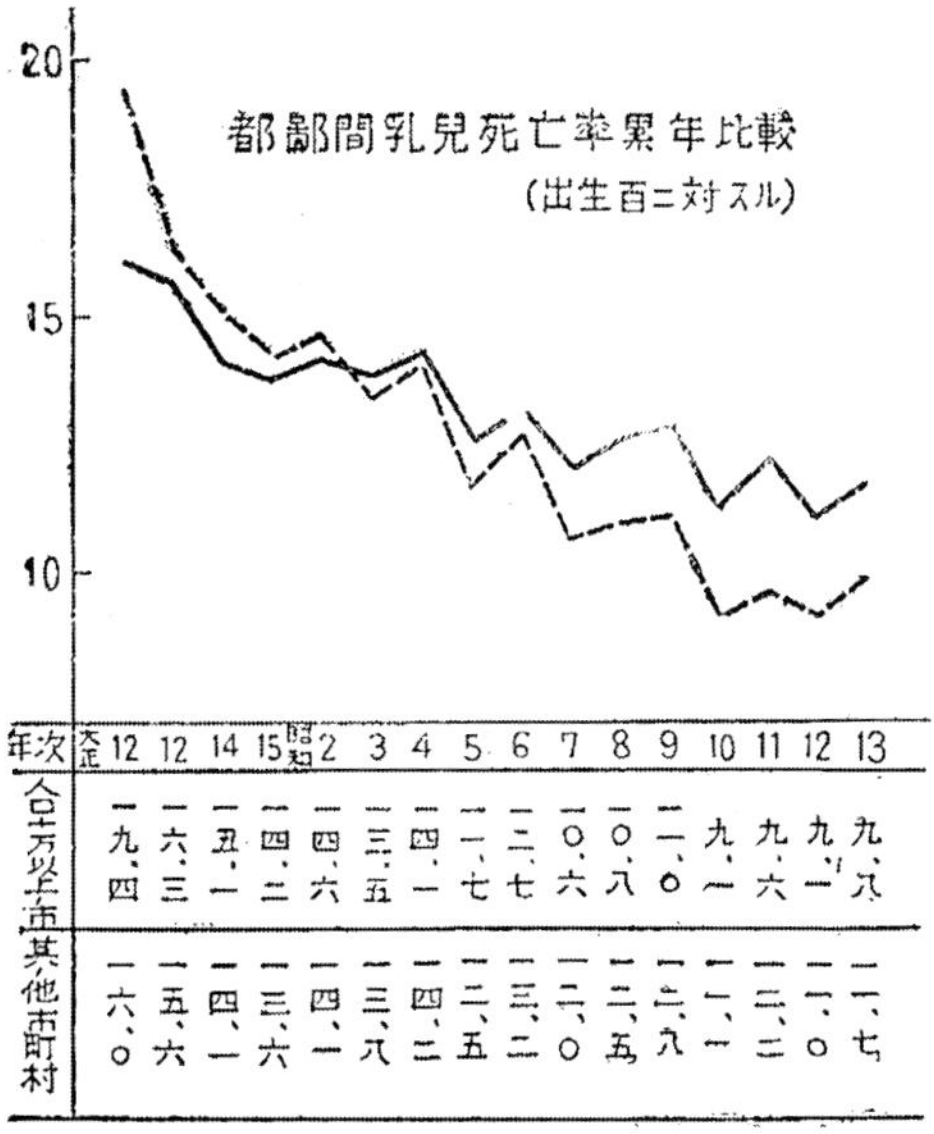

年次	大正12	12	14	15	昭和2	3	4	5	6	7	8	9	10	11	12	13
人口六万以上市	一九、四	一六、三	一五、一	一四、二	一四、六	一三、五	一四、一	一一、七	一二、七	一〇、六	一〇、八	一一、〇	九、一	九、六	九、一	九、八
其他市町村	一六、〇	一五、六	一四、一	一三、六	一四、一	一三、八	一四、二	一二、五	一三、二	一二、〇	一二、五	一二、八	一一、一	一二、二	一一、〇	一一、七

図６-２　乳児死亡率の累年比較

出所：高橋（1941）

人間形成への変化です。こういうふうな順番にお話をしたいと思います。

まず、この図は日本の子どもの数、出生数、それから合計特殊出生率の長期的な推移です（図6－1）。五〇年代、六〇年代の変化はもう歴然です。特殊出生率が一九四七年には四・五〇もありましたが、五〇年代の末までに二・〇のあたりまで、急速に下がってきます。

戦前の大正時代ぐらいまでは、四～五ぐらいだったと思いますが、それが近代的な生活が少しずつ広がる中で、都市部を中心に、じわじわと出生率が下がり始めてきていました。ところが、戦後すぐの大出産ブームで、四・五ぐらいまで数字が跳ね上がり、そして、それから急速に低下しました。子どもは平均二人という時代に変わるわけです。これは避妊の普及が大きかったわけですけれど、そこで家族の形態とか、子どもの数とかが変わるわけです。そのことは、子どもの価値や子どもへのまなざしの変化を生み出すことになります。

それからこの五〇年代、六〇年代を考えると、乳幼児死亡率が急速に下がっていきます。図6－2は乳児死亡率の累年比較です（高橋一九四一）。大正十二年から昭和十三年ぐらいですけれども、子どもたちはたくさん死んでいたことがわかります。出生数が百に対する率ですけれども、都市部では大正十二年には死亡率が一九・四ですから、子ども百人に約二〇人、五人に一人は乳児の段階で死んでいました。それが、都市部では衛生とか水道とかが普及していく中で、一〇％ぐらいまで、だんだん下がっていくわけです。農村もじわじわと死亡率が下がったことがわかります。

当時、子どもたちがどうやって死んだのかというのを見てみます（表6－1）。これは一九三七（昭和十二）年の日本の内地における乳児の主要なる死亡原因です（高橋一九四一）。「先天性弱質」というのが一番大きい。それから、「肺炎」「下痢・腸炎」。そのほかには、「脳膜炎」とか「気管支炎」「早産」「乳児脚気」「百日咳」「麻疹」「先天性奇形」「梅毒」などです。こういうふうに、生まれた子どもは簡単に死んでいました。

戦前の大正から昭和にかけて、じわじわと乳児死亡率が下がっていったわけですけれども、急速に下がるのは戦後です（図6－3）。これは出生児千人当たりの乳児死亡率の推移です（藤田一九九九）。図6－2とは目盛りが違いますの

表 6-1　乳児の死亡原因

出所：高橋（1941）

第二十九表　日本内地に於ける乳児の主要なる死亡原因（昭和十二年）

死因	死亡数	総数千中	出生千ニ付
先天性弱質	六三、三八七	二七四・八	二九・〇七
肺炎	四一、七七〇	一八一・一	一九・一五
下痢及腸炎	三九、九〇八	一七三・〇	一八・三〇
其他ノ幼結乳ノ固有疾患※	九、六四五	四一・八	四・四二
脳膜炎（結核性ヲ除ク）	八、六二八	三七・四	三・九六
氣管支炎	七、八五二	三四・〇	三・六〇
早産	五、九二九	二五・七	二・七二
乳児脚氣	五、七八九	二五・一	二・六五
百日咳	五、七七四	二五・〇	二・六五
麻疹	三、五八三	一五・五	一・六四
先天性畸形	三、四八七	一五・一	一・六〇
黴毒	二、七三二	一一・八	一・二五
搐搦	二、六五二	一一・五	一・二二
丹毒	二、二七二	九・八	一・〇四
膿毒症及敗血症	二、〇一三	八・七	〇・九二
不明ノ疾患及不詳ノ死因	八、五七六	三七・二	三・九三
其他ノ全死因	一六、七〇四	七二・四	七・六六
總数	二三〇、七〇一	一〇〇〇・〇	一〇五・七九

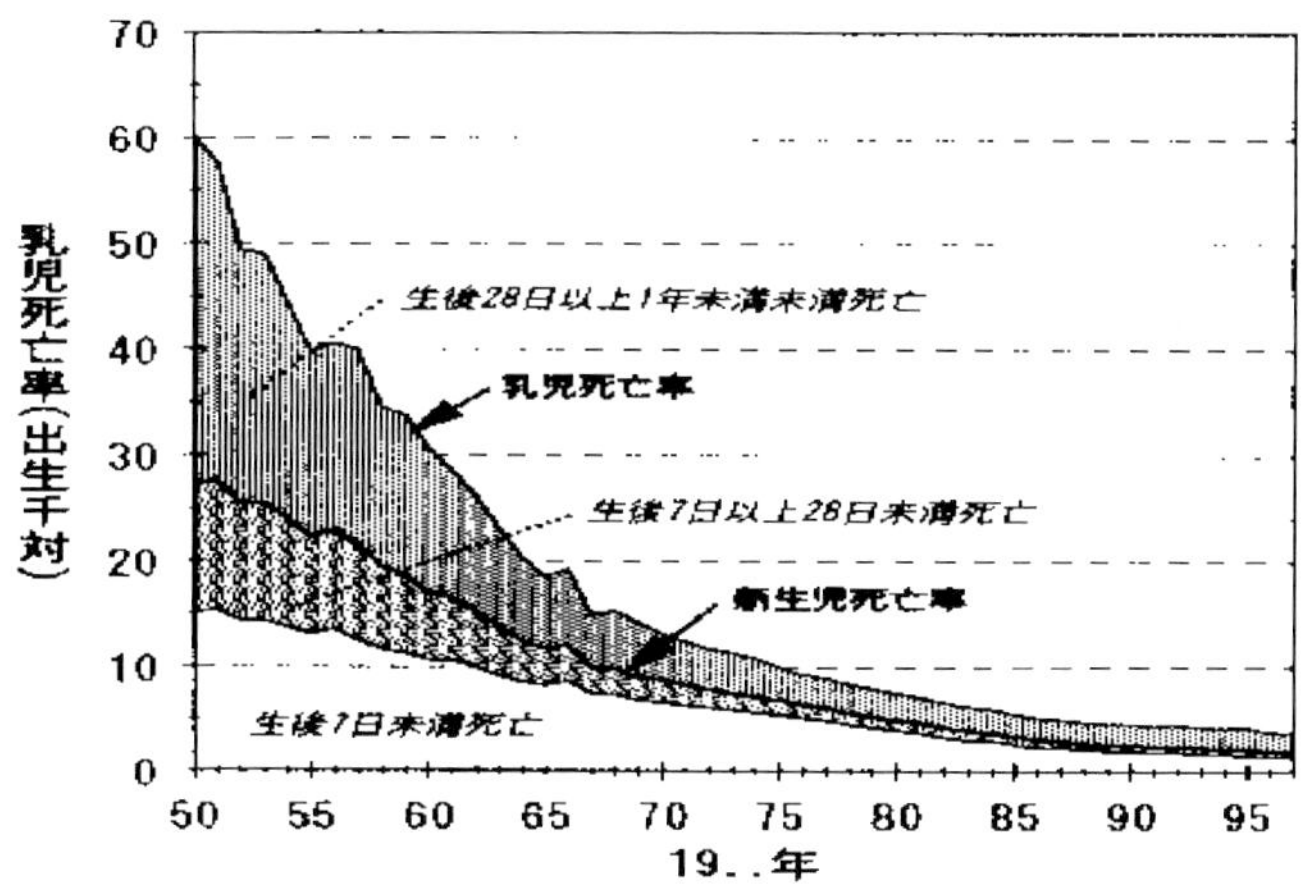

図 6-3　出生児千人あたりの乳児死亡率の推移

出所：藤田（1999）

でご注意ください。一九五〇年の段階で千人中六〇人が死んでいました。それがずっと下がってきて、六〇年代の終わりには、半減しています。七〇年代半ばに一〇よりも低くなりました。ちなみに私は一九五九年生まれなので、新生児千人中三〇人ぐらいが乳児死亡していた時代に生まれたことになります。皆さんもだいたいいつ頃生まれたかを考えてみたら面白いと思います。

ともかく、医療・衛生・栄養状態が改善されていく中で、家族からの世話も手厚くなっていって、乳幼児死亡率が下がっていきました。つまり、戦前期からの長期的傾向はありますが、特に、一九五〇年代から六〇年代に子どもの死亡率が急速に低下して、「子どもが死なないで育つ」社会になったのです。つまり、「子どもを少なく産んで、大事に育てる」時代に転換したのが、一九五〇年代から六〇年代だったということができます。

「子どもは家で育てる」社会への転換

二番目の論点は、生まれて育った子どもを家で育てるのか、よそに預けて育ててもらうのかということです。ほぼすべての家族が子どもを家で育てる社会に転換したのが、一九五〇年代、六〇年代だったというふうに考えることができます。日本の長い歴史はそもそも、育てきれない場合はよそに預けるという選択肢が、いろいろあったわけです。それどころか、捨て子や間引きもたくさんありました。たとえば間引きについて、少し話します。明治以降の時代になっても、間引きは下層・庶民の間で密かに続いていました。

明治二三年、一八九〇年に天草で生まれた川辺シュンさんの聞き書きです。女の赤子（妹）が間引きされて、便所の溜桶に捨てられていたのを一〇歳になったばかりの姉が拾い上げて、裏の芋畑の中で洗ってこっそりかくまっていたそうです。すると、姉ちゃんがそんなことするものだから、親のほうももう諦めて、熱意に負けて赤ん坊を育てることになったという話が出ています（松永一九七六）。人類学のほうでは、いろいろと確認されていることなのかもしれません。

大正時代のある地方で、男女比を研究してみると、女の子の五％ぐらいが極端に少ない。そうすると女の子の二〇人に一人ぐらいは間引かれたという可能性が考えられます（森栗一九九五）。

それから、十数年前に私が集中的にやったのが、山形県鶴岡市の大正期のローカル新聞の検討ですけれど、そこでは、便所で産気づいて、便壺に産み落として誤って死亡させたという事件が頻繁に起きていました。でも、これも過失なのか間引きなのかわからないです。見出しが「不義の子を便壺に」という記事なんかは、誤って産み落としたのか、間引いたのかわかんないですよね。ほかにも、「嫁の失態　嬰児を窒死」「母の不注意　子供圧死」とか、事故で死んだということになっているけど、これはわかんないです。もう育てきれないから殺したとか、そういうことなのかもしれない。要するに殺しちゃうという……。

それから捨てるというのもあります。内務省の統計をちょっと調べたことがあるんですが、大正から昭和の時代は、だいたい百五十人から二百人ぐらいの届出があったようです。もっと前の明治中期、一八八〇年代ぐらいでは、六百人から八百人ぐらい、一八八五年には最多の一三六四人というふうに。ただし、届け出がないような捨て子の事例というのは多かったと思います。昔はずいぶん子どもは捨てられたということがわかります。県別で見ると長崎県の捨て子数が突出していて、私の推測では、キリスト教系の施設があって、そこが積極的に捨て子を受け入れていたので、あちこちから預けられていたのではないかと思います。殺すことのほかは、捨てるんです。

幼い子どもをよその家に預けるというのもあるんです。これは民俗学の宮本常一さんたちなど、いろんな人が養子やもらい子の慣行について、記録を残しています（宮本一九六九など）。よくあるのが、農村から漁村にもらわれていくという事例です。農村は田んぼや畑などの最終生産量が限定されていますから、子どもが多いと、もう家族が食っていけないわけです。ところが、漁村だと、働き手が多ければ、余計に収獲ができるとかというのがあって、農村から漁村にもらわれていく子どもがいろいろいました。津軽平野の農家から下北半島の漁村へ、というふうな感じです。

下北半島の事例で言うと、四、五歳の頃にもらわれて、二五歳ぐらいまでいるのが普通でした。豊かな養家では、分家をさせてもらったけれども、そうでない家は、婿養子の口を探してもらうか、生まれ在所に戻って、日雇いとか、住み込みとかです。自分で生計の道を探すしかなかった。もらい子の場合は、下男として扱われたものが多かったようで、たいていは土間の隅で寝かせられたとか。佐渡北岸ではこうだとか、伊勢湾だとこうだとか、いろんなバリエーションがあるみたいで、子どもたちの扱いやその後の処遇はまちまちでした。

女の子の場合は、七、八歳ぐらいでよそに預けられて、まず子守になって、ある程度の年を取ったら下女になるという。こういう人生のパターンもあります。

NHKの「おしん」というドラマがありましたが、ドラマでは、山形県の最上川の田舎という設定になっています。でも、元のモデルは、静岡県の丸山さんという方の人生だったようです。この方は、もらわれていくときに、大井川を材木の筏《いかだ》で下りていった。最上川ではなくて、大井川です。子守奉公のために山の家から下っていったという人です。それから、内海桂子・好江という、三味線漫談の人がいました。私は結構お笑いが好きでしたが、その内海桂子さんが、『私は学校にいかれなかった』という本を書いています（内海一九九一）。この方は一九二二年に生まれて、神田の「藪蕎麦」というそば屋さんが今でもありますが、その藪蕎麦に住み込みの子守に入って、藪蕎麦の主人の子どもを背中におぶって一日中暮らしていました。途中、やっぱりこういうのは嫌だと思って、家に帰って「子守をやめさせてくれ」と。それで生家に戻りましたが、代わりに、三味線とか、そういうのを身につけろと言われて、それで三味線を教わったそうです。それで三味線漫談の世界に入ったそうです。

子守奉公はそこら中にあって、「五木の子守唄」とか、「竹田の子守唄」とかありますけども、それを子守唄を聞かされた側の目線じゃなくて、子守唄を歌った目線から考えないといけません。そうすると、小さい子どもが家を離れて、よその家の幼い子どもの世話をするという、そういうつらい物語ですね。「無垢な童心」などの世界とは全く違う人生が、そこにありました。

それから、徒弟奉公や丁稚奉公があります。中高等教育が大衆化していく前は、比較的ゆとりのある家でも、「見習い奉公」に出す習慣がありましたし、家計が窮迫している家では、「借金前借り奉公」とかです。そういうものがありました。だいたい江戸時代は十歳ぐらいです。明治に入って、十二歳ぐらい。大正から昭和に入ると、十四歳ぐらいで、よそに預けられるようになりました。でも、大正・昭和の時期でも、尋常小学校を三、四年生ぐらいで中退して働きに出る、というふうなケースもありました。

借金前借り奉公なんかは悲惨な話ですが、これも昔話だと思ったら、一九五〇年代になっても、まだそういう慣行や意識が残っていたんです。ちょっと、これを見ましょう（表６－２）。これは一九五三年の労働省による年少者の特殊雇用慣行という調査です（労働省婦人少年局編一九五三）。東京と関東農村だったと思いますが、「親が金を前借りして、その代わりに、子どもを何年かの取りきめで、働きにやるというようなことについて、あなたはどう思いますか」っていう質問紙調査です。「全く否定しないもの」がこれくらい（総数九％）です。農村は一四％ぐらい。「弱い条件で否定するもの」、たとえば、「家が困れば仕方がない」「親が働かないで子をくうのはよくない」「親の借金を返すためなら仕方ない」「あまり小さい子供では可哀相だ」、これがＢになりますが、農村は三二％です。だから、農村で言うと、なんと一九五〇年代の初めに四六％ぐらいの親は、場合によっては、子どもが身売りするのはしょうがない、そういうふうに考えていた。今では考えられないです。そんな時

表６-２　年少者の特殊雇用慣行
出所：広田（2003、元データは労働省婦人少年局編、1953年）

	東　京	農　村	総　数
A	2%	14%	9%
B	8	32	20
C	55	47	51
D	35	7	20
計	100%	100%	100%

全く否定しないもの……………………………………A
弱い条件で否定するもの………………………………B
｛家が困れば仕方がない
　親が働かないで子をくうのはよくない
　親の借金を返すためなら仕方ない
　あまり小さい子供では可哀相だ｝
強い条件で否定するもの………………………………C
｛子供の将来にとってその方が幸福なら
　子供が進んでゆくというなら｝
強く否定するもの………………………………………D

代がずっと戦後まもなくまで続いていたわけです。

一時的なものというか、突発的なものとしては、戦後すぐの時期は戦災孤児とか浮浪児がたくさんいました。親に育ててもらおうにも、家族がみんな死んじゃったとか、そういうふうな子どもたちも多かったわけです。全国調査が昭和二十二年（一九四七年）にされていますけど、孤児の合計が十二万三五一一人。そのうち親戚に預けられているのが十万七一〇八人です。施設に収容されたのが一万二二〇二人、独立して生計を担っているのが四二〇一人です。ただし、浮浪児は、これには入っていません。浮浪児は三・五万人から四万人ぐらいとされています。だから、かなりの数の子どもが、親に面倒見てもらえずに生きていたのが、この時期です。

しかし、一九五〇年代には子どもは、中学を卒業するぐらいまでは、自分の家で過ごす時代に変わりました。だから中学に行かない子どもはいて、「長欠児」として問題になったわけです。だけども、それは中学には行かないだけで、親のもとで過ごして、親と一緒に仕事を手伝ったりする。そういうふうになっていました。たとえば、「九十九里浜の子供たち」という豊田敬太監督のドキュメント映画があります（一九五六年）。それは、千葉県の漁村の中学校で、欠席をしている生徒を学校はどう対応しているのかという映画ですけど、そこでは中学に行くよりも、父親の船で手伝いをするという文化がまだあったわけです。学校に行かない代わりに親の仕事や家事を手伝うという構図で、家で育っている分には育っているわけです。日本の社会では、家で育てきれない場合は、殺しちゃうとか、預けちゃうとかから、急速に家で育てる時代に変わった。ほぼすべての子どもが家で育てられるようになっていったわけです。

放任から「母親の育児責任」へ

それから三番目です。今度は家の中の話をしますが、昔は家の中では、実際は小さい子どもは放任されていました。母親の育児責任というのはなかった。イデオロギー的には明治の半ばぐらいから、「母親が育児や子育てを管轄する」

という考え方が、余裕のある中流階級の中で広がっていったわけですが、もっと貧しい一般大衆のレベルでは、「母親が育児や子どもの世話をしっかりやれ」というふうな感じではありませんでした。だから、昔の親はしつけがちゃんとしていたっていうのは、「幻想」です。図６－４を見てみましょう。これはしつけのイデオロギーと実態についての大きな流れを整理するために私が作った図です（広田二〇〇六）。一九〇〇年代に入ると、「育児天職論」、つまり、母親は育児が天職だというイデオロギーが出てくる。「良妻賢母主義」です。良き母・良き妻の役割が女性にとっての幸せだっていうイデオロギーが出てくるのは一九〇〇年頃からです。そこからは子どもは母親の懐で育つという、そういうイデオロギーが、高度経済成長期後の一九八〇年代ぐらいまで続くんです。ところが、実際には大きなギャップがあるわけです。子育ては、母親の専管事項だというイデオロギーは登場してきていたのですが、庶民の現実は全然違っていました。

　一九一〇年代には、都市の中産階級に専業主婦が登場して、子どもに手をかけて育てる「教育する母親」が登場します。しかし、上流階級の場合は、女中が家事・育児をやっても、奥さんは指示を出すだけというふうになっていたし、農村部でも都市の下層でも小さい子どもは放任されていました。もう働けなくなった年寄りが孫の世話をする。年長の子どもが弟妹の世話をする。あるいは、子守が世話をするんです。ドラマ

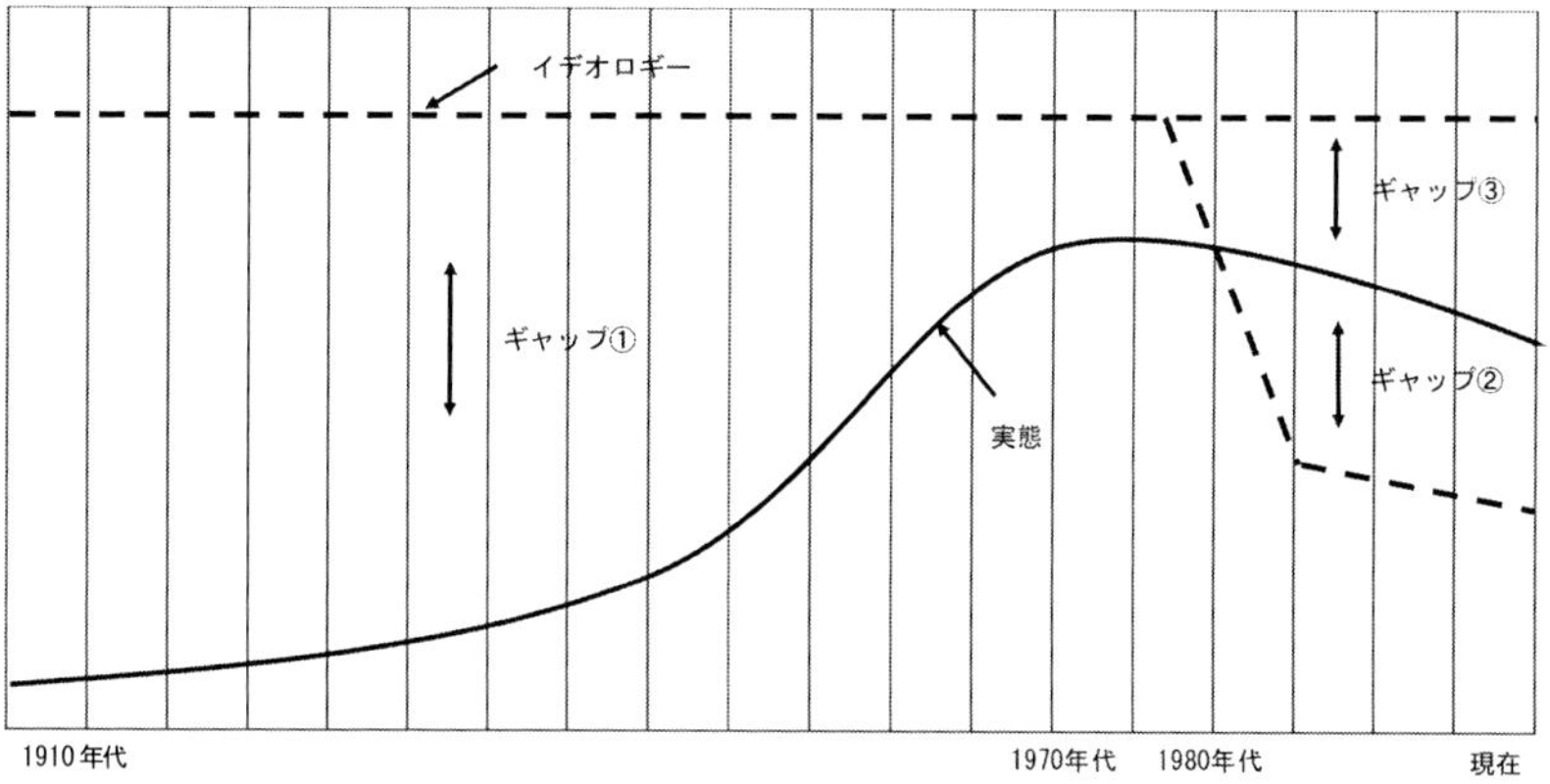

図６-４　「子育ては母親の専管事項」イデオロギーと実態
出所：広田（2006）

の「おしん」も子守をしたし、映画の「九十九里浜の子供たち」も、教室に赤ん坊を連れてきている生徒がいました。年長の子どもが赤ん坊の世話をする担当だったりしたわけです。だから、世間に流布したイデオロギーと実態との間に大きなギャップがあったわけです。母親が子育てしていたのではなかった。

一九三〇年代の「新中間層」は全人口の一五〜二〇%ぐらいですから、それ以外の庶民の大半の子どもは、放っておかれたわけです。つまり、子育てに力を入れるというのは、経済的な効果が何もない。だから、一人前の労働力にならない者にやらせる、つまらない仕事として考えられていたわけです。祖父母に預けっぱなしとか、年上の姉に兄や姉に背負わせる。また、当時は「エジコ」と言われる籠がありました。この籠の中に一日中赤ん坊を入れて、農作業に行くとか。そういうふうなものもありました。

一九六〇年代の初め頃に、教育社会学者の浜田陽太郎先生が調査されたものを紹介します（浜田一九六六）。浜田先生は、佐久総合病院（長野県）で、三三五名を対象に専業農家、一種兼業農家、二種兼業農家の母親の育児参加度を調査しています（表6−3）。それを見ると、「育児専念で農作業のない」母親というのはほぼいないわけです。「育児が主で農作業が従」「育児が従で農作業が主」「育児なし農作業専念」という感じで、専業農家だとやはり野良仕事が大変なのでしょう。二人に一人が「育児なし・農作業専念」です。「おばあさん育児」に依存していたわけです。

先ほどの図6−4のように、高度成長期の間にそれが大きく変わって、七〇年代がいわば「専業主婦の黄金時代」になりました。若い女の人は、子どもを産んだら

表6-3　専兼別母親育児参加度および発育不良乳児率

出所：浜田(1966)

		専農	Ⅰ兼	Ⅱ兼	発育不良乳児率（%）
母親の育児参加度（%）	育児専念・農作業なし	3	7	8	8
	育児が主・農作業従	21	24	33	30
	育児が従・農作業主	24	20	22	32
	育児なし・農作業専念（おばあさん育児）	51	38	26	36

自分の手で育てなさいという、実態に近づいたのがこの時期です。専業主婦率が最も高くなり、「母親の役割」とか「母親の責任」といった言葉が、あらゆる社会階層に広がっていきました。

ついでに言うと、この先の一九八〇年代に入ってからは、男も女も両方やれというイデオロギー・考え方が次第に広がっていきますから、家族内分業のあり方自体が大きく変わっていくことになります。「母親がしっかり子育てを」という理念ではなくて、「父親も子育てに関われ」という時代になっていきます。そうなると、二種類のギャップ、現実と理念とのギャップが生じることになります。男女両方でやれという考え方と、母親だけに子育てを押し付けている現実との間の乖離と、それから、忙しく働く母親が手いっぱいでやっている現実に対して、「もっと母親がしっかり子どもに手をかけろ」という、専業主婦を前提にした理想論との間の乖離とです。前者はリベラルな理念と現実とのギャップだと言えますし、後者は保守的な理念と現実との間のギャップだと言えます。「母親がしっかり子育てを」という理念は、伝統的なムラ社会を考えると進歩的な理念でしたが、「性別役割分業はおかしい」というフェミニズムの価値観が一九八〇年代に登場した後は、もっぱら保守派の家族像の中に残っていくことになりました。その二種類のギャップが存在するという、そういう時代が今、続いているんだと思います。

一九六〇年代以前の話に戻りましょう。子どもが放っておかれたから、昔はたくさん子どもが事故で死んでいました。先ほどの山形県のローカル新聞を見ていくと、たくさん子どもが溺れ死んでいました。この記事は、海で遊泳中に溺れて死んでいます。またこの記事は、深さ一尺八寸だから、約五〇センチの深さの用水で幼児が死んでいます。水溜に転落して小児が溺死とか、池に転落、老婆が子守をしていて川に落ちて死んでいます。わずか一、二年の間に、ローカル新聞だけでいくつもの事故の記事が出てきてびっくりしました。山形県の一九二三年の統計では一年間に一六六人の子どもが溺死していました。だから放っておかれたために、たくさんの子どもが溺れ死んでいたわけです。

もう一つ、家族関係の点で、親子のコミュニケーションについてもお話しします。これも間違ったイメージが流布していて、たとえば、「親子のコミュニケーションは昔に比べて希薄になった」とか、「親子の会話が減った」とか、そういう主張がありますけど、本当は全然逆です。親子のコミュニケーションは、昔は希薄で、現代になるほど濃密になっています。

これは講談社新書で示しましたけど（表6－4）、一九六〇年代の初めの調査では、都会と農村で比べると、農村の中学生のほうが、「両親は自分に無関心だ」という率が高い（牛島一九六三）。「あなたの両親があなたに無関心だという不満を感じたことがありますか？」という質問に対して、東京の中学生は「全然感じない」が、六二・五％です。ところが、農村の場合は三七・五％ですね。農村の中学生は、「少し感じる」「かなり強く感じる」が六割以上です。他の調査を見ても、親子のコミュニケーションの頻度や密度は、都市化が進むと高くなる傾向があります。

図6－5は、私の友人の広井多鶴子さんが書いた論文の中で、政府の定点観測の調査結果をまとめた図です（広井二〇〇六）。父親との会話の頻度で見ると、一九七〇年から二〇〇〇年の間ですが、「非常によく話すほう」というのがどんどん増えています。「あまり話さないほう」というのがずっと減っているわけです。母親もそうです。母親も、子どもと「非常によく話すほう」が増えていて、「あ

表 6-4　中学生に対する両親の無関心

出所：牛島（1963）

	人数（人）	全然 感じない	少し感じる	かなり強く 感じる（％）
東　京	426	62.5	34.5	2.9
農　村	391	37.5	54.4	8.1

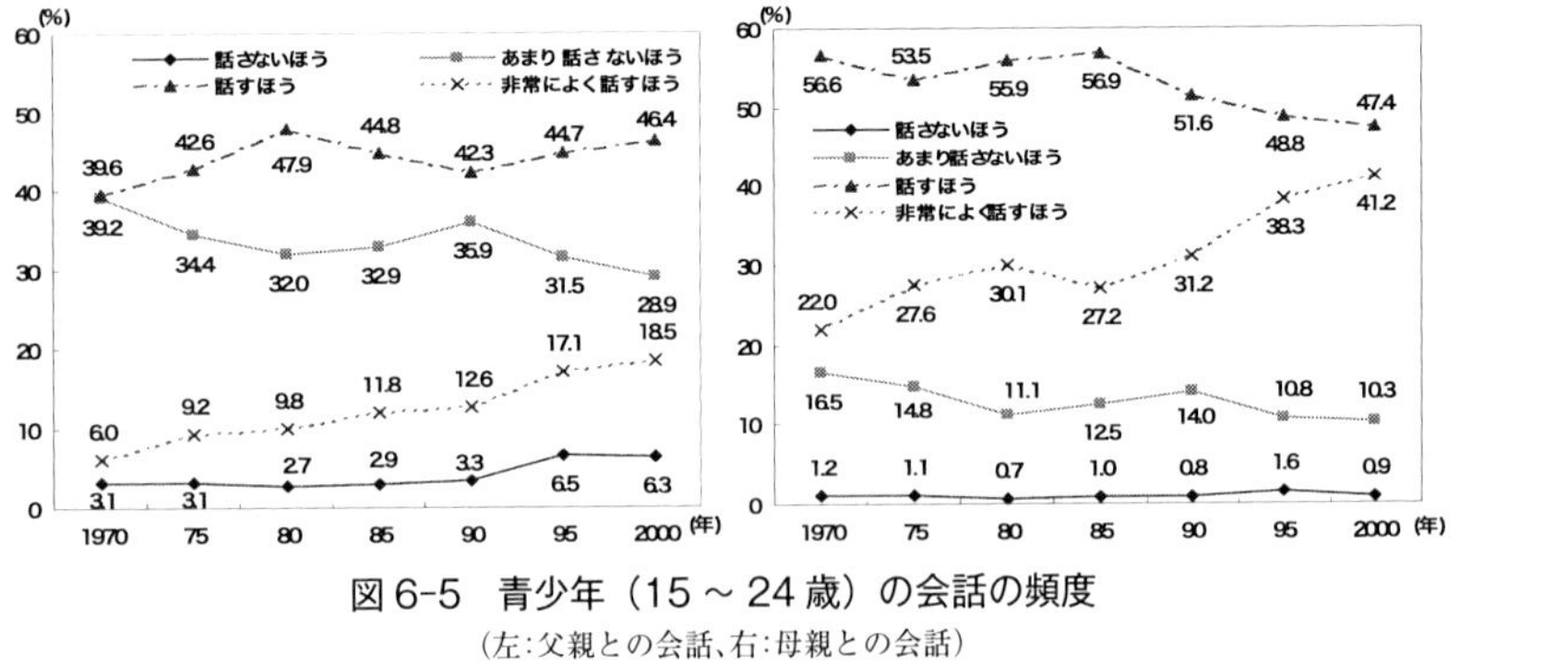

図 6-5　青少年（15 ~ 24 歳）の会話の頻度

（左：父親との会話、右：母親との会話）

出所：広井（2006、元データは内閣府『第2回青少年の生活と意識に関する基本調査報告書』2001）

まり話さないほう」が減っています。こういうふうに親子のコミュニケーションがどんどん密接になっています。希薄化していっているというのは「嘘」です。だから、母親役割が普及していく、家族のコミュニケーションが密になっていく、それが一九五〇、六〇年代を通しての大きなトレンドです。

なぜ子育ての軽視とか、しつけへの無関心が伝統的にずっとあったのかというと、いろいろな説明が可能です。文化人類学的な解釈だと、日本の伝統的な子ども観や発達観では「環境の中で自然に一人前になるんだ」というふうなものがありました（源了圓『文化と人間形成』など）。植物モデルで子どもを捉えていて、余計な介入をしないわけです。しかし、もっと経済的な事情もあったはずです。多忙や貧しさもあった。一日じゅう野良仕事や副業に精を出すのが精いっぱいで、子どもに手をかける暇がない。共同体の規範や統制もあって、農家の嫁が仕事もせずに、子どもと一生懸命遊んでいると、「とんでもない」という話になる。「子育てやしつけに熱心な嫁」というのは、分際を超えているわけです。そもそも、子どもはたくさん生ま

表 6-5　耐久消費財の普及率（%、人口５万人以上の都市）

出所：高度成長期を考える会編（1985、元データは経済企画庁『消費と貯蓄の動向』）

年次	電気冷蔵庫	電気洗濯機	電気掃除機	石油ストーブ	ルームクーラー	白黒テレビ	カラーテレビ	カメラ	乗用車	ライトバン
1958	5.5	29.3	—	—	—	15.9	—	43.1	—	
1959	5.7	33.0	—	—	—	23.6	—	54.4	—	
1960	10.1	40.6	7.7	—	—	44.7	—	45.8	—	
1961	17.2	50.2	15.4	7.7	0.4	62.5	—	49.2	2.8	
1962	28.0	58.1	24.5	15.2	0.7	79.4	—	51.8	5.1	
1963	39.1	66.4	33.1	28.6	1.3	88.7	—	56.4	6.1	
1964	54.1	72.2	40.8	40.6	1.8	92.9	—	58.0	6.6	
1965	68.7	78.1	48.5	49.9	2.6	95.0	—	64.8	10.5	
1966	75.1	81.8	55.3	57.3	3.2	95.7	0.4	65.8	13.5	
1967	80.7	84.0	59.8	62.6	4.3	97.3	2.2	67.4	11.0	7.1
1968	84.5	86.7	63.0	69.4	5.6	97.4	6.7	66.4	14.6	7.1
1969	90.1	89.8	70.3	75.0	6.5	95.1	14.6	69.8	18.6	9.2
1970	92.5	92.1	75.4	82.2	8.4	90.1	30.4	72.1	22.6	9.5
1971	94.5	94.3	79.9	83.9	10.2	82.2	47.1	74.7	25.8	8.5
1972	93.5	96.3	85.2	85.3	13.0	75.1	65.3	76.8	29.3	8.8
1973	95.6	97.3	88.8	87.8	16.5	65.5	77.9	77.7	34.5	8.6
1974	97.00	97.6	91.5	89.1	15.1	56.2	87.3	79.4	37.6	9.3
1975	97.3	97.7	93.7	87.5	21.5	49.7	90.9	82.4	37.4	8.6

れて、たくさん死んでいたから、熱心に手をかけても、失ったときにコストが大きくなる。

ところが、一九五〇年代から六〇年代に母親が子育てをしろという観念が普及します。一つは家族生活が変化し、家計に余裕ができ、家事が省力化して、子どもの数が減って、教育水準が上昇していく中で、子どもの教育に熱心になる親が広い層に拡大する。中産階級的なしつけイデオロギーは戦前からあったわけですけど、それが普遍化していくわけです。家事や消費生活について言うと、この時期に急速に変化があります（高度成長期を考える会編一九八五）。耐久消費財の普及率で見ると（表6－5）、一九五八年から十年で、電気冷蔵庫は、七割近くになります。電気洗濯機とか、白黒テレビもあっという間に普及します。石油ストーブ、電気掃除機など、いろんなものが普及し、家庭生活が非常に快適なものになっているわけです。

農業の機械化も進みます。一九五五年には耕運機の普及率が一〇％以下でしたが、六〇年代の終わりまでに八割を超えました。農家でもそれで時間的余裕が確保でき、兼業化や「日曜百姓」化が進みましたが、同時に子育てや家庭生活を享受するための余裕もできました。

ここで、一般の庶民の母親役割の変化に一役買ったのが、厚生省（現厚生労働省）です。厚生省は、子育ての改善に向けて、乳幼児期の母親の役割の重要性をしきりに宣伝していったからです。小沢牧子さんによれば、厚生省の取り組みの中で、一九六〇年代に「三歳児神話」が広がりました（小沢一九八九）。少し紹介します。一九六一年に三歳児検診も始まりました。これはイギリスのボウルビィの「母親剥奪理論」の影響があったんですが、そういう中で、人づくり政策の要は乳幼児の家庭育児政策など、そのために母親を家庭にとどめて、育児専業の位置に置く必要がある。そういう中で問題を持つ家庭や子どもに対しては国や施設に預けると。その発展のためには、三歳児検診が有効だという考え方です。

一九六四年から六五年に、ＮＨＫ大阪で「三歳児」という番組が作られました。さらに、本も作られて、これが爆発的に売れました。そういう中で「三歳までは母の手で」という、日本のいわゆる「三歳児神話」が作られてきました。

それが六〇年代でした。

実際に、時間の余裕や生活面でのゆとりも生まれ、親子間は心理的に接近し、しつけの態度が変わっていきました。無関心や放任が減少しているわけです。補足としては、七〇年代が専業主婦イデオロギーの全盛期で、それに向かう時期が、今日の主題の一九五〇、六〇年代だったのです。大きな構造の変化です。構造の変化にはもう一つあるわけで、子どもたちが将来どういうふうな進路をたどるのかのイメージが変わるわけです。これを次にお話しします。

家業中心の世界への参入から、学校を経由した「他出」社会へ

最後に四つ目です。家業とその周辺にある世界へ参入するという、それまでの考え方から、学校を経由して知らない社会に出ていくという社会へ変わっていくわけです。伝統的な社会のしつけは、親が育った世界の価値観に基づいていました。ところが、一九二〇年代から五〇年代は村のしつけと学校のしつけが相反して競合した時代で、両者の世界観・価値観が併存した時代です。学校では偉いことを習うけれども現実は違うんだとか、村には村のルールや知恵があるとか、そういうふうな考え方があった時代です。ところが、一九六〇年代には、村の伝統的な「しつけ」が崩壊して、学校の「しつけ」が、そのまま家庭の「しつけ」になっていく、そういう時代です。要するに家業やその周辺の世界に向けた子育てから、学校を経由して、何か親世代の知らない世界の人間になっていう、そのための「しつけ」という時代に変わっていくわけです。

一九二〇年代ぐらいまでは、青少年の進路はだいたい義務教育や高等小学校を卒業したら家業を継承する、家業の手伝い、あるいは奉公見習いなど単純労働の世界に入ります。そこではもう学校教育はあまり役立たないわけです。体力や根性があればよい。男の子の場合は、やはり家業、手伝い、日雇い、作男というのがよくあるパターンです。徒弟奉公や丁稚奉公への道もありました。学校を卒業して家に残った若者のうち、よそへ出ていくのは二十歳前後です。だい

たい徴兵検査が終わったあとに、家を出て、都会や近くの町へ出稼ぎに行く。そういうのが割合多かったようです。女の子の場合は、学校を卒業したあとや、しばらくの間、家業手伝いをしたあと、十代半ばで女工、女中とかで他出をする。それが一般的です。大正時代から戦後にかけて、つまり、一九二〇年代から五〇年代は、商工業への就職者が増えていきます。それから、中等教育への進学者が増加していきます。そこで、村のルールでの「しつけ」というのと、学校でいろんなことを身につけて社会に出ていくという「二つのしつけ」が競合していました。

表6－6を見てみましょう（加瀬一九九七）。これは一九五二年の秋田県の農家の次三男と女性の状況と就職希望をまとめたものです。どうしていたのかという話です。十五歳から四十歳のものになっていますけど、「学生生徒」以外は、学校を卒業した後、家でとどまっている者の状況を示していますね。雇われて働いている者、日雇いもいます。それから家事手伝い、家の手伝いをする。こういう状況です。だから、就職希望者を見ると、個人または官公署・会社に雇われたいというのが多いですが、開拓に従事したい、分家をしてほしいという者もいます。女の子の場合は、学校を出た後は家事手伝いが多い。家の補助労働力だったのですね。他には雇用者、日雇いが少し。就職希望は開拓が男に比べると少なくて、個人に雇われるとか、会社とかで勤めたい。こういうふうな感じです。まだ高度成長が始まる直前ですから、こんな状況でした。この表6－6にはありませんが、季節労働・出稼ぎ労働も、まだ大都市の復興が本格的に進む前は、地方から別の地方へというのが多かったようです。秋田県だけでなく、大都市から離れた地域はどこもこんな感じだったと思います。

それが、高度成長期になって、大きく変わるわけです。表6－7は中学を卒業した者の進路です（加瀬一九九七）。産業別の人数ですが、一九五一年には中学を卒業して社会に出た二人に一人が農業に従事しています。農業・漁業でだいたい五割。女子も同じです。農漁業従事者の率は、その後、どんどん減っていきます。一九六五年には一〇%を切ります。女子の場合は五%ぐらい。経済の高度成長によって、新しい雇用口ができて、青少年の進路がいかに大きく変わったかがよくわかります。つまり、新規卒業者の大半が「雇われて働く」という進路をとる社会に変わっていったわけ

表 6-6　秋田県農家二三男女の性格（1952 年５月１日現在）

出所：加瀬（1997）

15-40 歳の者のみ	男子		女子	
	人数	構成比	人数	構成比
職業別計	67,167	100.0	75,900	100.0
学生生徒	14,489	21.6	16,442	21.7
雇用者	14,814	22.0	6,589	8.7
日雇	6,162	9.2	2,084	2.7
家事手伝	29,551	44.0	49,196	64.8
その他	2,151	3.2	1,589	2.1
就職希望者計	28,017	100.0	13,994	100.0
開拓	3,167	11.3	475	3.4
県内	1,614	5.8	323	2.3
県外	953	3.4	87	0.6
海外	600	2.1	65	0.5
分家	7,021	25.1	2,450	17.5
個人に雇われ	6,540	23.3	6,266	44.8
官公署会社に雇われ	11,286	40.3	4,803	34.3

表 6-7　中学校卒業後の産業別人数

出所：加瀬（1997、元データは文部省「学校基本調査」）

	実　数				構成比			
産業別＼年	1951	1955	1960	1965	1951	1955	1960	1965
男子計	407	363	357	324	100.0	100.0	100.0	100.0
農業	197	105	46	24	48.4	28.8	12.9	7.4
漁業	16	11	7	6	3.9	3.1	2.0	1.9
建設業	13	9	12	26	3.2	2.6	3.2	8.1
製造業	108	144	215	197	26.5	39.6	60.3	60.9
商業	38	50	36	23	9.3	13.8	10.1	7.2
運輸通信業	7	7	7	13	1.8	1.9	2.1	4.1
サービス業	9	18	19	18	2.2	4.9	5.4	5.5
女子計	385	335	327	301	100.0	100.0	100.0	100.0
農業	194	100	39	14	50.4	29.9	11.8	4.8
漁業	4	3	1	1	1.0	0.8	0.4	0.3
建設業	1	0	0	1	0.2	0.1	0.1	0.2
製造業	115	120	192	190	29.9	35.9	58.8	63.1
商業	23	34	31	26	6.1	10.1	9.4	8.8
運輸通信業	5	4	4	8	1.4	1.2	1.3	2.6
サービス業	22	51	46	51	5.7	15.2	13.9	16.9

です。

同時に、多くの家庭で高校や大学に子どもが進学するようになっていきました。一九五〇年に四二・五％だった高校進学率は、一九七〇年には八二・一％になり、七四年に九〇％を超えました。大学進学率も、一九五五年には一〇・一％でしたが一九七〇年に二三・六％になり、七五年には三八・四％に達しました。「学歴を手にして近代的なセクターの世界で働く」という生き方が一般化していったわけです。大事なことは、それは多くの親が知らない世界だったということです。一九五〇年代の子どもの親の世代の大半の教育歴は、尋常小学校とか高等小学校ですから、五〇年代、六〇年代の進学率の上昇は、子どもたちを親の知らない世界へ参入させていったことになります。ということで、進路が変化する、進学率が上昇することで、「伝統的なしつけ像」は崩壊しました。

このプロセスで親子げんかが発生しました。伝統的な価値観を持っている親に、「そんな時代じゃなくなっているんだ」と言って、親と子どもが対立するわけです。進路選択をめぐる対立もありましたし、生活の仕方や人間関係の持ち方など多くの場面で世代間葛藤が生じたわけです。

おわりに

日本で伝統的なしつけが解体したのが、一九五〇年代から六〇年代。そこには人口学的な要因、それから家族の経済基盤や意識構造の変化、青少年の進路構造の変化などが関わっているわけです。

しかし、それは同時に、伝統的なしつけが単に崩壊して、アノミーになるわけじゃなくて、代わりに中産階級的・都市的な家族像やしつけ像が大衆化する時代でもあったというふうなことが言えると思います。私の話は以上です。

【質疑応答】

堀口（司会）：広田先生、一時間近くのお話、どうもありがとうございました。今日のお話ですが、私からは、当初、一九五〇年、六〇年代の「教育としつけ」について、お話しいただきたいということでした。広田先生のお話にあったように、この問題を扱うには、やはり過去の歴史的な経緯なども理解したうえで、把握していく必要があると、私自身、承知しているところです。

私自身、ご講演をお願いさせていただいたのは、一つに私自身も授業の中で、広田先生の講談社新書の内容を中心に紹介していることがあります。特に、一二九頁のところ、たとえば、学校、地域共同体、家族の関係の変化を図で詳しく、示されていています。それによると、昔は家族が子どものしつけに対して、気を配っていたというよりは、労働力として重要だったと。この時期は経済史的には、戦間期――十九世紀末から二十世紀にかけての時期というのは、資本主義の勃興期という意味でも重要であり、また、その影響から一人一人の労働力というものが重要だったということで、家族におけるしつけの役割までは十分に気を配ることができなかった。一方、地域共同体が一定程度、しつけについて補完的な機能というか、そういった子どもの教育に一部関与していたかもしれないと。だから、昔の家族によるしつけは良かったというのは、ちょっと再考が必要だとの認識を持っています。

最初のところで、広田先生のご紹介のときに、最近は日教組の研究などに力を入れているということで、私自身、以前に、広田先生による「陸軍将校の研究」や「少年院での教育」についての研究など、興味深く読ませていただきました。特にその陸軍将校の研究の中で、一般的には「滅私奉公」という言葉をよく聞くんですが、広田先生は「活私奉公」という言葉（造語）を使われておりまして、なるほどなあというふうに感じたことを覚えています。もしかしたら、今の日本社会にもその言葉が有効なのではないかとも。

私の感想はこれくらいにいたしまして、順番にご参加の先生の質問に入りたいと思います。

松岡：かつて日本でも、現在よりずっと早い年齢で結婚していたと思うんですが、特に、女性の場合は、早く結婚していたと思うんです。四つ目のところで、青少年の進路の変化として、女子は家事手伝いが非常に多くなっていましたけれども、日本の場合は女性を早くに結婚させる習慣が、今、途上国で問題になっているような児童婚にならなかったのはどうしてなのか。家の中で家事手伝いという形で、女性が存在したのはどうしてなのかと感じました。日本のコンテクストとは違う質問なのですが、お考えを聞かせていただきたいと思いました。

広田：十代の終わり頃ぐらいで、どこかの家の嫁に行くとかというのは、今よりはずいぶん早かったと思います。ただし、未婚女子は補助労働力や補助的な稼ぎ手として重要でした。一つは、農業の補助労働力が必要だった時代がずっと長かった。耕運機が普及していくのが、一九五五年から七〇年ぐらいの時期なんです。田植え機が入るのが六〇年代ぐらいからなんです。要するに、農業の機械化が高度成長期のある時期から始まっていくんですけど、それまでの農業は本当に零細でしたが、とにかく労働力を投入して生産性を確保するという農業の形態だったので、学校を卒業して、しばらく家業の手伝いをする女の子というのは、重要な補助労働力だったと思います。もう一つは、「補助的な稼ぎ手」です。戦前から戦後しばらくの間は、多くの女子労働力が繊維産業に入ったりしましたけど、現金収入を家にもたらすという意味では、特に地方によっては、男よりも女の子のほうが価値が高いとかという状況もありました。「嫁入りのためのお金は自分で、女工に行って、稼いでこい」とか、工場に出た娘の稼ぎで家の修理代を出したなどという話はたくさんあります。学校を卒業したら、もうすぐに嫁入り先を探すとかという、そういうふうなものではなくて、一定期間働くというのが、当時の状況だったと思います。

松岡：はい、経済的に価値があったということなんですね？

広田：そうですね。姉が女工に行って、そのお金の稼ぎで弟妹を進学させてやったとかという涙ぐましい話もいろいろありました。

波平：文化人類学で一九六四年から農山漁村の調査をしておりまして、先生の今のご報告は、自分の現地で見てきたことと、それから、先生が日本の社会全体を見通しておられるのと、非常によく重なりまして、勉強させていただいております。ただ、最初の頃のご報告で、家のしつけと村のしつけというふうに分けておっしゃっておられましたけれども、それをどんなふうに分類というか、どこが家のしつけで、どこが村のしつけというふうに分けておられるか、伺えたらと思います。

広田：講談社新書で書いた「家のしつけ」というのは、もうごく限定されて、一人前に働けるという、そこにいろんなものが集約されていたと思います。「手を洗え」とは言われないけれど、「鍬は洗っておけ」とうるさく言われる。土が残ると錆びるからなんです。ですから、近所の人との付き合いの仕方とか、公共的な場で行儀よく振る舞うこととか、そういうものは村のルールでだいたい決まっていましたから、それは若者組で学んだとか、近所の人との普段の付き合いの中で学んだとか、そういうふうなものだと思います。

波平：そうですか。私のは一九六四年以降のもので、それ以前のところは実際に伝聞でしかないんですけれども。インタビューによって、実際に観察していた場合に、家の恥をかかせるなということで、たとえば、私もいくつも印象深いものがあるんですけれども、大変やんちゃな男の子で、家の中でしつけなんかできないぐらいのやんちゃな男の子がいたんです。これは一九八〇年代の初めの頃のデータですが、七歳の祝いというのは、結婚式ぐらいの大変大きなお祝いを親族を呼んでするんですね。その子が四時間、羽織袴で、親類や近所の人たちの前できちんと座って挨拶をするというのを参与観察で見たことがあります。その場合、その男の子のしつけを半年ぐらい前から、ひいおじいさん、ひいおばあさん、おじいさん、おばあさんたちがつきっきりで、とにかく食事から座っていることから挨拶までを一年に四、五回やる。そこを訪問して、見させてもらったんです。とにかく言葉としては、家の恥をかかすな、親の恥をかかすなと言って、子どもをしつけておりました。それから、これはまた別の村の話で、調査したときにはもうすでに終わっておりましたが、昭和二十五年ぐらいまで、山で冬場、十日から二週間、山小屋の中に入って山林伐採するんですね。それが十七歳で、山入と言って、それ以降、五十歳ぐらいまで大きな仕事をするんです。その十七歳のときの山入、たとえば真冬の山で二か月ぐらい働くんですが。その山入のときに、もしも逃げ帰ったならば、家にはおかないと言って、とにかく、その冬場の山の中で働くためのしつけを十五歳ぐらいからさせられたと。つまり、外に村のしつけが直接あるんではなくて、家のしつけが村のしつけを取り込んで、あらかじめしつけをするということは、いくつも見たことがあります。

広田：それは、村の中の割合では、一般的なおうちなんですか?それとも、それなりに……。

波平：一般的です。特に、会津地方には、上層の家、つまり、家格の意識が非常に強かったです。けれども、どこでも家の恥はかかないという気持ちが大変強くて、漁村の場合は、最初は親の船には乗せない。しけの多い海域の場合には、どっちかが死んで、片方は親が生き残るか、どこが生き残るかということで、子どもは親とは乗せないもんですから。他人の船に乗ったときに、家の恥をかかせないと言って、小学校の高学年から親の船に乗せて、一人前になったとき、他人の船で一人前に働けるというしつけをしておりました。こういうことをちょっと調べたことがあるもんですから、情報提供として申し上げました。

広田：はい、そうですね。村のしきたりや暗黙のルールがあって、家のしつけがそれを基準にしていたところはあったと思います。ただし、家格の違いによる階層性、男女の違い、長男と次三男の違いなどもあったので、そういう差別化も含めた村のルールだったりするから、簡単に「共同体的」という語でくくれません。そういう部分の重層性というか、関係性みたいなのもあると思います。

前田：私の専門は家族社会学です。戦後の家族変動の解明に注力してきた分野ですが、それには、先生がおっしゃるように、戦前の社会を理解する必要があると私も考えています。質問というより、ご報告から触発されたことを申し上げます。私は宮本常一が好きなんですが、特に、『忘れられた日本人』の中で、宮本が祖父の仕事を手伝いながら、深い学びを得ているのが印象的です。戦前の農家経営の実態を知りたくて、昭和初期に実施された農林省農家経済調査データの分析を始めたのですが、そこからは、激しい景気変動下での農家経営の厳しさがひしひしと伝わってきます。そうとう知恵を働かせないと生き残っていけなかった。単に売れる作物を作ればいいというわけではなくて、農家は、生産の単位であるとともに、消費・再生産の単位であり、労働供給の単位でもあったので、今で言うワーク・ライフ・バランスや持続可能性にも配慮しつつ、農外労働も視野に入れて労働配分を考えないといけない。子どもが家の手伝いをしながら学ぶことは多かったと思います。

翻って、戦後、「三歳児神話」が普及する頃には、農村から都市に移動して育児に専念する母親たちは「孤立」して育児不安に陥ったと家族社会学では論じています。けれども、先生のお話を伺って、何を教えたらいいのかわからなかったことも不安の背景にあったと思い至りました。これまでのように、労働を通じて家や村の知恵を次世代に引き継ぐのではない。母親自身は生産労働から切り離されている中で、新しい時代を見据えたしつけや教育をしなくてはならない。どうしたらいいかわからない不安の中で、子どもの学歴獲得を強く志向する「教育ママ」になっていったのではないかと考えた次第です。どうもありがとうございました。

小國：広田先生、明治時代までさかのぼって、広く、多角的な観点からご説明いただきまして、ありがとうございました。私は、昭和三十年代の農村生活改善のことで、九州から東北まで、農村を回らせていただいたことがありました。当時は話の前提として、「経済的な貧困からの脱却」と「民主化・近代化」というコンテクストがありましたので、それを思い起こしながらお話を聞いていました。先生のご説明を伺って、それが、母親が子育てをしろという観念が普及した時代とも重なってくるというところがあります。そのときの生活改善の一環でされていたさまざまな活動、たとえば、子どもにこういう栄養価のものを食べさせるのがよい、といったことの背景にある価値観や考え方ともリンクしてくるんだなという捉え方ができて、自分が調べていたことの時代背景をあらためて確認させていただいたような思いになりました。お話を伺ったことで、それ以前の時代における、子どもへの無関心というか、母から子に対する関心の高さがどう変わっていったのかというあたりなど、もっとちゃんと聞いたり見たりしてきたらよかったとあらためて思いました。

実は、明治、大正時代の「間引き」の話がとても興味深くて、私は全くの無知なので、ちょっと質問させていただきたいんですけれど。たとえば、この意図的な明らかな「間引き」が、社会的なモラルに反するとして問題視されて以降も、消極的な、たとえば溺死なのか、過失なのか、意図的なのかがわからないみたいなものが、新聞記事にいっぱい出ているというお話がありました。溺死もそうなんですが、たとえば、家庭で栄養をあまり与えない、といったようなことはあり得たでしょうか。私の知人の研究者がパプアニューギニアで調査していた際に、男子選好における消極的な間引きとして、女児と男児では日常的な食事における栄養摂取量に差が出るという話があります。栄養調査のようなデータは、時代的に残っていないかもしれないんですけれど。たとえば、栄養不足が原因とされるような女児が多いだとか、何かそういったことが、もし、日本の当時のことについてデータとしてありましたら、ぜひ教えていただきたいなと思いました。

広田：なるほど。よくあるのは死産にしてしまうことです。「この子は要らない」からと、産婆さんにお願いして死産という形で扱ってもらうのは、いろんなものに出てきます。それから、表6-1にある、「先天性弱質」とかです。それがよくわかんないんです。結局、栄養不足とか、乳を飲もうとしないで死んだとか、体調を崩してそのまま死んだとか。そういうのに故意殺、意図的なものも入っていた可能性があります。乳を与えなかったら死んじゃうし、暖かいものにくるんでいなかったら体力が失われるわけですから。そういうのもわかんないです。どこまでが事故や自然死で、どこまでが意図的なものなのかというのは、統計でも新聞記事でもよくわかりません。いろんなエピソードの表現みたいなものを拾うと、いろんな形で「間引かれた」というのは、確かにあったように思います。江戸時代は結構、「間引き」が広範に行われていて、「間引き」をやめろとかいう「お触れ」が出たりもしていましたけど。近代になっても、一定の時期までは、やっぱりもう育てきれないとかでやっていた。それはやっぱりそんな目に付く形でやらない。そこは謎のままです。正確にはわかりませんね。

堀口：この間引きの話について、最近、私も敦賀のほうで、赤松啓介さんとか、産屋の研究とか、その資料をちょっと調べています。昔は産婆さんとか、そういった方が、どういう状況でお手伝いしたとか、本当は、この子が生まれて来なくてよかったような、そういうふうな話も以前はすごくあったような気がします。

今日ご参加されている先生で、今の小國先生の質問に対して、ちょっと補足的な説明ができる方はいらっしゃるでしょうか。

松岡：死産にしてもらうことがあったという話を小児科の医師から聞いたことがあります。だから統計で、「死亡」というふうになっていても、本当に死産だったのか、そのあたりのところがよくわからない。昔の統計は信用できないんだというような意味で、話をしていたのを聞いています。

波平：間引きの研究は、太田素子先生のご業績もありますし、私が参加している別の研究会で、鈴木由利子先生が大変詳細な研究を全国的にしておられます。鈴木由利子先生のご研究の受け売りになりますけれども、とにかく全国的に非常に広く、「間引き」が行われていた。その一方で、これが不思議なんですけれども、同時に、生まれてくること、あるいは育ってもらわなければならないことに対する手厚さもあります。たとえば、もらい乳をするとか、医者に診てもらうとか、占いをしてもらうとか、大変手厚く、子どもを育てていることもわかっております。

それから、沢山美果子先生の近世史の研究もあります。江戸時代の間引き、堕胎、それから、産育と言いましょうか、妊娠中の女性の身体に対するケアといったような、女性の生殖に関するものです。その方のご研究もやはり一方では、胎児の中絶や、それから、間引きということをしながらも生まれてくる子どもに対する非常に強い執着と言いましょうか、愛情、あるいはその母性というものを非常に敬重するということも見られる。非常にアンビバレントなものがあったということを研究しておられます。女性の生殖ということに関しては、江戸時代から一九六〇年代にかけての長い間にわたって、一筋縄ではいかない、簡単な結論は述べられないようなものがあったと。

発言が長くなって申し訳ないんですが。鈴木先生、沢山先生のご研究によると、胎児に対するイメージというものが、もう江戸時代には相当強く、明確であった。死産した子、中絶した子の形状を克明にスケッチしていたものがあったようで、何か月だと胎内でどういうふうに子どもが育っているのかという図もあり、決して子どもを水に流して平気であったというようなことではなかったと。結論としては、非常にアンビバレントで、一筋縄にはいかないということをかなり広く深く研究しておられました。

村瀬：大変面白いお話をありがとうございました。具体的な新聞記事や統計データがすごく面白かったです。小学生ぐらいの子どもが子守奉公をするというお話に興味を持ちました。「おしん」などのドラマだと、背中に子どもを背負っている姿を見ますが、何歳ぐらいまで子守奉公の人がついていたのか、それ以降はどうしていたのでしょうか。

それから、泣いたときに乳を欲しがるということがあったと思うんですけど、人工栄養がそんなになかった時代に、おばあさんの育児なんかもそうだと思うんですけど、どうしていたのでしょうか。もし、わかるようでしたら、教えていただけるとありがたいです。

広田：だいたい長くて三歳ぐらいまでじゃないでしょうか。もっと早く子守の手を離れる場合もあったとは思います。

村瀬：三歳ですか。結構、大きいですよね。

広田：大きいです。六歳とか七歳の子が、三歳の子をおぶっているから、もう重労働みたいな、そんな写真を見たことあります。子どもが子守奉公に入って、一人目の子どもをおぶっているうちに、二人目の子どもが生まれる。そうすると、二人目の子どもの子守をやるとか、そういうのもあったみたいです。要するに続けてやるという。それで、先ほどの川辺シュンさんだったか、あの例だと、そのまま十二歳ぐらいまで、子守奉公したうえで、今度は女中の仕事で下働きになって、そのうちいろいろな家を転々として……。

村瀬：職種を変えてということですね。ということは、誰でもできる仕事だと思われていたということですね。

広田：子守は誰でもできるし、でも、一人前の人はやらない。

村瀬：乳はどうですか？

広田：乳についてはよくわかりません。エジコに入れて一日中ほっとく場合も、乳はやらないわけですから。基本的には、泣いたら乳をやるとかという文化が一方でありながら、親の都合のいいときに乳をやるとかという、そういう実際の慣行もあったんだと思います。

李：すごく勉強させていただきました。私は中国の土地改革について研究しております。日本の農地改革や、明治維新前の地租改正については勉強不足なので、お伺いしたいです。地租改正が一八七三年に行われました。それ以降、農民の抗議などがあったんですが、地租改革は下層農民にどんな影響を与えたのか。たとえば、経済面ではどういう影響を与えたのか。先ほど先生のお話の中で、徒弟奉公とか、借金前借奉公とか、奉公の職業にジェンダー格差が見られます。それは、地租改正の影響だと考えられますのか。

広田：難しいお話ですね。地租改正のあとにだんだんと貨幣経済が広がっていく中で、巨大地主や中小地主への土地集積が進んでいくわけです。松方デフレのあたりから、どんどん進んでいくのは豊かな農家や商家がお金を貸して、そのまま土地を取り上げていくということが起きるわけです。だから、だんだんと地主が金貸しの仕事も兼ねて土地の集積を進めていく。そうすると、地租改正で非常にフラットな社会が出来上がったわけじゃなくて、たくさんの零細農が貨幣経済の進展下でどんどん土地を手放していく、そういうことが起きていった。東北なんかだと千町歩地主と言って、ものすごく巨大な小作地を持つ富豪が生まれる。もう一方で、小作地にしがみついて、地主にたくさんの小作料を取り上げられながら、食うや食わずで農業をやるたくさんの農家がある。そういう社会が明治の後半ぐらいにはもう出来上がってきます。

ですから、地租改正への影響というよりは、もうちょっと長い時間軸で見ると、零細農が、なかなか生活しきれなくて、特に不作の年なんかは、もう生活に窮して飢饉状態に陥るとか。そういうふうなことが、何度も続いていました。ですから、改革以降の大きな変化を見ていかないとわからないと思います。

言いたいことは、明治の初めの改正が持っていた意味は大きいのでしょうが、明治期に進んだことは、金融を通して、土地の小作化がどんどん進んでいきましたというふうな話です。大正時代になると小作争議がたくさん発生しますけど、これはそれまでに小作に没落していく農家がいっぱいあったということです。

李：ありがとうございます。その時期に女性が遊女になったことと土地との関係についてはだんだんわかるようになりました。

広田：当時、利率が結構高かったから、お金を借りたら返せないわけです。そういうふうな社会です。

江口：失礼いたします。貴重なお話をいただきまして、ありがとうございました。私は現在の中国政治を専攻しており、門外漢ではありますが、質問させていただきます。先生のご講演で興味を持った点は、教育する母親像の形成過程について、現状や実態と大きく乖離していたという点です。そこの中でもキーポイントとなるのが、中産階級的イデオロギーなのだと思います。日本における中産階級的イデオロギーは一九〇〇年代、あるいは一九一〇年代に形成されてきたということですけども、ただ、当時の社会の実態は、富裕層の子どもへの教育は単純に指示するだけであっただとか、また、低所得者層は放任主義であったとか、本当にさまざまな実態がありました。そのような中で、どうして中産階級的イデオロギーが広まったのか、また広めようとしたのか、あるいは誰が広めようとしたのか、どういう意図があったのかという点について、お聞かせいただければと思います。

また、中産階級的なイデオロギーが一九七〇年代、八〇年代に広がっていった、つまり、普遍化していったという点ですが、それが農村に対してどのような影響があったのかどうかについてお伺いさせていただきます。ご報告の中では、農村では、子どもに対する関心度が低いのではないかということで、中産階級的なイデオロギーの浸透は限定的だったのではないかと示唆されていたと思いますけども、この点について、もし、よければご教示いただければと思います。

広田：中産階級的な家族像の形成に重要な役割を果たしたのが、一般には、明治半ば以降に広がった高等女学校と言われています。高等女学校の教育がベースにあるというふうに言われています。「良妻賢母主義」の教育と言われています。これは当時、日本が見習おうとした、西洋の家族形態をいわばモデルにしたような考え方です（深谷一九六六など）。太田素子先生が、『江戸の親子』という本を書かれています（太田一九九四）。そこでは、武士の場合、男の子は父親がしつける、女の子は母親がしつけるという分業のしつけの像が描かれています。家の中のことは母親に任せ、子どものしつけは母親の専管事項だというふうな考え方は、明治の時代に入って、西洋をモデルにして導入されて普及したんだと思っています。

そのときに母親が何をやるかというふうなことがまずあって、一八八九（明治二十二）年に、三島通良という衛生学者の人が、『は、のつとめ』という本を出しています。「母親の務め」とは何だろうと目を通してみたら、すべて衛生と栄養の話なんです。子どもが死なないように、衛生と栄養に気を配る。そのためのマニュアルのような話が、『は、のつとめ』という本です。

それが、一九〇〇年代、明治の三十年代に入る頃からは、今度は子どもの道徳的なしつけとか、礼儀作法のしつけとか、学校のしつけとか、そういうのが次第に母親のやるべきことととして出てきます。それが明治から大正期に母親の子育てノウハウ本として、だんだんと広がっていて、それから戦後になると、子どもの悩みをちゃんと察知したり理解したりする心理学者のような役割も母親のやるべきこととして付け加わっていきます。

要するに、まず、衛生と栄養について理解した医者の役割を母親がやる。その後、教師の役割を母親がやれ、宗教家の役割を母親がやれ、さらに、心理学者の役割を母親がやれ、というふうに役割が付け加わっていって、子育てに責任を持つ母親像、中産階級的なしつけ像が完成する。そういうイメージで、私は捉えています。

それが農村にどういうふうに入ってきたかというのは、きちんと調べていないので、よくわかりません。おそらく、戦前は、そういう言説は農村の家庭にまで広がってはいなかったと思いますね。むしろ、戦後になって母親教室とか、ＰＴＡも多分そういう役割を果たしたと思いますが、農村の母親を対象にしたさまざまな保健指導や社会教育の機会が、中産階級的なしつけイデオロギーを普及させる役割を果たしたと考えています。

江口：ありがとうございました。中産階級的なイデオロギーが西洋モデルに由来していること、また、戦後の農村地域におけるイデオロギーの具体的な伝達経路などについて貴重な示唆をいただきました。

劉：本日の講演を聞きまして、広田先生の「母親のしつけ」というのは、すごく痛感しております。母親の役割がたくさんありすぎてどうしようかなと実感しておりました。私の研究テーマは、特に、義務教育に着目していきたいと考えています。勉強不足で申し訳ないのですが、義務教育については、「青少年の進路の変化の中で、昔、義務教育はあくまでもその学校教育の無用さといったところがある」とのご指摘についてです。学校教育を受けていて、それが、世界観・価値観などの文化教育を受けたうえで、単純労働に従事するんですけれども、深いところでつながっているところがあるのか、もし、ありましたら、ぜひ教示していただければと思います。社会活動とその義務教育のところに、一八六八年から一九二〇年代ぐらいのことです。特に、そのときは、女性はもう義務教育から省かれていますか。

広田：省かれていません。

劉：申し訳ありません。女性は教育を受けていて、どのような仕事に従事したのか、たとえば、女工とかで、社会に反映されるのかというのと、男性は教育を受けてから、どのような仕事をしましたか。うまく表現できないのですけど、もやもやしていて、もし、何かありましたらぜひご教示いただければと思います。

広田：義務教育が、男女それぞれに、一般庶民に、どういう影響を与えたのかというのは、とても大きなテーマで、これは簡単に「これです」と言うのはなかなか難しい。明治初年から始まった近代公教育は、やはり文明国家になるための国民としての基礎教養というのはあったんだと思います。たとえば、寺子屋の教科書と明治の教科書は全く違うんです。江戸時代の寺子屋の教科書というのは、生活の実用色が強かった。「いろは……」の後は「源平藤橘……」のようによくある苗字を書いて覚えたり、周辺の地名を書いてみんな覚える。つまり、ローカルな色彩が強かった。その後、明治の初めの小学校で、出てきた教科書は、世界には五つの大陸があるとか、世界の偉人にはこんな人がいる、とか。この間まで、ちょんまげをしていた人たちの子どもが、突然そんなことを学んだわけです。つまり、明治の教育は文明国民をつくろうとするものだったんです。だから、義務教育史研究の中では、天皇制がどうだこうだというあたりに多くの研究者が関心を寄せてきましたが、基本は国民国家の形成、文明的な国民国家をつくるための基礎教養というのが大きかったと思います。

大正時代になってくると、普通選挙が一九二五年に導入されますけど、普通選挙に国民がちゃんと対応できないといけないという、それがやっぱり義務教育の重要な役割だと。要するに、世の中の出来事をちゃんと理解できるようになりなさいとか、そういう側面は見落とせないと思います。

だから、義務教育が何をしたのかというと、天皇制のイデオロギー的な教育は、「国民意識の形成」の側面になりますが、同時に、日常の実用性を越えて物の見方や考え方を近代的な知識を基盤に作っていくうえで、一般の庶民にとっては、大きかったと思います。「国民形成」というのは、社会にとってプラスでもあり、マイナスでもあったわけです。

義務教育レベルの知識は、当然のことですが、社会生活上の実用性もありました。商売でどう役立ったかというと、一定程度、やっぱり文字を使った社会にどんどん変わっていきますから、そういう意味では、文字や数字の計算の習得とかの基礎レベルは、仕事に役に立っていたと思います。明治十年代に自由民権運動をやっていた自由党という政党がありましたが、当時、自由党は、風呂屋の三助に文字は要らないとかと言っていたんです（尾崎一九七二）。だから、教育にお金をかけるのは無駄だと、自由党が言っていたらしいです。びっくりです。だけども、気がつくと明治の社会はどんどん近代化が進み、風呂屋の三助も、酒屋の小僧も、みんな文字を使って生きる社会で生きていくことになりました。そういう意味では、義務教育を通して学んだ基礎的なものは役に立っていると思います。

ただし、先ほどの波平先生のお話にあったような、村での日常的な世界に有用な知と、学校で教えられる知との間には距離がありました。村の付き合いでどういうふうな振る舞いをしたらいいのかとか、そういうものと、学校が提示するいろんなものとは、ずれていました。そうすると、村の人たちから言うと、学校は役に立たないものを偉そうに教えているとか、戦後すぐぐらいまでずっと、村の中では学校に対する「無用観」っていうものが持たれ続けてきたんだと思っています。

劉：ありがとうございます。その後、一九二〇年代から五〇年代の間の、中等教育の進学者が増加したりとか、商工者の就職っていうのも増えたりとか。それによって、義務教育が重要視されてきたわけですね。

広田：教育を受けていないと、なかなか人生でうまくやっていけないということが少しずつわかってくるわけです。これは横浜国大の大門正克先生が書かれたと思いますけど、一九二〇年代ぐらいになると、村で勉強できる子どもたちは、日雇いをやるのがいいのか、それとも、郵便局や鉄道で勤めるほうがいいのかなどを比べるようになるんです（大門二〇〇〇）。要するに、近代的な職業への通路というのをみんな考え始めるわけです。そうすると、国鉄へ行くとか、郵便局に勤めるとかというのは、そんな中でさらに勉強していて、少しずつ職を上げていく。鉄道の例で言うと、駅の駅夫、駅の掃除をする仕事から、最終的に駅長を目指していく。機関車の釜炊きからスタートして、機関車を運転する運転手に出世していく。そのプロセスで、試験がいっぱいあるんです。要するに、勉強ができる子どもたちは、今までの親の世代のような日雇いや作男をやっていくのがいいのか、それとも、最初は下働きだけど、近代セクターの組織の末端で、何か仕事したほうがいいのかとか考え始める。そうすると、教育を受けるという義務教育で学んだことを、それなりに自分の人生に生かす道とかを考え始めるのが一九二〇年代ぐらいからだと。私たちがお年寄りの聞き取りをやった兵庫県篠山での調査では、農村家族の家存続の戦略の中に中等教育以上の学歴を取得するというやり方が浮上してきたのは、昭和の初め、一九二〇年代後半のことでした（天野編一九九一）。

劉：なるほど。戦後は、産業社会に伴うところが大きいですね。先生は教育をメインにされていますけど、教育社会学の中で、教育の根本にあるのは、義務教育と文化教育とがつながっていて、それが人々への影響、たとえば、考え方など、思想の土台をつくっていく。そのうえで、社会が築かれていると考えさせられました。さらにコメントがありましたら、ぜひお願いしたいです。

広田：ちょっと一八六七年の日本を想像してほしいのですが。明治維新の直前ですね。当時の日本の一般庶民の人たちがどういうふうに世界を考えていたのかをちょっとイメージしてみてください。そして、今度は、一九五〇年の一般の人たちが世の中をどういうふうに見ていたのかを想像してみてください。その数十年間の間に、人々の世界観は、圧倒的に変わっていると思います。それは教育の成果だと思うんです。つまり、ちょんまげをつけていた時代の人々の世界観とは全く変わっていくわけです。

ちょっと余談でお話しすると、明治十九年かな、旧制高校。当時、高等中学校と言いましたが、高等中学校の入試問題で面白いものがあったんです。今で言うと大学入試です。ある高等中学校の化学の入試問題で、「古井戸に入ると死ぬことがあるのはなぜかを説明しなさい」と、これが化学です。江戸時代の人だったら、古井戸の中に悪い悪霊が住んでいるとか、何かの祟りだとかと言ったかもしれない。だけども、文明人だから、「窒素と酸素の混合気体である空気よりも重い有毒気体が、井戸の底に溜まっていた。たとえば、二酸化炭素などが考えられる」とかと書くと、満点がもらえるわけです。何十年かの間に、日本全体がそういうふうに、「井戸の底に祟りがあるから井戸で死ぬんだ」じゃなくて、「有毒気体が溜まっているから死ぬんだ」という、そういうことが理解できる社会に変わったわけです。

これは、教育の成果だと思います。明治の初めは高等中学を受けるエリートだけが理解したことを国民全体がわかるようになってきて、長い目で見たら、当時は社会を変えているというのは、私の思うことです。

堀口：今のことと関連することだと思うんですが、講談社新書の三八～三九頁に、学校教育がどういうふうに普及していたのかということが、詳しく紹介されています。当時、お祭りを利用して、学校教育の普及を試みたとか、元の士族から、農民階級に教員への道を開いたとか、当時、いろんな介入というか、苦労というか、そういうふうにして学校教育を普及していったと書かれています。ご参照いただければと思います。

閻：はじめまして。私自身は農村社会学とか農村コミュニティにすごく興味があって、先生の話とか、波平先生のいろんな実際の現場の話とかを伺い、すごく示唆的で興味深いもので、いろいろと考えさせられました。今回、先生の話を聞いて、自分の研究関心からお聞きしたいことと、もう一つは、今、子育てをする中で、自分の本当に生活関係の関心からお聞きしたい質問があります。

一つ目は、戦前は農村の女の子たちが女中とか、子守とかに出されて、松岡先生の質問の中にも早婚の話が出ましたよね。日本では早く結婚させて、出していくというのはないという話に関してです。結構、経済的な価値として、農村の女の子がそういうふうに見られていたと位置づけられたんですけど。戦後の公教育制度の普及の中で、女中に出させるとか、子守とかそういうのがなくなって。でも、日本の田舎に行くと、女の子の理想的な職業と言いますか、看護師になるとか、小学校の教員とか、そういうようなことがよくあります。子守の延長でと言うと語弊があるかもしれないですけど、そういう女の子の経済価値的な位置づけが、戦後の教育制度で見ても、たとえば、村の女の子の教育がある領域に方向づけしたとか、限定させてしまったとか、そういうところがあるかどうか、また、そういう研究があるかどうか、教えていただきたいです。

もう一つは、今、子どもが小学校に行っているんですけど、私自身は中国人で、日本に来て一番びっくりした言葉は、「毒親」という言葉です。一九五〇年代、六〇年代に、ちょうど経済構造が変わって、その前までは、たとえば、農村・漁村の第一次産業が社会の九割以上、あるいはその子どもたちも五割ぐらいが農業・漁業に就職する。そういう戦後まもなくの時代は、親が自信を持ってしつけてきたという話がありました。私には、今の時代と重なって見えました。たとえば、子どもの今の理想的な職業はユーチューバーだとかとなっています。今までのお医者さんといった職業ではなく、私としては、親として追いつけないようなもので、だから自信を持って子育てできない、しつけできないように思うところがあります。そういう構造的な話で見ると、一九五〇年代、六〇年代とちょっと重なって見えるところがあって。「毒親」という言葉はすごく自分としても刺さりやすい言葉で、子どもの多様性とか、子育ての自信のなさとか、そもそもしつけは正解がない話なんですけど。今現在の教育社会学で、広田先生が話された、一九六〇年代構造的な中での変化で見えたしつけの変化と、今現在のそれに関連して、どういうふうに先生が捉えているのか、教育社会学で今どういうような研究されているのか、教えていただければと思います。

広田：一つ目の話ですね。看護婦さんになるとか、小学校の教員になるとか、これは戦前から始まっていました。これはつまり、ジェンダー化された専門職が制度化されていっていたわけです。男の世界に入り込めないけど、女の人の役割、それなりの知的な近代的職業として、役割ができていくという形で、いろんな専門職ができていきましたね。これは女性の地位上昇の一つの足掛かりでもあるんだけど、同時に性別分業の固定化を職業レベルに拡張したものでもあったから、それは戦後のある時期から、これでいいのかという話が始まります。だから、女性の社会進出という意味で、当然、それ自体はあり得たわけです。

二つ目の親についての話ですけど。「毒親」というのは、ちょっとすごい言葉ですね。親がどういうふうにしつけをするかというときに、高度成長を経て問題視されてきた親の像は、二種類の対照的なものがあると、私は思っているんです。

一つは伝統的なもので、要するに、子どもに手をかけないとか、放任をするとか、そういう親です。「もっと子どもに向き合いなさい、もっと子どもに手をかけなさい」とアドバイスされます。もう一つは、「教育する母親」がとことんまで行き過ぎて、親子関係が煮詰まってしまうというものです。これは、教育する母親像が広がったあとに出てくる現代的な病理だと思っています。要するに、子どもを放置・放任する親も問題だし、逆に、介入し過ぎて子どもとの関係がダメになってしまうケースもある。

それで思い出しましたが、本田由紀さんが、二〇〇四年に調査データに基づいた面白い論文を書かれています（本田二〇〇四）。それは教育ママの階層差の話で、高学歴の母親の場合は、子どもの教育に熱心に取り組む母親のほうが子どもといい関係を持っている。低学歴の階層の場合は、子どもの教育に熱心になる親と子どもとの関係はあまり良くないということです。これは厄介なことなんです。つまり、低学歴の階層の親が子どもの教育に熱心になって干渉すると、子どもとの関係がうまくいかなくなりがちだ、逆に、高学歴の母親の場合は子どもの勉強に熱心に付き合うほうが、子どもとの関係が良いのだ、ということです。もしもそうだとしたら、大きなジレンマです。子どもと良好な関係を築こうとしたら、高学歴の母親は子どもの勉強をしっかりサポートしなさい、でも、低学歴の母親は、子どもの勉強に対して口うるさく干渉しないほうがよい、となってしまいます。そのように分化したら、階層差の再生産が強化されることになってしまいます。難しい問題です。

あと二つ言います。一つは、中産階級的なしつけのイデオロギーがもつ曖昧さの問題です。柴野昌山先生が『しつけの社会学』という本の中で、見えない教育方法、インビジブル・ペタゴジーがはらむ問題点を指摘されていたように思います（柴野編一九八九）。伝統的な庶民的しつけだと、かつての親は、「何をしなさい」とか、「何をしちゃいけない」とかということを明示的に指示していました。ところが、新中産階級的なイデオロギーの子育ては、子どもの自主性や自律性を尊重するから、子どもに考えさせること、子どもに判断させることがしつけのやり方になる。「何をすべきか、何をすべきでないのかは、あなたが考えなさい」というふうなしつけのやり方に変わってきた。何がいいのかは、子どもに自分で判断させるというやり方です。

ただし、そのやり方でうまくいけばよいわけですが、子どもが親の期待と異なる判断をすることがある。「やっぱり要らないもん」とか、「やっぱりやんないもん」とかと言われたら、判断を子どもに委ねた親は、困っちゃうことがあるわけです。つまり、「見えない教育方法」というのは、親があらかじめゴールを先取りしながら、それを示さないでおいて、子どもに考えさせる。そうすると思うとおりにやってくれればいいんだけど、やらないことが生じるから、親は常に不安な状態におかれることになるわけです。

もう一つは、私が作った言葉ですけど、子どもたちが学歴を手にして社会のどこかに出ていく社会というのは、「しつけ目標の抽象化」という言葉で表されるような事態が生じることになる。つまり、波平先生が言われたような、かつてのムラ社会での「しつけ」というのは、ある意味、学ぶべき人間像があらかじめ決まっていたわけです。そのたどり着く人間像に向けてしつけをすればよかった。ところが、学校教育を通して外へ出ていく社会におけるしつけというのは、ゴールがどこになるかわかんない。将来どういう仕事に就いていくのか見通しがつかないわけです。そうすると、「言われたことをちゃんとやりなさい」というしつけがいいのか、それとも、「他の人の言うことを鵜呑みにせずに、自分で考えなさい」と言ったほうがいいのかわかんないんです。要するに、進んでいく人生の軌道がわからない中で、「しつけ」をする。だから、しつけの目標はいつも漠然とした曖昧なものになり、強調される価値も両義性をはらんだものになってしまう。これを私は、「しつけ目標の抽象化」と呼んでいます。たどり着くべき具体的な人間像がない中でのしつけの不確実さや曖昧さ。これは高度成長期以降のしつけが持っている難しいところだと考えています。

閻：自分の悩みもよくわかりました。ありがとうございます。勉強になりました。

岩島：はじめまして、岩島と申します。私は一九五〇年代、六〇年代の農村の生活とジェンダーのことを研究しているんですけれども。特に最近、家事労働と育児労働に関心を持っていて、すごく面白く、この資料を見せていただきました。お聞きしたいのは、五〇年代頃というのは、私が見てきた中でも、やっぱり子育てみたいなことはほとんどしていなくて、誰かが背負っているぐらいのことがほとんどで、生活改善をしている女性たちの書いたものを読んでいても、子どもの話はほとんど出てこないんです。六〇年代になると、子育てをしたいから、子どもに目をかけていたいから、出稼ぎはやめたいだとか、結構、母親が育児をしなきゃいけないという話が出てきていて。それは、農家の場合だと、実際、本当に母親が育児できるケースはすごく少ないので、理想像として言い始めたというふうに考えていたんです。

子守奉公のお話を見ると、実は、五〇年代は、ほとんど子どもをほったらかしていると思っていましたが、もうちょっと前の時期にも子守奉公があったということは、やっぱり子どもを誰かが子守しとかなきゃいけないという、観念というか、そういう考え方自体はあったのかなと思って、ちょっと面白いなと思ったんです。子守奉公をする側の事情というのは何となく想像がつくんですけど、子どもの守りをさせなきゃいけないという考え方が、この当時にあって、その後、たとえば、減少したみたいなことがあるのか。あるいはこのときに、どういう感じで、子守奉公という、職業というか、労働というか、ある程度の役割みたいなものが成立していたのかというのをお聞きしたいと思いました。

もう一つが、同じく生活改善をするときに、農家の迷信というのがよく問題になるんです。五〇年代でも、台所を壊すと人が死ぬみたいなことが言われていて、うさぎを食べると三つ目の子が生まれるとか、そういうことが、結構、生活改善の妨げになったと言うふうによく聞くんです。これが農村ですごく強く残ったというのが、教育が行き届いてなかったみたいなことで説明できるのか、何か他の要因があるのか、もし、ご存じでしたらお伺いできればと思いました。

広田：子守奉公人を雇う家というのは、豊かな家なわけです。奉公人を養えるだけの余裕がある。先ほど、「エジコ」の話をしましたけど、一般のところは、赤ん坊をほったらかしにしているわけです。私の友だちが、一九五七年生まれで、東大阪の農家の生まれですけど、かぼちゃにくくりつけられていたそうです（笑）。ちょっと大きいかぼちゃにひもをつけて、それで動き回らないようにしていた。五〇年代の終わりです。

大人たちは手いっぱいで働いているから、人手をさく余裕がない場合は放任をする。でも、放任だとちょっと危ない。特に、「はいはい」とかできるようになって以降は、家の横の水深二十センチほどの用水でも、溺死しちゃったりするわけです。そうすると、そういう子どもを誰かが見ておく必要がある。もう働けなくなったじじばばが見るか、それとも年長の兄ちゃん姉ちゃんが見る。子守をするというのは、おむつを換えるとかというのもありますけど、何も事故が起きないようにするわけです。そういう意味では、一定の配慮があるということだと。

二つ目のご質問の迷信の話は、そうなんですよ。戦後にできた日教組の歴史を研究していて思うのは、村の因習とか迷信とか、村のしきたりで動けなくなっている人たちをもっと開明的な、合理的な国民にしないといけないという強い使命感が表明されていました。

だから、「おばあちゃんの知恵」とかは、昔からあったんだと思いますが、「おばあちゃんの知恵は素晴らしい」などというのは、ある時期から過去の農村生活がノスタルジックに懐古され、美化されて思い出されている。「おばあちゃんの知恵」には、結構、危ないものがいっぱいあるんだろうというのが、本当のところだと思います。

岩島：やっぱり階層が大きいというのは、確かになあと思いました。それで、併せてなんですけど、たとえば、六〇年代以降に、農村で保育園とかがつくられていくときも、やっぱり用水路で溺れさせないためみたいな、とりあえず死なせないというのが基本だったと思うんですけど。だいぶん飛びますけど、たとえば、今の二〇〇〇年代とかの育児というのは、本当にミクロなもので、何て言うのか、ケアの責任みたいなのがものすごく多いと思うんです。それは、だいたいいつぐらいからというのはあるんでしょうか。ただ死なせないという感じだったものが、教育もあるとは思いますけど、もっと何か、何時間おきにお乳をあげないといけないだとか、離乳食は何か月からでとか、そういうのは、いつ頃なんでしょうか。

広田：そういう授乳とかのマニュアルは、戦前から存在していました。しかし、どこまで科学的に正しいのかわからない記述もいっぱいありました。歴史的にたどると、「時間を明確に決めて授乳しなさい」という記述があふれる時期もあるし、「子どもが欲しがるときにやりなさい」という指示が多い時期もある。「母乳よりも人工栄養だ」と言われたり、「人工栄養ではなく母乳で」と言われたり。ただ、〇歳の子どもとのコミュニケーションみたいな、そういうのを非常に言うようになったのは、高度成長も済んで、一九九〇年代ぐらいかなあ、最近だと思います。だから、いつも子どもの様子に気を配らないといけないとか、そういうふうに言われるようになってきているんだと思います。

大橋：広田先生、大変興味深くお伺いしました。現代中国では戸籍制度があって、移動することに制約が課せられました。市場経済化以降はかつてよりは障壁が少なくなりました。しかし、五〇年代、六〇年代までは、移動が困難だったので、農村が都市と切り離されるようにして、存在していたかと思うんです。今日、伺ったお話からは、やはり人の移動ということがすごく意味を持つと感じました。たとえば、家出の話でもそうですし、丁稚奉公とかの話でもそういう部分があるのかなと思うんです。社会主義中国における近代化は、人の移動を制約する形で進められたと捉えることもできる。日本社会の近代化は、それと異なって進んだということかなと、そういうことを今日、お話を伺いながら考えました。この点について、何かご示唆いただけることがありましたらお聞かせいただければと思います。

広田：移動の話は、今日の話にちょっと抜けているものがあるんですよ。それは、「移民」と「植民」です。授業でこの手の話をするときには、いつも言うんですけど。移民は明治二十年代ぐらいから、ハワイがスタートで、その後北米に行き、南米に行きと、移民の流れがあります。一九六〇年代ぐらいまで、日本は移民の送り出し国でもありました。要するに、都会に出るのと、東京とか大阪に出るのと同じです。食えなければよそへ行く。それから、日本の国内で、食うために北海道、樺太へ行くという流れが、やはり戦前の社会にありました。また、日本が植民地をつくっていくと、台湾や朝鮮、満州にもたくさんの人が出ていく。つまり、限られた所で農業をやっていて、再生産では生活を維持できないような場合は、単独で、または家族ぐるみで移動するというのは、当然あるわけです。人間は食えなくなったら、よそへ行くという手があるわけです。

青少年の移動に関しては、徒弟や丁稚奉公などとは別に、ある程度の年齢になって、都市に出ていって雑業層の世界に流れ込むというのが、江戸時代から昭和まで、かなりあったと思います。ただし、つてもない中で単身で都会に出ていくというのは、いろんなリスクがありました。

表 6-8　高校卒業生の県外就職率（1965 年 3 月卒業生・中卒男子県外就職率）

出所：加瀬（1997、元データは文部省「学校基本調査」）

	中卒者（%）		高卒者（%）			中卒者（%）		高卒者（%）	
	男子	女子	男子	女子		男子	女子	男子	女子
総数	31.3	35.5	37.5	22.3	三重	36.2	25.8	50.2	25.3
鹿児島	74.5	89.0	78.7	56.8	岡山	36.0	25.8	48.9	28.1
島根	66.9	76.1	73.5	60.1	和歌山	35.7	37.1	44.0	25.9
宮崎	60.0	75.7	65.4	37.9	千葉	34.4	34.5	42.2	49.2
鳥取	59.1	62.7	57.9	40.8	奈良	34.3	26.1	66.1	60.3
大分	56.7	66.1	64.8	37.3	岐阜	32.7	26.0	42.2	19.5
高知	56.4	68.1	52.8	35.2	福岡	31.6	33.2	39.7	7.4
長崎	55.1	72.4	59.4	33.8	長野	29.2	31.1	47.2	23.1
熊本	54.3	65.5	60.0	30.5	福井	28.9	21.7	40.4	21.4
佐賀	53.5	54.2	66.8	41.4	石川	28.6	21.0	29.7	12.7
徳島	51.1	49.6	61.9	43.6	滋賀	27.8	23.3	58.0	34.5
愛媛	50.6	52.2	60.3	32.2	群馬	25.2	21.8	43.5	20.3
秋田	49.8	63.4	55.2	41.7	富山	22.2	20.6	32.0	11.7
岩手	45.5	59.9	52.0	40.6	埼玉	19.4	13.2	46.4	52.5
福島	45.5	45.7	58.1	37.3	広島	16.6	20.3	27.9	10.6
山口	44.0	64.3	52.8	25.3	北海道	15.2	18.4	22.0	5.8
山形	41.6	51.0	59.0	39.3	兵庫	14.0	13.1	31.2	25.8
香川	40.9	42.2	53.0	24.5	静岡	11.9	10.8	22.3	7.3
山梨	39.5	28.4	64.5	44.3	京都	11.9	11.8	26.5	17.6
栃木	38.5	34.3	46.1	33.9	愛知	4.4	2.6	8.1	2.4
茨城	37.6	42.3	45.4	39.3	神奈川	3.6	4.0	13.7	20.6
新潟	37.5	43.1	43.7	33.4	東京	3.1	3.0	5.1	1.1
青森	36.7	50.4	47.6	27.0	大阪	0.6	0.5	3.5	1.1
宮城	36.7	55.4	41.1	26.4					

学歴も専門的技能もない者にとって、都市に出ていって成功するのはとても大変なことでした。

小学校を卒業したばかりの子どもたちをコンスタントに都会の仕事に送り込んでいく行政的な仕組みは、「少年職業紹介事業」として、一九三〇年代にはじまります。そこでは農村の学校を出たての子どもたちを、職業紹介所が都会の就職口につなげるということをやり始めるんです。これは戦争中の労働力の動員にもつながった。戦後になると、今度は集団就職という仕組みが作られます。労働省が全国の職業安定所と学校とをつないで、求職者と求人情報をつないで、地方の子どもたちを大量かつ組織的に、地元以外の地域に送り込んでいくわけです。一九七〇年代以降は地方でもさまざまな勤め口がつくられていきましたが、それ以前の一九五〇、六〇年代は、新規学卒者を大量に都会に移動させる仕組みで、全国的な調整がなされていました（苅谷他二〇〇〇）。

これは加瀬さんの本の中にある、一九六五年の中学、高校の卒業生の県外就職率です（表６－８）。これを見ると、いかに多くの若者が地元から流出していっていたのかがわかります。鹿児島県の中学卒業生では、男子の七四・五％は県外に就職し、女子も八九％は県外です。縁故就職もありますが、学校経由の求人情報で移動していった者もたくさんいました。多くの学校卒業者が生まれ育った所を離れて、遥か遠くの都会の工場の寮や商店に住み込んで働いた。これで、大量移動が可能になったんです。だから、そもそも若い男女が、単身で、遠くまで移動して仕事を探すのは大変だけど、日本はこういう集団就職の仕組みとか、職業あっせんの仕組みを作ることで、遠隔の移動を可能にしたんです。これで農業からの離脱が進んだ。こんな感じです。

大橋：ありがとうございます。鹿児島は、今でも女性の大学進学率が一番低いのではなかったでしたっけ？今日の状況とも影響しているのかもしれないと思いました。

広田：六〇年代の終わりから地方開発が進むんです。七〇年代に田中角栄が打ち出して、全国に道路網ができて、いろんな工業団地がつくられて、結果的に県外就職率が下がっていきます。要するに、地元に就職口がだんだんとできていくんです。ですから、大学進学率が低いのは今でもありますけど、そこそこ地元で勤め口ができるようになったのが七〇年代に入ってからです。

――二〇二三年三月二十二日、Zoomにより収録――

【参考文献】

天野郁夫編（一九九一）『学歴主義の社会史――丹波篠山にみる教育と生活世界――』有信堂
牛島義友（一九六三）「母親に対する子どもの愛情の年令的変化」『児童心理』十七（七）：八百七十六―八百八十三
内海桂子（一九九一）『私は学校にいかれなかった』ポプラ社
大門正克（二〇〇〇）『民衆の教育経験――農村と都市の子ども――』青木書店
太田素子（一九九四）『江戸の親子――父親が子どもを育てた時代――』中央公論社
尾崎ムゲン（一九七二）「経済界の教育世論」本山幸彦編『明治期教育世論の研究　下』福村書店
小沢牧子（一九八九）「乳幼児政策と母子関係心理学」『臨床心理学研究』二十六（三）
加瀬和俊（一九九七）『集団就職の時代――高度成長のにない手たち――』青木書店
苅谷剛彦他（二〇〇〇）『学校・職安と労働市場――戦後新規学卒市場の制度化過程』東京大学出版会
高度成長期を考える会編（一九八五）『家族の生活の物語』日本エディタースクール出版部
柴野昌山編（一九八九）『しつけの社会学』世界思想社
高橋実（一九四一）『東北一純農村の医学的分析――岩手県志和村に於ける社会衛生学的調査――』朝日新聞東京本社

浜田陽太郎（一九六六）「農村における母親の役割」『教育社会学研究』第二十一集、日本教育社会学会
広井多鶴子（二〇〇六）「核家族化は『家庭の教育機能』を低下させたか」明治安田生活福祉研究所『クオータリー生活福祉研究』十五（二）：四―二十二
広田照幸（一九九九）『日本人のしつけは衰退したか』講談社
広田照幸（二〇〇三）『教育には何ができないか』春秋社
広田照幸編（二〇〇六）『リーディングス　日本の教育と社会―第三巻　子育て・しつけ』日本図書センター
深谷昌志（一九六六）『良妻賢母主義の教育』黎明書房
藤田利治（一九九九）「乳児死亡率の経時的推移について」『厚生科学研究費補助金（子ども家庭総合研究事業）分担研究報告書』https://www.niph.go.jp/wadai/mhlw/1999/h1133013.pdf
本田由紀（二〇〇四）「『非教育ママ』たちの所在」本田由紀編『女性の就業と親子関係』勁草書房
松永伍一（一九七六）『子守唄の人生』中央公論社
三島通良（一八八九）『はゝのつとめ』丸善商社書店
宮本常一（一九六九）『宮本常一著作集八　日本の子供たち・海をひらいた人びと』未来社
森栗茂一（一九九五）『不思議谷の子供たち』新人物往来社
労働省婦人少年局編（一九五三）『年少者の特殊雇用慣行――いわゆる人身売買の実態――』同局

あとがき

本書には、全部で六つの講演記録が集められています。内容は、女性の生活や働き方に関するもの、――たとえば、異国から日本へ来て、高齢者の介護をする女性たちや、出産という行為や暮らしの中での工夫などから、男性や世間の目を気にしながら女性たちが時間を確保すること、さらに、「しつけられる」ことについての話まで、多様多彩です。ところで、花崎皐平さんは以前、このようなことを話していました。

歩く、見る、現場を踏む、聞く、話す、記録する、報告する、書く、すべての行為の動詞でつながっているのは、一人称の陳述です。一人称の陳述とは、私がしたこと、見たことなどをありのままに述べることです。対話は二人称です。それは、聞くことと語ることを交互に行う行為です。対話は、一人称の陳述と違って、ある話者について参加することです。英語では、参加は「部分を執る」(take-part-in) となります。部分に参加することを通じて、全体を表象する試みです。これに対するもう一つの表現は、三人称の叙述です。これは第三者の立場に立って、事柄を客観的に述べるものです。人間が物事を認識する順序では、行為を通じて得た一人称の経験を陳述することが、三人称の叙述に先立ちます。対話は、自分が得た経験や認識を向かい合う相手の経験や認識と付き合わせて、重ね合い、分かち合う営みです(注一)。

本書からは、六名の方が一人称から三人称までの行動とプロセスを通じて、考えた思考が読み取れます。私も同様なことをしてきた一人ですが、違った意味において、考えさせられることが多々ありました。したがって、以下では、私の感想を簡単に述べてみたいと思います。

安里さんとは、三十年近くのお付き合いになりますが、お会いするたびに研究者として、発展されている様子を感じ

(注一)：花崎皐平（二〇〇五）「解説」鶴見良行他『歩きながら考える』太田出版：五百十三

ています。たとえば、この講演において、家事の外部化、特に、それを外国人に担わせることが議論されるようになったときに、非常に抵抗が大きかったことを述べられています。それは、「家事というものは、専業主婦からすると、それをすることが自分に求められていることであり、それを外国人にとって代わるような話をすること自体がタブー」だったからだと。同じアジア地域でも、シンガポールや台湾などでは、もう一人のケア労働者として家族に受け入れられていたのとは対照的です。安里さんは日本になお存在する「ある種の論理」を感じ取っていたようです。

その論理とは、上野千鶴子さんも指摘しているような「女と男のずれ」からくるものなのか、あるいは「戦後の反体制運動の中で、女の要求が階級闘争の名のもとに、ねじ伏せられていった。女はちっとも納得していないのに、黙り込まされてきた」ものからなのか（注二）、それらを通じて、形づくられてきたのか。そのようなことを考えながら、聞かせていただきました。

もう一つ、安里さんの素晴らしいところは、常に現場の状況を視野に入れながら、学問的な貢献を考えているところです。彼は、時間をつくっては、在日外国人の生活面での支援・サポートを行っています。この講演でも、「国家試験の合格率が日本人を超える九〇％近くを記録する、経済連携協定に基づく介護福祉士候補者を受け入れる実績のある制度と、借金問題がよく取り沙汰される技能実習や留学という制度が、介護をめぐって混同しているのかのようです」と述べ、日本政府の外国人に対する政策がいかに中途半端なものであるのかを厳しく訴えています。別の角度から見ると、それは日本人の労働者に対しても同様の扱いをしてきた点を教えてくれています。

松岡さんとの出会いは、一冊の本でした（注三）。経済学を専門とする私にとって、まず、その本の中でも印象に残ったのは、中岡哲郎さんの思想や哲学が参考にされているところです。具体的に見てみましょう。

以前は自宅や助産所などといった場所で出産が行われていたことに対して、出産が病院といった施設で行われるようになると、工場でモノが作られるときのように、たとえば、妊娠中の妊婦検診から、陣痛の始まり、そして分娩・出産までと、子どもを産む女性にとって、これらのプロセスが細切れにされることで、全体像が見えにくくなると言います。また施設化による変化は、それだけにとどまらず、「そこで働く人々をも二重の意味で労働の全体から切り離すこと」にもなると。二重の意味とは、そこで働く人は自分の与えられた仕事だけを行い、またそうすることで、全体のことを考えなくてもよいように仕向けられることを指します。

そうした施設化により、組織全体が出産を型にはめてしまうことで、その効果として、生産性の向上を実現できること。そして、より重要なこととして、生産性の向上を達成するために、組織全体をその型にはめてしまうような力学が働いているのではと、松岡さんは指摘しています。こうした知見をもとにして、私はこの講演を聞かせていただきましたが。そこで印象に残ったことは、人類学者のスターン＆クルックマンらの分析――すなわち、産後の休息期間と「うつ」の関係性を紹介している部分です。たとえば、中国における出産後の「坐月子」や日本の産小屋の役割を分析した論文を読んでみると、スターンらと類似の指摘（産後における休息の重要性）があることがわかります。松岡さんは、そうした指摘を見逃さずに、戦後における施設化の意味や課題などを詳しく紹介しています。

最近の日本の若い女性が、妊娠や出産を躊躇しがちなのは、「痛い」「病院」「怖い」などといった「出産が病気のようなマイナスイメージで捉えられるようになっている」ことを示唆しているのかもしれません。

波平さんの講演について述べたいと思います。というよりも、その前の打ち合わせのときに、大変興味深いお話を伺いましたので、そのことに少し触れたいと思います。波平さんは自らの研究の出発点が「女性の穢《けが》れの問題」にあった

（注二）：上野千鶴子（一九九一）『性愛論』河出書房新社：百九十九
（注三）：松岡悦子（二〇一四）『妊娠と出産の人類学――リプロダクションを問い直す』世界思想社

と述べています。当時（三十歳代の頃）、「稼ぎ」「労働」「夫と妻の関係」など、全国の農村や漁村を見て歩き、女性に関するデータを集める中で、女性の性とその家族内での位置づけや、女性の性への評価、そして家族との関係などが深く関わっていることに衝撃を受けたそうです。

一方、中世以降、貴族社会、あるいは支配階級の中で、女性の穢れが神道の影響などからマイナスのイメージで語られてきたようです。ところが、波平さんは、そこには一種の「両義性」（アンビバレント）の意味合いを持っていたことに注目します。たとえば、ある漁村では、女性の生殖能力に印付けをするわけですが。その理由は、健康な子どもを産んでくれることで、家の継続が保証されるからです。当然、そこには女性が船に関わると、難破や不漁になるといった恐れ（語られ方）もありますが、それは限定的な文脈でのみ有効なものにすぎないと。ですから、女性の役割を見る場合には、人生のライフサイクル、たとえば、月経以前、生殖期間、閉経後などと、見分けた上で検討することが重要ではないかと言っています。

また、現在の性教育のあり方についても、波平さんから重要なお話を伺うことができました。「今日の日本における月経教育を性教育の中で、うまく位置づけようという動きが一部にあることは承知しております。けれども、なぜその月経教育がうまくいっていないのかといえば、それは、たとえば、女性の人生全体の中で月経をどう捉えるか、あるいはパートナーたちとの関係をどう捉えるかという、全体的なものの中で月経を捉えないと、おそらく非常に主観的と言いましょうか、ごくごく一部のものとしての月経処理になってしまうのではないかと、心配しております」。

さすが波平さん！喉に詰まっていた何かが取れたときのように、「納得」感が満ちあふれた気持ちです。最近、テレビや新聞などで性教育のあり方や女性の体の仕組みについて、紹介、あるいは討論する番組がありますが、それらのほとんどが部分的な事象を取り上げ、また、月経は煩雑なものであるとか、さらに出産の大変さを誇張するといったものに偏りがちです。一方、こうした波平さんの知見は、学問領域を超えて参考にできるのではないかと感じました。

家族社会学が専門の前田さんは、岐阜市の短大で、学生との対話を重ねる中から、フェミニズムや家族社会学といった形から入るのではなく、逆に、「自分の持っていた眼鏡を全部とって、学生から生き方を一つ一つ教えてもらう」といった経験を通じて、この地域の家族のあり方には、家族社会学の通説では説明できないことが多々あることに気づき、それがご自身の研究を始めるきっかけであったと述べています（実は、私にも同じ経験があります）。

そうしたことをきっかけにして始められたご自身の研究は二〇一八年に刊行された『地域産業の盛衰と家族変動の社会学』にまとめられています。この講演では、そのことが的確に紹介されています。それによると、岐阜市の既製服産地では、平均的な「家族の戦後体制」が成立していたとは言えず、仮に夫が雇用労働者であれば、妻が内職に従事していたこと。また、直系家族であれば、夫婦の間や妻と姑などの世代間で分業しながら、「子どものそばにいる」といった、いわゆる近代家族規範に抵触しないように、女性たちは生業を営み、稼得行動を行っていたことを明らかにしています。

その結果を受けて、前田さんは、「産業化が家族に与えた影響は決して単線的なものではなく、多形的に展開したこと、また『在来的工業化地域』の家族類型として『近代大衆家族』とは異なる、性別分業家族を示し得たことなどが、学術的な意義として、見いだせるのではないか」と述べています。

ちなみに、同書の評者である木本喜美子さんは、「異なる世代の経験をも捉えようとするのは、高度成長期から現代に至る変動過程を連続的に描き出しうるとの狙いに基づいている。その狙いを、インタビュー調査にさいして回答者の世代にその母親・義母世代のあり方を聞き取ることによって、両世代の変動過程を考察する形で果たそうとする」ものであったと述べ、前田さんの研究を大変評価しています（注四）。

私見を述べると、前田さんの議論には、当事者の目線、事象の繰り返し確認、曖昧さの回避など、地域研究を行う者

（注四）：木本喜美子（二〇二〇）「前田尚子著『地域産業の盛衰と家族変動の社会学――産業時間・世代・家族戦略』」『社会学評論』七十（四）：四百三十

の条件が備わっています。そうした条件があったからこそこのような研究が可能になったと考えています。

小國さんは、ＪＩＣＡの海外青年協力隊の経験を生かしながら、勤務先の大学で途上国における開発援助のあり方を研究している研究者の一人です。この講演では、「戦後日本の農村生活改善と『女性の人生』」という内容でお話しされましたが、中でも元生活改良普及員のＩさんの経験について語られた部分は、とても印象的でした。というのも、それは偶然にも、二〇二二年秋に、ある人から私はＩさんの資料が伊吹山文化資料館にあることを教えていただき、そこで農村生活改善の資料を調べている際に、Ｉさんの手記や普及員のことが記された記録を目にすることがあったからです。

生活改良普及員という肩書きを持つとはいえ、当時は女性として、農村集落に調査しに入るというのは困難を極めたということ。その困難を克服するために、男性の農業改良普及員と一緒についていき、その補助役として、普及活動を行っていたことなどは、当時の女性の立ち位置を知るうえで、とても重要な情報だと思います。また、トイレがないときに、どのように用を足すのか。人間も生き物ですので、食べるからには出すことも欠かせません。

そういった工夫のことや、さらに当然女性が継続的に仕事をするうえで大切なことは、妊娠・出産時にどのような支援を受けられたのかなどです。小國さんはこの点についてご自身の経験と重ね合わせながら、Ｉさんが、「産休が取れても代理が補充されないので、産休がとれるようにしたのはいいけれど、補充してくれという陳情書」を農林省へ提出した話を紹介されています。とても重要な指摘です。小國さんのセンスの良さだと思います。

戦後の日本では、一九八〇年代の男女雇用均等法、一九九〇年代末の男女共同参画社会基本法などが制定されていますが、実際には、女性が結婚、出産後も継続して社会に参加し、働くための環境が整備されたとは言えません。その理由の一つが、半世紀以上経過した、現在においてもこの産休時における人員の補充が保証されていないということです。実はこの点が保証されることで、女性だけでなく、男性の働き方も改善されるのではと、私は見ています。

最後は、広田さんです。広田さんの講演後の波平さんとの質疑応答のやりとりも大変見応えがあったのですが、ここでは、あえて広田さんの議論の特徴を探ってみましょう。なかなかない機会だと思いますので。

まず一つ目ですが、広田さんによると、昔の親（嫁）は「一日中、野良仕事や副業に精を出すのが精いっぱいで、子どもに手をかける暇がなかった」。逆に、「農家の嫁が仕事もせずに、子どもと一生懸命遊んでいると、とんでもないといった話になる」。ですから、働けなくなった老人か、年長の子どもたちが世話をする。つまり、「母親が子育てをしていたのではなかった」のだと。

続けて、このようにも述べています。「一九〇〇年代に入ると、『育児天職論』、つまり、母親は育児が天職だというイデオロギーが出てくる。『良妻賢母主義』です。良き母・良き妻の役割が女性にとっての幸せだという、……そういうイデオロギーが……一九八〇年代ぐらいまで続きます」。ところが、実際には、こうしたイデオロギーと現実（特に庶民にとって）との間には大きなギャップが存在していたとも。

このようなことを指摘したうえで、少なくとも戦前、あるいは戦後すぐの時期までは、親が子どもの世話やしつけをちゃんとしていたというのは「幻想」だと断言しています。また、広田さんの友人である広井多鶴子さんの調査結果を引用しながら、戦後、親子のコミュニケーションが希薄化しているというのも「嘘」だと主張しています。

二つ目は、子どもをどこで育てていたのかについて、語っていることです。「子守奉公はそこら中にあって、『五木の子守唄』とか、『竹田子守唄』とかありますけれども、それを子守唄を聞かされた側の目線じゃなくて、子守唄を歌った目線から考えないといけません」。このことを聞いたあと、赤松啓介さんのことが頭に浮かびました（注五）。赤松さんは、柳田國男とは異なり、実体験に基づくフィールドワークを通じて、多くの論考を発表してきました。意外と知られ

（注五）：赤松啓介（二〇〇六）『非常民の民俗文化——生活民俗と差別昔話』筑摩書房

ていませんが、赤松さんは多くの「子守唄」を収集した上で、それが当時の女性（子守をする女性の立場から）の悲哀をうたった点に注目した研究者として評価されています。広田さんも「非常民」の心をつかんでいたのでしょう。今度、お会いする機会があれば、聞いてみたいと思います。

長々と私の感想を述べてきましたが、本書が学問に従事する若い人たち、あるいは女性の暮らしや生活に関心を持つ若い人たちにとって、新しい研究や調査の分野を開いていく一つのきっかけとなればと思います。そういう誘い水として、この講演集を読んでいただければと願っています。

謝辞

本書は、国際共同研究強化B（日本学術振興会）「人民公社期の中国農村における生活秩序の変化とジェンダー（二〇二二年十月から二〇二五年三月）」における成果の一部です。私たち研究メンバーは、日本だけでなく、国外を研究対象（研究拠点）にして、社会科学の各専門領域で多様な視点を取り入れながら研究を実施されてきた先生方をお招きして講演をしていただき、このことを通じて、関連領域における研究の現状と課題などを確認するとともに、今後の研究課題を展望することを目的の一つとして、このような企画を立ち上げました。

本書の編集に際して、大阪公立大学出版会の八木孝司さん、西本佳枝さん、田野典子さんほかスタッフの皆様には、大変お世話になりました。心から御礼申し上げます。

二〇二四年二月二十六日

編者　堀口　正

編者

堀口正　大阪公立大学大学院生活科学研究科 教授

講演

安里和晃　京都大学大学院文学研究科 准教授

松岡悦子　奈良女子大学 名誉教授

波平恵美子　お茶の水女子大学 名誉教授

前田尚子　岐阜聖徳学園大学 名誉教授

小國和子　日本福祉大学大学院国際社会開発研究科 教授

広田照幸　日本大学文理学部 教授

質疑応答

安姗姗　中国江南大学法学院 講師

岩島史　京都大学大学院経済学研究科 講師

江口伸吾　南山大学外国語学部 教授

大橋史恵　お茶の水女子大学ジェンダー研究所 准教授

斎藤あおい　一橋大学大学院社会学研究科 後期博士課程

新本万里子　広島市立大学 客員研究員

杉田映理　大阪大学大学院人間科学研究科 教授

曾璟蕙　奈良女子大学アジア・ジェンダー文化学研究センター 特任助教

松木洋人　早稲田大学人間科学学術院　教授
南裕子　一橋大学大学院経済学研究科　准教授
村瀬敬子　仏教大学社会学部　教授
閻美芳　龍谷大学社会学部　講師
姚毅　大阪公立大学大学院生活科学研究科　客員研究員
李亜姣　日本学術振興会　外国人特別研究員
劉楠　山梨英和大学人間文化学部　講師
鐘仁耀　華東師範大学公共管理学院　教授

OMUP

大阪公立大学出版会（OMUP）とは
本出版会は、大阪の５公立大学－大阪市立大学、大阪府立大学、大阪女子大学、大阪府立看護大学、大阪府立看護大学医療技術短期大学部－の教授を中心に2001年に設立された大阪公立大学共同出版会を母体としています。2005年に大阪府立の４大学が統合されたことにより、公立大学は大阪府立大学と大阪市立大学のみになり、2022年にその両大学が統合され、大阪公立大学となりました。これを機に、本出版会は大阪公立大学出版会（Osaka Metropolitan University Press「略称：OMUP」）と名称を改め、現在に至っています。なお、本出版会は、2006年から特定非営利活動法人（NPO）として活動しています。

About Osaka Metropolitan University Press (OMUP)
Osaka Metropolitan University Press was originally named Osaka Municipal Universities Press and was founded in 2001 by professors from Osaka City University, Osaka Prefecture University, Osaka Women's University, Osaka Prefectural College of Nursing, and Osaka Prefectural Medical Technology College. Four of these universities later merged in 2005, and a further merger with Osaka City University in 2022 resulted in the newly-established Osaka Metropolitan University. On this occasion, Osaka Municipal Universities Press was renamed to Osaka Metropolitan University Press (OMUP). OMUP has been recognized as a Non-Profit Organization (NPO) since 2006.

講演集
女性の暮らしをみつめて

2024年３月22日　初版第１刷発行

編　者　堀口　正
発行者　八木　孝司
発行所　大阪公立大学出版会（OMUP）
〒599-8531 大阪府堺市中区学園町１－１
大阪公立大学内
TEL　072（251）6533　FAX　072（254）9539
印刷所　和泉出版印刷株式会社

ISBN978－4－909933－69－0